# 1949・國共內戰與台灣

## ——台灣戰後體制的起源

曾健民　著

# 前言
# 省思‧超克一九四九

一九四九年，在中國現代史上是一個翻天覆地的一年。

在這一年，原本統治中國的國民黨政權以及其創立的政府——中華民國，在大陸覆亡；失去中國大陸的土地、人民以及資產的國民黨黨政府，連同國庫黃金、故宮國寶一齊，有百萬以上的軍、政、經、文人員撤守台灣，在台灣社會之上架構了一個反共內戰的政府和體制，在僅存的台、澎、金、馬和海南、舟山諸島上繼續打內戰。

這一年之內，以「土地革命」起家，樹立了「人民」、「解放」威信的中國共產黨，從東北到雷州半島，從廈門到烏魯木齊，摧枯拉朽地「解放」了中國大地，終結了中國百年來「半殖民地、半封建」的時代，成立了「中華人民共和國」。

因此，在這一年，同一個中國形成了兩個政府，國共兩黨隔著台灣海峽繼續進行內戰；這也是今天所謂「兩岸關係」的歷史起源。

換一個角度，從台灣史的觀點來看，一九四九年是台灣戰後內戰體制起源的一年，這戰後體制經歷六十年變遷，延續至今。

這一年，台灣的光復期結束，進入雙戰期(內戰與冷戰)的開端，也是反共內戰體制形構的起點；警總、出入境管理、戒嚴、禁書、徵兵、白色恐怖、反共教育等等，一直延續到九十年代的「戡亂體制」，都形成於這一年。同時，土地改革、發行新台幣和重建與日本的貿易關係等，日後台灣經濟發展的基盤，也從這一年開始。

這一年，台灣與大陸的關係不但完全斷絕，且把大陸視爲匪區、叛亂集團。從此國民黨政府在島內長期進行徹底的反共肅清和反共宣傳教育，鞏固「心防」，致使今天台灣一般民眾對大陸的「壁壘意識」，仍然又深又厚，不亞於「柏林圍牆」或「三十八度線」。這種「壁壘意識」在中國內戰和世界冷戰結束後，由「反共」轉化爲反中國。

今年，恰是這個一九四九年的六十週年，以中國傳統農曆紀年來算正好一甲子；一甲子，世界經歷了翻天覆地的變化，兩岸也各自走了對峙的社會體制，可謂滄海桑田。然而，一甲子也是一切周而復始的時刻；在這時刻理應認眞回顧、客觀理解這一九四九年到底是怎樣的一年，它怎樣影響了我們今天的處境，怎樣制約了今天我們每一個人的感情思想，價值和認同；一甲子，已到了沉思與反省的時候，省思我們是不是仍自囚於一九四九年以來對峙的壁壘和意識的樊籠？省思如何超克舊的，並免於再築起新的壁壘。勇於走出一九四九的歷史壁壘，迎向和平的陽光，尋求民族的大和解、共創民族健康的未來。

省思和超克的第一步，應以更寬厚的胸懷，理性地認識一九四九年的歷史開始；從認識那一年發生的影響全中國每一個人命運的基本歷史事實開始，而不是再沉溺於內戰中個人的歷史創傷，重燃敵我意識，渲染個人的感情取代全體的歷史。

然而，要跨出這一步仍然困難重重。因爲在台灣，六十年來，有關一九四九年的史實的討論，特別是超越國共對峙意識的論述，不是禁忌、空白就是片面，這大大地限制了第一步。

即便如此，經歷了一甲子的日換星移，又到了兩岸關係快速進展的今天，如何努力超克壁壘意識，思古今之幽情，在更大的歷史地圖上，依據原始史料，認識一九四九年的日夜嬗替，依然是今日嚴肅的課題。雖然歷史敘事很難完全跳脫歷史意識的限制，也難免受個人學識、好惡、偏見所左右，但是理性的自覺和眞誠的態度，是唯一突破限制跨出第一步的道路，雖然必定是不完美的一步。

只有通過不斷的歷史對話，才能免除對現實和未來的盲目。

也就在今年，兩岸關係有了許多歷史性的突破。

譬如，兩岸海空直航和直接通郵，就突破了一九四九年以來兩岸斷絕的歷史。

第三次「江陳會」在南京登場，不管在實質上或象徵意義上，都打破了一九四九年四月二十三日以來，南京「淪陷」或「解放」的內戰歷史意識。

廈門市政府和金門縣政府聯合舉辦的「橫渡金廈海上長泳」活動，不管在實質或象徵意義上，都使一九四九年以來戰爭對峙的金廈海域，成爲和平的合作的海域。

即便如此，台灣社會的壁壘意識仍然又深又厚。

陳履安在年初發表的〈兩岸心裡內戰仍在持續〉一文，就曾指出：「現在國共平台正在架構第三次和解，兩岸心裡的內戰仍未結束」，正是指這個壁壘意識(或感情)。怎樣結束我們的「心裡的內戰」，怎樣超克「壁壘意識」，正是逢「一九四九」六十週年的迫切課題，而理性地學習和認識一九四九年的歷史，應是解除「心裡的內戰」的第一步。

然而，陳履安文中又不解地提到：「不曾與中國大陸或中共有何過節的台灣人民，又何必承接國民黨的敵情意識，甚而發揚蹈厲呢？」

這是因爲他沒理解到，台灣人民雖然沒有直接與中共打過內戰，卻長期在國民黨政府的反共內戰體制(或戡亂體制)下打了「心裡的內戰」；感情、意識和價值受到嚴重的扭曲。台灣省籍民眾雖沒受害於戰火，卻受囚於「反共內戰體制」。

廣義而言，今日台灣社會仍然持續的「心裡的內戰」，是重層而複雜的；它包括經歷內戰戰火的一面，以及一九四九年以來反共內戰體制(戒嚴、白色恐怖、反共宣傳教育……)所形構的反共、恐共、反大陸的內戰意識(當然，還有五〇年代以後的冷戰意識，但這不在本書範圍)。

因此，要在台灣討論一九四九年的歷史，理應包括國共內戰的部分以及內戰如何徹底改變了台灣，使台灣成爲反共復興基地的部分。

基於這樣的認識，本書論述的一九四九年，就包括了國共內戰的部分以及國共內戰在台灣的兩大部分。只有把這兩者聯繫起來看，才能看到台灣的一九四九年及其後的社會和歷史的眞相；才能更深刻理解到一九四九年國共內戰的歷史如何深刻影響了往後台灣的命運，透視到今天糾葛不清的兩岸問題的根源。只有認識過去的歷史，才不至於對現實和未來盲目。

爲了讓讀者更全面地掌握一九四九年，本書一開頭便特別以第一章和第二章，敘述了一九四五年到一九四八年間，國共內戰以及中國社會巨大變化的歷史過程。

另外必須說明的是：因爲篇幅的關係，有關一九四九年的國際局勢（特別是美、日、蘇等國際冷戰的進展）以及文化和經濟的變動（特別有關台灣），本書只有割愛略過不談，另待他日有機會再行補完。

本書得以順利完成，首先要感謝妻子尤麗英女士，沒有他的協助和支持，很難安心專注這項艱鉅的工作。還要感謝許多提供資料的朋友們：年輕朋友邱士杰，老友宋樹涼、橫地剛、陸卓寧、王震邦、龍紹瑞諸位先生；特別要感謝邱士杰，許多重要參考書籍與史料都是由他向台大圖書館借出使用的。另外要感謝國民黨黨史館邵銘煌主任及工作人員，大力協助提供了一些重要的歷史照片。

更感激攝影家李文吉先生，本書一百多幀的歷史照片，都是他花了三天三夜辛勤而專業的工作，從大量資料中掃描、修正完成的。

在寫作此書期間，正逢父親病危、去世，每日親情、寫作交相煎，每一行每一頁幾乎都像與父親的生命賽跑。謹以此書獻給父親，是他教導我誠實、勤儉與關愛，也是他賜給我知識與智慧。

如果本書能夠讓讀者多了解一點一九四九年的歷史，以及它與六十年來台灣歷史的關係，並由此超克一九四九的歷史壁壘，迎向民族的和解，則是作者衷心的期盼。

# 目次

# 附錄二　民國三十八年台灣省大事記

# 第一章　內戰再起與政治經濟總危機

## 第一節　「政治協商會議」的召開和內戰再起

抗日戰爭勝利後，中國的新時代主題由「民族」轉而為「民主」；經歷了充滿血淚的「民族解放」戰爭後，和平建國及民主自由成為全國人民的熱烈願望。在這樣的歷史背景下，國共雙方展開了不滿一年的和平談判，雖然各地國共衝突仍然不斷。

日本正式宣布投降的前一天，也就是八月十四日，蔣介石連發了三封電報邀請毛澤東，赴重慶面商國家大計；毛澤東偕周恩來應邀於八月二十八日抵達重慶，國共兩黨再次展開了和平談判。經過四十多天的折衝，雙方於十月十日簽訂了〈政府與中共代表會談記要〉（即雙十協定）。國共雙方協定「必須共同努力，以和平、民主、團結、統一為基礎」、「長期合作，堅決避免內戰，建設獨立、自由和富強的新中國」，並約定「邀集各黨派代表及社會賢達協商國是」，召開政治協商會議。

1945年8月28日，毛澤東、周恩來應蔣介石邀請，在美駐華大使赫爾利以及國府代表張治中(左一)的陪同下，從延安飛往重慶。

在國共重慶談判期間，1945年9月12日，蔣介石在官邸邀宴毛澤東、周恩來。圖為蔣毛舉杯互敬的歷史場面。

軍事停戰三人小組，周恩來(右)、馬歇爾(中)、張治中(左)。

## 召開政治協商會議

十二月二日啣命「調處」國共衝突的馬歇爾抵華，國共雙方於一九四六年一月十日簽署了「停戰協定」，並組成了三人軍事小組以及「北平軍事調處執行部」，停戰令於十三日生效。在簽署停戰協定與發布停戰令的同一日上午，政治協商會議在重慶揭幕；由五方面的政治代表參加協商，包括：國民黨、中國共產黨、民主同盟、青年黨以及無黨派人士（即社會賢達）；實際上代表著當時中國社會的三種政治力量，三條中國的道路。經過激烈的爭辯，會議於一月三十一日結束，先後通過了五項政治協議。

一、關於改組國民政府問題，達成了〈關於政府組織問題的協議〉；

基本上否定了國民黨一黨專政以及蔣介石的個人獨裁，體現了共產黨和民主人士的要求。

二、關於施政綱領問題，基本上依據中共提出的方案，通過了〈和平建國綱領〉。

三、軍隊問題雖然是會議爭論的焦點，但仍然達成了〈關於軍事問題的協議〉；通過了「軍隊國家化」、「以政領軍」、「軍民分治」的基本原則。

四、有關國民大會問題，達成了〈關於國民大會的協議〉；規定國民大會代表名額二千零五十名，依區域、職業、黨派及社會賢達各占一定比例選出，並新增東北地區和台灣地區代表一百五十名，且憲法之通過，須經出席代表四分之三同意爲之，打破了一黨把持的局面。

五、有關憲法草案，達成了〈關於憲草問題的協議〉。確定了國會制、內閣制、省自治制的政治制度；立法院和行政院的關係相當於西方民主國家的議會和內閣，總統權力受到很大的限制。

政治協商會議及其五點協議，基本上反映了抗戰勝利後全國人民熱烈的政治願望，是中國民主運動史上重要的里程碑。會議中，民主黨派和國民黨內民主派發揮了舉足輕重的力量，制衡了國民黨一黨專政及個人獨裁的力量。雖然，五項政治協議很快地被國民黨的頑固派撕毀，也很快地被再燃的國共內戰燒毀；但其政治協商的精神和確定的政治路線卻留下了深刻的影響。一九四八年五月，在國共內戰形勢逆轉中，再度掀起了「新政協運動」，並於一九四九年六月十五日在北平召開了新政治協商會議的籌備會。

## 國民黨六屆二中全會反對「政協五協議」

政協會議後不久的三月一日，國民黨召開了六屆二中全會，會上國民黨頑固派瘋狂地反對政協決

1946年6月20日，上海大學生舉行反內戰大遊行。

議，尤其反對民主憲政原則以及改組政府的協議；三月二十四日國民黨又召開了國民參政會四屆二次會議，蔣介石在會上公開撕毀了政協決議。這引發了中共中央、民盟及其他民主人士的共同譴責。其實，不但在政治協商會議期間，甚至在日本宣布投降的那一刻起，各地國共衝突就從未中斷；國民黨藉口恢復交通爲由派大軍進攻解放區，中共則在戰略上採取了「向北發展，向南防禦」的自衛戰，特別以東北爲中心，形成了「關內小打、關外大打」的內戰局面。另一方面，國府強硬派的軍警特務，甚至對於各地學生和民主人士發動的「反內戰、爭民主」運動也毫不鬆手地進行鎮壓。一九四五年十二月一日爆發了震驚全國的「昆明十二・一慘案」；政協會議期間的一月十六日製造了「滄白堂事件」打傷了政協代表郭沫若、張東蓀等人；二月一日在陪都各界慶祝政協成功的大會上，毆傷了李公樸、施復亮等六十多名民主人士及群眾，造成了「較場口血案」；六月二十三日在南京製造了毆辱上海和平請願代表團的「下關慘案」。接著，在七月十一日和十五日，國府特務在昆明分別暗殺了民主同盟中執委、雲南省支部領導人、民主人士李公樸和聞一多。對和平和民主露出猙獰面目的國民政府強硬派，已走到人民的對立面。

反對內戰的風潮，也波及剛光復一年，地處東南一隅的台灣島上。

著名省籍作家龍瑛宗，就在一九四六年十月二十三日的《中華日報》「文化」副刊上，以日文發表了〈停止內戰！〉的短詩，高聲呼籲停止內戰，以免民生塗炭。

停止內戰
如果內戰　老百姓會更困苦
瘦巴巴乾巴巴　瘦到死翹翹
沒有老百姓　國家算什麼

停止內戰
可憐的老百姓
含著淚含著淚
盼望著安居樂業

停止內戰
如果內戰　老百姓
在黑暗中出生也在黑暗中
急赴墓場

停止內戰
和平、奮鬥、救中國！
在和平與繁榮之上
給我們美麗的新中國

## 國民黨依恃絕對優勢發動內戰

抗戰勝利後，國民黨政府在美國的大力支援下，快速進行了全國淪陷區的接收；全盤接收了日本侵略者和汪精衛政府的武器和物資，又接受了美國大量的援助，因此不管在軍經實力或威勢上如日中天，達到空前強大的地位。國府軍總兵力達到四百三十萬人，其正規軍有二百萬人，且大多是美式裝備，更有艦艇、飛機、坦克。它控制著全國百分之七十六的土地、百分之七十四以上的人口以及百分之七十以上的城市，控制著主要大都市和交通要道，以及大部分的工業和農業資源；相對的，中共只有一百三十萬軍隊，其中正規軍只占一半。武器裝備落後，沒有飛機、坦克，只有小米加步槍，物資運輸條件差，且十幾個解放區分散各地，都是沒有連結一塊的偏僻貧瘠山區，更沒有外來的援助。

依恃絕對的優勢和美國的支持，六月二十六日蔣下令國府軍向中共的中原「解放區」進行大規模的進攻，接著向全國各地的「解放區」發動總攻擊，爆發了全面內戰。當時擔任國府軍參謀總長的陳誠曾揚言：三個月至多六個月便能解決對共軍的作戰。國府軍的戰略方針是：先在攻奪中原「解放區」後，便向蘇皖「解放區」進擊，再攻陝北、沂蒙，逐次消滅山東、華北的人民武裝力量，復圖東北。也就是全面進攻，速戰速決，企圖在三到六個月內消滅關內解放軍主力，再集中解決東北問題。而其實際的結果就如《白皮書》所言：「迨一九四七年年初馬歇爾將軍離華時，國民黨在軍事勝利及轄境擴展方面，可謂已臻極峰。然，厥後一年半間所顯露者，唯國民黨之表面力量原屬虛幻，而其勝利，則係建立於砂礫之上者也。」

的確，國府軍對「解放區」的全面進攻，到一九四六年十月達到勝利的最高峰，特別在十月十一日傅作義部隊奪占了華北「解放區」的政治軍事中心張家口後，更使蔣介石興高采烈、得意忘形到不顧政協決議，馬上宣布下個月舉行國民大會，急著給政權再披上合法、民主憲政的外衣，以爭取美元繼續「剿匪」。爾後，在一九四七年三月十九日胡宗南部隊占領延安空城之時，更以為取得了巨大勝利，空喜歡一場後，便戰況愈下；正如《白皮書》所說的：「表面力量原屬虛幻」。

到了一九四七年六月，經過一年的鏖戰，國府軍軍力從發動內戰時的四百三十萬人減少到三百七十萬人，其中正規軍減少到一百五十萬人；且對山東陝北兩「解放區」重點進攻的結果，使主力部隊被牽制於相距遙遠的東西兩翼，造成黃河防線薄弱。相對地，解放軍雖然損失了三十五萬人，總數卻由一百三十萬人增加到一百九十五萬人，正規軍更達百萬人，裝備大為改善，政治軍事素質大為提高。這使解放軍開始朝向由戰略防禦轉入戰略進攻，由內線作戰轉入外線作戰，突破國府軍防線打進國民黨統治區內的新階段。

對於蔣介石不顧國情民意，輕啓干戈，悍然發動內戰而導致失敗之事，在一九四九年七月三十一日美國國務卿艾契遜致杜魯門總統函中，曾這樣提及：

> 國軍自一九四六年，不顧馬歇爾將軍之迭次忠告，決定從事於過分野心之軍事行動。其時馬歇爾將軍曾迭次勸告：此次軍事行動，不僅將招致失敗，且將使中國經濟陷入紊亂狀態，終而促成國民政府的毀滅。馬歇爾將軍復進而指出：國軍縱能在某一時期內攻克共方所據之城市，但不能摧毀共方軍隊，國軍每一進展，適足以暴露其交通線於共方游擊隊而遭受襲擊，其結果國軍非被迫退卻，即連同美國所供給之軍械一併投降。

馬歇爾的忠告，不論其美國動機爲何，但事實證明是沒錯的。

## 第二節　社會經濟動盪以及「第二條戰線」的形成

### 一手關閉了和平之門

不顧馬歇爾的忠告，更無視全國人民反內戰、爭民主的呼聲和民生疾苦，蔣介石悍然掀起全面內戰，也逐步關閉了國共和談的大門。一九四六年八月十日，九個月前在國共雙方的歡迎聲中來華的美國「調處大使」馬歇爾，不得不宣告「調處」失敗；翌年一月八日離華返美後就任美國國務卿新職。

1946年12月25日，國民黨召開了「制憲國大」，制定並通過了《中華民國憲法》。圖為國民政府五院院長正在審視「憲法」。

一九四七年一月二十九日美國決定退出軍事三人小組，並撤回美方駐軍調部人員；二月二十一日，蔣介石強迫中共駐北平軍調部人員撤回延安。二月二十八日又通知中共駐重慶、南京和上海的談判代表和工作人員於三月五日前全部撤回，三月九日中共代表返回延安。歷時一年半的國共和談，終在國共內戰的煙硝中灰飛煙滅；同時，政協會議期間的第三勢力——民主黨派，其政治主張和勢力也日趨邊緣化，竟至毫無置喙餘地；「中間派」也瀕臨崩解，而一任國共兩黨兵戎相見互決勝負。一九四九年，當國共雙方再度坐上談判桌時，已是解放軍兵臨金陵城下，國府崩潰的前夕了。

## 國民黨包辦召開「分裂國大」

在這期間，因國府軍占領張家口而得意忘形的蔣介石遂十月十一日正式宣布，國民大會改定一九四六年十一月十二日召開。這種由國民黨單方決定的作法，引起了包括中共代表團和民盟、民主人士的抗議。中共代表周恩來鄭重聲明：政府違反政協協議，以片面行動召開國民大會，必造成中國之「完全分裂」。民盟主席張瀾批評道：只有在「停止內戰、改組政府、完成憲草」的基礎上，才能召開國大。結果，在國民黨一手包辦，青年黨、民社黨二小黨參加下，於十一月十五日在南京召開了制憲國大。依政協決議，大會本應二千零五十名出席，因中共、民盟拒絕參加，僅一千三百八十一人出席開幕式，其中絕大多數是國民黨人。大會於十二月二十五日通過「中華民國憲法」後閉幕，決定於一九四七年一月一日公布，同年十二月二十五日施行憲法。中共代表周恩來於「國大」開幕的次日，發表了聲明指出：

> 這一「國大」……是一黨召開的分裂的「國大」，而不是各黨派參加的團結的國大，政治協議的國大……這一黨「國大」還要通過一個所謂「憲法」，把獨裁合法化，把內戰合法化，把分裂合法化……和平之門已爲國民黨政府當局一手關閉了。

接著，周恩來於十一月十九日率領中共代表團離開南京、上海返回延安。

## 軍事財政與經濟混亂

當國民黨政府正得意於「剿匪」勝利，並急於召開「一黨國大」使政權合法化之時，社會經濟卻瀕臨崩潰的邊緣。通貨膨脹和物價糧價飛漲，造成人民的生活困頓，人心動盪不安；特別是城市居民、學生、工人和公務員所受到的打擊更大。因此從一九四六年底開始，便連續爆發了大規模的學生運動、工人運動、群眾運動，甚至於搶米風潮，而政府出動軍警特務的鎮壓和搜捕，引起學生、群眾更激烈的反抗。自此，前方的內戰和後方的經濟危機以及人民的不滿、反抗，使國民黨政府處於腹背受敵的困境。

戰後接收的貪腐以及四大家族的巧取豪奪，當然是結構性的因素，然而，抗日戰爭結束不到一年，未及調養生息又再度發動全面內戰，才是經濟危機的根本原因。隨著內戰軍事行動的不斷擴大，軍事的支出高達政府財政支出的百分之七十，而財政收入僅及百分之三十二，且一九四六年的財政總支出比前一年膨脹了四倍之多。入不敷出的軍事財政，只有靠大量發行紙幣或增稅來因應。結果，一年之內貨幣發行量增長了四倍之多，泛濫的紙鈔都流向商品的投機和囤積居奇，致使物價飆漲七倍之鉅。

當時的行政院長宋子文，爲了吸收法幣回籠抑制通貨膨脹，不斷拋售國庫黃金和外匯，多達四億美元之鉅；不到一年的時間就耗損了一半的國庫準備金，但仍無法抑制物價的飛漲。蔣介石眼見國庫見底，物價飛漲不止，遂於一九四七年二月十五日祭出「經濟緊急措施方案」，停止拋售黃金、禁止黃金買賣、禁止外幣流通、凍結薪資、禁止關廠或罷工。不料竟引爆了「黃金風潮」，黃金、美金、

1946年底到翌年初，全國各地爆發了「抗議美軍暴行」大遊行。圖為廣州中山大學學生遊行隊伍。

物價、糧價爆漲，如脫韁野馬；投機資金橫行囤積居奇，致使市面買不到東西，甚至發生搶米風潮。這又進一步造成了工廠倒閉、工人失業的嚴重後果；而原本因內戰的徵糧、徵兵、拉伕已十分衰弊的農村，更陷入破產的悲慘境地。

## 「抗議美軍暴行」大遊行

抗戰勝利後，美國動用了號稱「歷史上最大一次的空運和海運」行動，把處於中國大後方的五十四萬國府軍警送到沿海各受降區；且美國也直接派遣海軍陸戰隊在中國沿海登陸，占據北平、天津、青島等地的港口機場。截至一九四五年底，在華美軍曾多達十一萬多人，且享有治外法權，因此暴行不斷。一九四六年十二月二十四日晚發生了美

在台灣「二二八事件」中，民衆焚燒台北市專賣局的畫面。

軍強暴北大女生沈崇事件，消息傳出引起全國民眾的憤怒，遂爆發了席捲全國的學生「抗議美軍暴行」大遊行、示威和罷課；抗議行動一直持續到次年的三月上旬。對於全國各地的抗暴怒潮，國府當局雖千方百計進行鎮壓和破壞，仍然無法阻擋。台灣的中上學校學生也於一九四七年一月九日舉行了大遊行，這是台灣光復後第一大規模的學生運動，有學生、工人、公務員萬餘人參加。

## 上海黃金風潮與台灣二二八事件

在「抗議美軍暴行」運動席捲全國的同時爆發的上海「黃金風潮」，很快也波及台灣，終使原本就「百病齊發」的台灣爆發了「二二八事件」。光復後國民政府對台灣的接收，與全國各地的接收弊端一樣，許多官員貪汙腐敗顢頇無能，舞弊營私橫行，被形容為「劫收」。致使生產停頓失業者眾，原爲「米倉」的台灣竟發生了「米荒」；物價飛漲稅捐沈重，使台灣民眾生活困苦民不聊生；官吏與民爭利，又扼殺言論、集會的自由。再加上陳儀政府在政治權位和經濟資源上的省籍分配不平等，以及殖民統治後語言、習慣的隔閡所造成的省籍問題，使台灣社會的矛盾日趨複雜且深刻。在二二八事件爆發前夕寫成，後刊載在《文匯報》上的〈台灣歸來〉一文曾指出：

> 這積壓在台灣民眾心裡深沉的恨，會像火山一樣的爆發……國內經濟浪潮，帶給台灣米荒和饑餓……台灣征實的米，全部都運到蘇北和華北充軍糧，米倉空了，自然會鬧饑餓米荒，這饑餓是整個國家的經濟浪潮帶給台灣的，也是內戰帶給台灣的。

前述以上海爲中心的黃金風潮，馬上引起台灣的金融恐慌，物價一夕數漲，米荒造成人心恐慌，官民矛盾達到極致，遂使「取締私煙」的事件，釀成全省民眾的抗暴事件；緊接著國府軍的渡海鎮壓，雖然敉平了事件，卻種下了更深的仇恨。

三月一日，也就是台灣爆發二二八事件的隔日，香港《華商報》社論〈抗議泛濫全國的暴行〉，一開始便指出：

> 今年二月，眞是天下開始大亂的月份。從「二・五」到「二・九」，重慶上海連續發生特務暴徒毆打愛國學生和愛國職工的暴行……二月十八日深夜開始，北平軍警舉行大搜捕，到前天（二十七日）爲止，已經逮捕了兩千以上的北平市民了……請問政府當局，

你們究竟是在幹什麼？真正非把全國人民都逼死殺死不可嗎？

也同在二月二十八日那一天，國民黨政府下令駐南京、上海、重慶的中共代表團限期撤離國統區，這等於宣告中國共產黨爲非法團體。針對這件事，《華商報》社論〈半個中國黑暗了〉嚴厲批評道：

這只是共產黨一黨的自由與合法的問題嗎？決不是，這是包括一切的民主黨派民主人士和全國人民失去了任何一切的自由……正式宣告今後的政府是反共、內戰、反人民、獨裁……國民黨統治區現在完全是一片黑暗了。

正如該社論所指出的，國民黨特務在三月查封了《民萃》雜誌並逮捕了負責人；五月二十四日又查封了《文匯報》。自此，民主人士只有看國民黨政府的臉色說話了。

## 「台灣民主自治同盟」在香港成立

二二八事件被敉平後，部分參加事件或領導事件的人士如謝雪紅、楊克煌、吳克泰、蘇新、李喬松等人，逃往上海後，又先後轉往香港繼續從事革命活動。二二八中曾領導「二七部隊」武裝鬥爭的謝雪紅，在上海時發表了〈告台灣同胞書〉，總結了二二八事件的根本性質是：「和全世界與全中國的反獨裁爭民主自治的路線相符合」；對於「今後要進行的路線」，她針對台灣的現實具體地提出：

出席政治協商會議(政協)第一屆全體會議的「台灣民主自治同盟」代表合影(1949年9月)。左起田富達、楊克煌、謝雪紅、李偉光、王天強、林鏗生(候補代表)。

為著新台灣的建設……要求最徹底的民主自治，反獨裁、反內戰、反對封建的保甲制度，反對連保聯坐，保障人民的基本自由，實施土地改革使耕者有其田……消滅日本對台灣的野心，打倒美帝國主義的侵略，反對台灣的國際託管，反對任何某一國對台灣有特殊的權利。

先後來到香港的謝雪紅、楊克煌、蘇新等人，在一九四七年十一月十二日正式成立了「台灣民主自治同盟」，其基本政治綱領是：「團結本省全體人民，為爭取台灣省自治及影響全中國人民之建立民主聯合政府之鬥爭為宗旨」，「為建立獨立、民主、富強與康樂的新中國」、「為台灣民主自治而奮鬥，為人民服務而努力」。

台盟成立以後的主要任務是：以香港為據點，向台灣島內宣傳國內外形勢，特別是國內革命情況；向國外或大陸揭露蔣介石壓迫和剝削台灣人民的情況；利用香港的報紙公開反對託管運動和美帝侵略台灣的陰謀；把大陸和國外的台胞聯繫起來。

## 五・二〇運動

內戰戰火的不斷擴大，使物價如脫韁野馬地飛漲；從一九四七年年初到五月，物價就上漲了四到五倍，進入五月情況更形惡化。糧食和日用品價格一日數漲，竟至「米店沒米」的恐慌狀況。幾近無米可炊的民眾，為了生存只有群起抗爭；從上海、杭州到全國各地相繼爆發了搶米風潮；工資被凍結的勞工只有走上街頭請願或發動示威遊行，要求解凍工資提高工資；同受打擊的受薪階級、學生和教職員，特別是學生，也開始發動抗爭。四月起，從南京、北京、上海、杭州到全國各地的大學生，不堪忍受物價暴漲「衣不禦寒、食不裹腹」的生活壓迫，紛紛蹶起請願或發動罷課，要求政府當局調整待遇、增加副食費，終於爆發了大規模的五・二〇運動。

面對日愈高漲的民眾抗爭浪潮，以及昇火待發的學生運動，國民黨當局卻採取了高壓的措施；而於一九四七年五月十八日頒布了「維持社會秩序臨時辦法」，企圖用嚴刑峻法來壓制抗爭浪潮。這不但不能有任何嚇阻作用，反而激起了更大的憤怒和反抗。

十九日，上海、北平、天津各大學舉行了反饑餓、反內戰大遊行或罷課；當晚，京、滬、蘇、杭十六所專科以上學生代表齊集南京，舉行聯席會議討論次日活動。五月二十日上午，這十六所學校學

1947年5月20日，全國「反內戰反饑餓」大遊行中，北平學生把標語寫在身上。

南京學生在「五．二〇」大遊行中，與警察搶奪噴水槍的情形。

生五千人在南京舉行了「挽救教育危機聯合大遊行」，以「反饑餓、反內戰、反迫害」爲主要口號。在國民黨軍警強力鎮壓下，有一百多名學生受輕重傷，二十八名被捕，同一天北平、天津學生七千多人也舉相同口號進行大遊行。五・二〇運動迅速席捲全國各大學，一直持續到六月。六月十八日在上海成立了「中國學生聯合會」，建立了全國學生的共同組織，更強化了學生的聯繫和團結。

學生的「反饑餓、反內戰、反迫害」運動，得到了社會各階層如知名作家郭沫若、經濟學家馬寅初、民主人士柳亞子等的熱烈支持。如《大公報》（五月二十二日）的〈我看學潮〉就指出：「這不單是青年學生的要求，實是全國善良人民共同呼聲」；北平天津各大學教授費孝通等五百八十五人發表的聯合宣言亦稱：「今日一切紛擾現象，根源胥起經濟危機，而經濟危機則又爲長期內戰之惡果，一切工潮、學潮均爲當前時勢下必然之產物。」

由此可見，在國府統治地區陷入空前的政治經濟危機中，爆發的「反饑餓、反內戰、反迫害」運動，不但是學生的怒吼，更是全國民眾共同的呼聲；它喚醒了千千萬萬的青年學生和民眾，奮起投入愛國民主運動，形成了聲勢更浩大的「第二條戰線」。毛澤東在五月三十日爲新華社寫的一篇〈蔣介石政府已處在全民的包圍中〉指出：

> 中國境內已有了兩條戰線，蔣介石進犯軍和人民解放軍的戰爭，這是第一條戰線。現在又出現了第二條戰線，這就是偉大的正義的學生運動和蔣介石反動政府之間的尖銳鬥爭……學生運動是整個人民運動的一部分，學生運動的高漲，不可避免地要促進整個人民運動的高漲。

## 第三節　國民黨自絕於中間黨派

### 蔣實施「戡亂總動員」

為了配合美國高漲的反共浪潮以爭取美援，也為了挽救日愈嚴重的軍事、政治、經濟危機，國府先於一九四七年六月二十五日由最高法院發布通緝中共領導人毛澤東；復又於七月四日通過蔣交議的「厲行全國總動員，以戡平共匪叛亂」案，宣布全國進入「戡亂總動員」階段；亦即，以政治方式解決國共問題的階段已結束。七月十八日公布了「動員戡亂完成憲政實施綱要」，此後，又陸續頒布了一系列的戡亂總動員法規。通過戡亂法規，徹底動員統治區內的人力、物力和財力資源，以供內戰所需，更高壓地對付反國民黨政府的愛國民主運動；且推行政、軍、經一體的「總體戰」，在地方加緊編組保甲、組訓民眾、實行「聯保連坐」法。接著，在九月上旬又把各成體系的國民黨與三青團合併，本來欲藉此消弭黨團之間長期存在的矛盾，以迅速完成「戡亂」，結果卻大大增強了C. C.派的實力，而黨團之間的勾心鬥角卻如故。在軍事戰線上，國府軍事當局為了應付一九四七年秋季後解放軍的新攻勢戰略，重新調整了戰略部署；從全面防禦改變為分區防禦，並採取了軍、政、經三結合的「總體戰」策略。在幾個重要區域設立了「剿匪總司令部」，分別為：傅作義為總司令的「華北剿總」，衛立煌為總司令的「東北剿總」，白崇禧為總司令的「華中剿總」，劉峙為總司令的「徐州剿總」。並在黃河以南、長江以北、大巴山以東的廣大地區設立了二十個「綏靖區」，分別隸屬於顧祝同、白崇禧和胡宗南。

## 國民黨自絕於民盟等中間黨派

從國民黨撕毀政協決議，召開一黨國大、制定憲法、改組政府且與中共徹底決裂後，日益走上了一黨專政的道路；對於異己者採取了欲剷除而後快的作風，連主張英美式民主政治、建設新資本主義經濟、反對內戰、主張軍隊國家化的「中間派」民主黨派也無法容忍。尤其對於堅持政協精神拒不參加「國大」和拒不承認「憲法」的民主同盟，更是採取高壓的態度，迫害有加；時常發生各地盟員被捕被殺的事件，更揑造民盟受中共控制、甘爲中共暴亂工具的謠言。這種情形隨著局勢惡化，國府於七月宣布「戡亂總動員令」後更形變本加厲，而於一九四七年十月二十七日以「勾結共匪、參加叛亂」、「不承認國家憲法企圖顚覆政府」的指控，宣布民主同盟爲非法團體，並恐嚇將以戡亂令的「後方共產黨處置辦法」對付盟員。

國民黨政府不但對中共發動了「戡亂總動員令」，且對民盟等中間路線或第三勢力也動用了「動戡令」予以壓迫。這「不但和平之門已徹底封閉，而且在國民黨統治區內一切合法公開的反對黨均已不復存在」。自此，國民黨完全自絕於民主黨派，民心背離，而走上更形獨裁孤立的道路；因而在中國，中間勢力也逐漸示微乃至毫無容身之地，最後只剩下國、共這兩條道路、兩種命運。

## 民主黨派到香港活動

不容於國民黨，又失去了中間道路的民主黨派和民主人士，只有拋棄幻想走人民民主的道路。一部分民盟領導幹部從上海到了香港，一九四八年一月五日至十九日沈鈞儒、章伯鈞等召開了民

中國民主同盟(民盟)重要成員合影。第一排左起：李相符、劉瑤明、張瀾、沈鈞儒、丘哲、史良。

盟一屆三中全會，宣布恢復民盟組織，重新確立了民盟的新政治路線。主要內容有（一）反對美帝國主義的侵略政策；（二）徹底推翻國民黨反動統治，建立民主聯合政府；（三）贊成土地改革和沒收官僚資本；（四）批判中間路線，與中國共產黨實行密切合作。

在這之前數日，一九四八年一月一日，中國國民黨革命委員會（簡稱「民革」）也在香港宣布成立。宋慶齡爲名譽主席，李濟深爲主席，何香凝、馮玉祥、譚平山等十六人爲常務委員。發表宣言並提出「當前革命任務」爲：「推翻蔣介石賣國獨裁政權，實現中國的獨立、民主、和平」；其具體行動綱領爲：「反對蔣介石武力統一政策、制止內戰」、「反對蔣介石獨裁政治體制、否認國大、憲法及政府改組」、「反對

中國國民黨革命委員會(簡稱「民革」)政協代表合影。第一排左起：李錫九、何香凝、李濟深、柳亞子、王葆真。

美國反動派干涉中國內政」等。

## 司徒雷登報告中的國共形象

即使對民盟不表同情，而且從骨子裡反共的駐華大使司徒雷登，也認為「政府對民盟的魯莽迫害，將進一步使自己聲名狼藉，而民盟則獲得主張開明憲政的人士的同情，這使民盟更加左傾」。對於這時期的中國局勢，他向國務院的報告指出：

> 中央政府之軍事、政治經濟之地位，益形惡劣。魏德邁訪華結果，使美援實現的希望益形遙遠，而中共又適此時發動軍事新攻勢，驚慌無措之狀態，因此形成。

報告又指出：此時「中國尚另有一焦慮，即美國擬將其遠東政策之重心，由中國移至日本」。在等不到美援而又恐美國會把重心移到日本的失望和焦慮中，國府遂假稱欲另向蘇聯求援並要求蘇聯調停國共內戰，以刺激美方。司徒雷登的報告中對國府敗象的描寫則充滿著如「病入膏肓」、「充斥腐化」、「失敗主義」、「慌張洩氣」等字眼。認為國府「隨著軍事和財政局勢的急速惡化……政府人員更加灰心喪志、毫無鬥志、並最後變得一蹶不振或無所顧忌地營私自肥」。一九四八年初的報告也指出：國府高官對政、經、軍形勢日趨惡化的悲觀與絕望的情緒與日俱增，甚至：「政府不久便會失去維持其統治所必需的最低限度的民眾支持……更有甚者，許多人認為，即使有外國援助，政府的處境仍無希望」。

在反共的司徒雷登的報告中，中國國民黨的敗象盡露，相反地中國共產黨，則呈現正面形象；報告中描述的中國共產黨是：

他們正穩步地改良組織和訓練，官兵同甘共苦，為理想而獻身戰鬥，拋棄一切自私的野心和個人享受，很少或者沒有跡象表明莫斯科供給他們物資援助。

至少在司徒雷登的眼中，國共雙方的勝負高下已很清楚。

## 第四節 政治經濟潰堤和舉國抗議浪潮

### 「行憲國大」選舉（一九四七年十一月二十一—二十三日）

依照「制憲國大」的決議，國府於一九四七年三月三十一日頒布了「國民大會組織法」以及一系列有關國大、總統副總統、立監委的選舉罷免法，並於六月三十日成立了「選舉總事務所」，準備「行憲國大」的選舉。雖然國民黨內有許多反對召開的聲音，但仍然決定，於十一月二十一日到二十三日在全國各地同時舉行國大代表的選舉。在選舉之前，國民黨與民社黨、青年黨就爲了政黨比例名額而鬧得不可開交。國民黨爲了宣示由一黨專政進入民主憲政，還政於民的開明態度，非要拉攏民、青兩小黨來陪襯不可，如果完全開放競選，民、青兩黨必定選不上幾個國代，那就無法達到陪襯的效果，因此國民黨中央必定要讓給民、青兩黨一定的保障名額，但這意味著必定損害到國民黨內出馬競爭者的利益，再加上民、青兩黨深知國民黨非要保障他們不可，因此獅子大開口要求國民黨讓出更多的名額給他們，而爭吵不休。

競舉是在賄選、舞弊以及無奇不有的混亂中舉行，結果民、社兩黨沒一人當選，因此國民黨決定硬把四百二十七名已當選的國大代表退讓其資格給民、青兩黨，這頓時引起黨內軒然大波。這四百多名當選的國民黨國大代表採取了激烈的抗爭，有抬棺抗議者、有揚言絕食自殺抗議者，也有以霸占主席台抗議者。青年黨主席李璜在其回憶錄中提起此事時說：「行憲議員選舉，拖垮國、民、青三黨」。國代選舉使國民黨內部更爲四分五裂，派系鬥爭日益嚴重。

## 召開第一屆行憲國大選舉總統（一九四八年三月二十九日）

第一屆行憲國民代表大會不得不拖延到一九四八年三月二十九日，才鬧哄哄地在南京召開。共有一千六百七十九名當選國代出席，略微超過應出席總人數三千零四十五人的一半。國民代表大會的主要任務是進行「施政報告」和「質詢」或者「修憲」，更重要的是選舉正副總統。四月四日，國民黨召開第六屆中執會臨時全體會議，專門討論總統候選人問題，會上蔣介石出人意表地表示無意競選總統，寧願當行政院長，而建議由「一卓越的黨外人士」爲總統候選人（根據蔣介石日記，蔣屬意的這一黨外人士就是胡適），不明白蔣心裡盤算的大小委員，頓時嘩論四起。善體蔣意的張群立即發言意謂：依憲法總統是虛位元首，有職無權的總統蔣不願意當，如果賦予總統緊急處理的大權，蔣是會當的。經過這樣那樣的幕後運作，蔣遂表示尊重和接受黨的安排。四月十五日，由胡適、王雲五、莫德惠等七百二十一名國代聯名向大會提出「請制定動員戡亂時期臨時條款」案。該提案拆除了一年前剛制定的「憲法」中，第三十九條和第四十三條對總統權力的限制。使總統在「動員戡亂時期」，可不受立法院的制衡，隨時可頒發緊急命令，等於賦予總統超越「憲法」的絕對權力。該提案於四月十八日以四百多人反對或棄權的情況下通過；從此「憲法」形同具文。第二天，蔣介石高票當選「行憲」後第一任總統。

## 選舉副總統的戲劇性鬥爭

接著副總統的選舉更是充滿了權謀鬥爭的戲劇性。出馬競選者主要是桂系首腦人物李宗仁和蔣幕

1948年4月29日，國大主席團成員胡適宣讀副總統選舉結果。

1948年5月20日，蔣介石、李宗仁就任總統、副總統。

後支持的孫科，以及于右任、程潛、莫德惠等人。李宗仁顯然受到美大使暗中支持，因李宗仁是黨內唯一有實力可與蔣抗衡的人物。在司徒雷登向華盛頓的報告書中，屢次抱怨蔣介石的作風，期望中國有「一振奮人心之領導人」出現時，李宗仁總是被譽為「日益獲得了公眾的信賴」的人物；而實際上，李宗仁提出的「肅清貪污」、「民主改革」的競選政見，也得到了許多對政府不滿、對蔣一意孤行打內戰感到絕望的人的支持，遂集結了一股對蔣不滿的政治勢力。在蔣親自督軍力挺孫科逼李退選的明爭暗鬥下，經過了四次的投票表決，終於在四月二十九日，李宗仁以一千四百三十八票險勝孫科一百多票而當選副總統。

這次副總統選舉的風波顯示了：國民黨內一股反對蔣、反對C. C.集團和黃埔派為中心的集團勢力已隱然成形，且李宗仁儼然成為國民黨內爭取民主改革的代表人物，對蔣或對現狀不滿的人，都投給了李宗仁；但這股反對勢力仍不足以與蔣的權勢相抗衡。司徒雷登關於這次選舉的報告，形容李選勝並能集結許多期望政府變革的「自由分子」的支持「頗為成功」，但對於選舉後李宗仁並未採取任何進一步變革之行動，則形容「所激起之希望迅速幻滅」。

國民大會於五月一日閉幕。五月二十日蔣、李就職。蔣以翁文灝為行政院長，原任國防部長的白崇禧被調離南京改任華中「剿匪總司令」，但武漢三鎮又不在其轄下，白頗為不悅拒絕受任，憤走上海。司徒雷登報告亦指出，大約因白曾為李宗仁助選，蔣猜疑桂系對彼有陰謀，遂拆離了白李勢力分而治之，使蔣桂之間關係進一步惡化。國民黨的「行憲」沒能緩和危機，反而加劇了其內部的矛盾。

1948年1月31日，因為政府禁舞政策而引發上海舞女暴動，圖為舞女衝進社會局的情形。

## 全國頻發學潮、工潮

正當國民黨政府忙著「戡亂」和「行憲」之時，政治、經濟的危機卻加速進展。雖然國府於一九四七年十二月二十五日公布了「戡亂時期危害國家緊急治罪條例」，規定了十條罪狀可判死刑或十年以上徒刑，想以嚴刑峻法壓制反政府浪潮，即便如北，也無法阻擋政治經濟的潰堤所引發的人民怒濤。全國各地爆發的抗爭事件，如巨浪般一波又一波的捲起。一九四八年上半發生的重大事件就有下列數起：

一月二十九日，上海發生「同濟血案」。同濟大學學生爲抗議當局開除進步學生而罷課，擬上南京請願時遭軍警鎮壓，致數百人受重傷，數十人失蹤。

一月三十一日，因爲政府禁舞政策而引發上海舞女暴動，打砸上海社會局事件，共逮捕七百七十九人，引起社會震撼。

二月二日，上海又發生「申九慘案」。上海申新第九棉紗廠是國內少數大型私營棉紗廠之一，有男女工人七千人之多。爲爭取被扣工資和生活補貼舉行大罷工，遭到軍警以裝甲車、開槍、施放催淚彈的鎮壓，當場有三名女工被打死，五百多人受傷，二百多人被捕，造成震驚全國的血案。

四月初，北平掀起「六罷合一」的四月風暴。首先是北大、清大等十多所大學，爲反對國民黨當局查禁學生聯合會的命令而發起罷課；接著，爲爭取合理待遇，各大學的講師、員工、研究員、醫生護士也都加入，實行了罷工、罷教、罷職、罷研、罷診的「六罷」風暴。

四月十日，國民黨當局查封了《世界知識》、《時與文》、《國訊》等雜誌。

1948年6月，全國各大城市學生舉行反對美國扶植日本帝國主義復活的愛國運動(反美扶日運動)，圖是北平學生遊行示威的情形。

## 反美扶日運動

五、六月間發生的「反美扶日」運動，可以說是這一年規模最大且影響最深遠的運動。戰後美國對日占領政策，轉爲扶植日本保守勢力的復興，是從一九四七年就已開始的；它是美國對蘇聯冷戰戰略的一環。抗日戰爭剛剛結束，受日本侵略的傷痛還未復原的中國，對美國重新扶植日本保守勢力復興的動向，當然相當警覺，報紙雜誌對此事本來就不斷有報導和評論。譬如，一九四八年一月三十一日的《台灣新生報》，也都以顯著標題報導了國民參政會駐委會，通過了緊急提案，「針對美國積極扶植日本，我政策應密切注意」的消息。一九四八年三、四月間，上海各校學生開始紛紛舉辦反美扶日的討論會、演講會。五月四日，恰是「五四」紀念日，上海一百二十所大中學校學生代表在交通大學集會，發起組織「反對美國扶植日本挽救民族危機聯合會」，通電全國，呼籲反對美國扶植日本。五月二十日，在全市發起十萬人反美扶日的簽名運動。各民主黨派成員如孟憲章、馬寅初、施復亮等也都投入運動，到處演講、參加座談會發表評論文。很快地運動遍及全國，北平、武漢、昆明等全國各城市學生都舉行了萬人以上的罷課或遊行活動；除了學生之外，教授、文化界、工商業者，甚至國民黨一些輿論機關和政治人物，也都加入了運動。六月四日司徒雷登在南京記者會上發表書面聲明，以「防共」論為美國扶日政策辯護，並暗指反對美國扶日運動是陰謀是被利等等；次日，外交部長王世杰發表了對日政策聲明，一方面贊同美國的扶日政策，另一方面強調對日寬大政策，「既不要日本走上軍國復活的道路，也不要他走上赤化之路」，充分暴露了國民黨政府爲了「反共」的親日親美態度。同日，上海萬名學生到美駐華海軍總部舉行遊行示威時遭到軍警毆打逮捕。北平、南京、上海各地教授、社會名流不下千人相繼發表對美抗議書。遠在台灣的《公論報》，也於六月四日刊出了社論〈我們也反對美國扶植日本〉，該社論的起頭便一語道破了美國對日政策的本質：

麥克阿瑟以盟軍統帥的資格，在日本所做的工作，事實上不是代表「盟國」管制日本，而是代表美國「扶植」日本。

接著該社論舉出美國「扶日」的各種事實後，指出：

美國的扶日政策，向爲與日本有關各國所反對……中國與日本接觸最多，所受日本的禍害最烈，對於日本的了解也最深，雖主張對日寬大，但也不願再見日本的再起為禍，因此，阻止戰後日本之危險發展，乃是舉國上下一致的要求。

《白皮書》在提及這運動時也坦承：「此項暴動與示威且延及全國，即東北之學生亦如之……以抗議美國在日本政策間接對政府施予攻擊……六月初反美示威進展極為暴烈無理……數週過後注意力轉向其他更迫切的問題。」

八月十七日，政府頒布了「清除匪諜安定秩序令」，賦予軍警可以無搜索票任意逮捕人，將人送惡名昭彰的「特種刑事法庭」。同時，當局又公布了大批「匪諜分子」名單，開始大規模拘捕學生，「反美扶日」運動才逐漸消退。在宣布進行「幣制改革」的八月十九日，國府軍警在全國各大城市大規模拘傳、逮捕學生共達三千人以上。

## 軍事財政破產、惡性通貨膨脹

在工潮、學潮乃至舞潮等抗議浪潮此起彼伏，一波接一波地發生的同時，經濟也極快速地惡化，終至陷入總崩潰的絕境。這可從幾方面的事實來了解其嚴重性。

由於龐大的軍事開支以及生產衰退，政府財政已瀕臨破產（財政收入僅達支出的百分之十五），只有靠美援、借債和大量印鈔票來維持，致使通貨（法幣）發行量高達六百六十三兆六千九百元，較一九三七年的發行量膨脹了四十七萬多倍；單從一九四五年到一九四八年三年間就膨脹了六百四十三倍之鉅。

物價也以天文數字飛漲，一九四八年八月物價指數較戰前的一九三七年漲了五百七十萬倍之多，米價、黃金價、美金價也以相同倍數上漲。單單從一九四七年年底到一九四八年八月，法幣發行量增加了十九倍，物價指數上漲了五十五倍，米價上漲六十一倍，黃金上漲了五十八倍。上海每市擔白米，一月份一百五十萬元，到了八月膨脹到六千五百萬元。交易時法幣動輒以籮擔計，致使法幣已失其貨幣功能，形同廢紙。

惡性通膨使私人資本全流入金融投機以及商品的囤積居奇，再加上美貨傾銷、繁重稅損，致使民族工商業紛紛倒閉或停產，農村破產更嚴重。

## 金圓券改革徹底失敗

爲了挽救財經破產，蔣介石於八月十九日動用了「臨時條款」頒布了「財政經濟緊急處分令」，用嚴厲之手段實施「幣制改革」、「金融管制」以及「商品限價」等三項財經政策。其具體要點爲：（一）發行總額二十億元的金圓券作爲本位幣，限期以法幣三百萬元折合一金圓券的比例收兌法幣（政府宣稱金圓券的發行，有國庫金銀外匯二億美元以及公營事業股票三億美元爲擔保）。（二）限期（九月三十日）收兌人民所有之黃金、白銀、銀幣及外國幣券，逾期任何人不得持有，不在限期內兌換或存儲者，一律沒收。（三）限期（十二月三十一日）登記管理本國人民存在國外之外匯資產，違者予以制裁。（四）各地物價和薪資一律凍結於八月十九日的水準，禁止罷工、怠工。爲厲行政策，在上海、天津、廣州三地設置「經濟管制區」，各區派「經濟督導員」一位，賦予行政和警察指揮大權，上海實際由蔣經國負責。從蔣經國上任之初揚言「只打老虎，不拍蒼蠅」，到十一月初落到

上圖為1948年8月19日發行的金圓券。

左圖為1949年7月4日發行的銀圓券。

1948年11月底，金圓券改革失敗，引爆爭兌黃金風潮。圖為上海市銀行門前列隊爭相兌換黃金的市民。

「只拍蒼蠅，不打老虎」之譏，正突顯了雷大雨小的財經改革的失敗。

由於嚴厲之管制，物價及匯率確實維持了數星期的穩定，在這期間政府也收兌了人民所持有的黃金外匯高達二億多美元（原本相信政府，而將金銀外匯全部兌換成金圓券的中產階級，結果因金圓券的急速貶值，變成所有的積蓄被收奪一空）。然而，內戰戰火蔓延所造成的生產衰退、財政危機以及民心喪失的現實狀況未有絲毫的改變，因而通貨膨脹的現實壓力並未減低，嚴厲的政治管制只能維持一時。同時，三大戰役又已開打，在濟南戰役、遼瀋戰役中國府軍節節敗退，造成民心恐慌，更使通貨膨脹加劇。

管制較寬鬆的其他地區，物價不但未凍結，相反地還繼續上升，造成了沿海都市的商品、物資流向內陸、農村，而農村的糧食不流入城市的經濟現象；致使上海、南京等地米糧消費品奇缺，有行無市、黑市猖獗；這很快便出現了搶購風潮，市民對新發行的金圓券的信心動搖，見物就買，此風潮迅速波及全國，迫使當局不得不於十一月一日宣布取消「限價政策」。取消限價又使物價進一步暴漲，尤其米糧價格更是一夕數變。被通貨膨脹耗盡積蓄的飢民只有衝進米糧店搶米，全國到處爆發搶米風潮。上海物價從八月十九日到十一月已平均上漲了二十五倍。十一月八日國府不得不撤銷金圓券的發行限額，又開始大量印刷金圓券，到了一九四九年五月發行總額達六十七兆元之多，爲原發行量的三萬多倍，相當於幣改前法幣總發行量的三十三萬倍之多。同年十一月十一日當局又恢復了人民可以自由持有、買賣金銀、外幣的規定，社會上掀起了一股以金圓券兌換金銀、外幣的熱潮，但僧多粥少，出現銀行窗門經常被擠毀的現象，一般民眾根本兌換不到金銀外幣。

金圓券幣制改革不但無法挽救財經危機，其徹底失敗反使財政經濟的崩潰加速度進行，甚至造成嚴重的糧食危機。有些地方政府開始拒用金圓券，台灣、廣東、四川、雲南等地則限制金圓券使用或限制匯兌；連國民黨軍隊發餉也直接使用黃金白銀或外幣。

# 第二章
# 歷史的號角——解放軍發動「戰略決戰」

## 第一節　內戰進入了歷史轉折點

一九四七年六月，解放軍選擇了中原地區作爲戰略進攻的突破口，三路大軍南下指向大別山，與國府軍展開了逐鹿中原的作戰；年底，解放軍在人口多達四千多萬的江淮河漢之間的廣大地區，建立了中原根據地。在這同時，其他戰場的解放軍也轉入外線作戰或內線反攻，形成了戰略反攻的總形勢。自此，解放軍的作戰由戰略防禦轉爲戰略反攻，而國府軍則被迫從戰略進攻轉爲「全面防禦」的階段。這標誌著中國共產黨的革命已進入了一個新的轉折點，也是中國歷史的轉折點。

### 中共深化土改運動

在軍事戰線的推進中，中共也進一步深化土地改革運動。一九四七年七月十七日到九月十三日，中共中央工委在河北省平山縣西柏坡村召開了全國工地問題會議，通過了〈中國土地法大綱〉，明確

1947年1月，解放軍華東軍區華東野戰軍組建。司令員陳毅(中)與野戰軍領導合影。左起：葉飛、丁秋生、韋國清、鄧子恢、唐亮、粟裕、陳士榘、譚震林。

1947年9月，中共中央工委，在河北省平山縣西柏坡村，召開了全國土地會議，總結了全國土地改革的經驗。這是劉少奇在會議上作報告。

規定「廢除封建性及半封建性剝削的土地制度，實行耕者有其田的制度」。大綱公布後，解放區的土地改革運動進一步廣泛而深入地開展，大批幹部組成土地改革工作隊，深入農村幫助農民進行土地改革。到了一九四八年底，已有一億農民獲得了土地，眞正解決了中國千年的土地問題。這激發了農民的革命意識，也大大促進了生產的積極性；使解放區的生產進一步發展，不但鞏固了政權，保障了軍事戰線的物資供給，且在農村普遍掀起了參軍、參戰和支援前線的熱潮。在土地改革進行中，也展開了整黨運動和糾正了一些過左的錯誤。整黨運動主要解決黨的地方組織，特別是存在於農村的基本組織中的一些成分不純和作風不正的問題；經過了整黨運動，提高了黨的純潔度，改進了黨的作風，使黨與群眾的聯繫進一步緊密。

## 一個歷史的轉折點

一九四七年十二月二十五日到二十八日，毛澤東在陝北米脂縣楊家溝主持召開了中共中央擴大會議，通稱「十二月會議」。在會上，毛澤東提出了一個綱領性的報告〈目前形勢和我們的任務〉。該報告一開頭便指出了：「中國人民的革命戰事，現在已經達到了一個轉折點」，他進一步強調：「這是一個歷史的轉折點」、「這是蔣介石的二十年反革命統治由發展到消滅的轉折點」。根據客觀形勢的分析：軍事上，蔣介石已經轉入防禦，解放軍轉入進攻；政治上，獨裁高壓使人心背離蔣介石，大多數人開始站到反蔣反國民黨這邊；再加上經濟上，因爲大打內戰致使財政惡化，造成通貨膨脹、物價飛漲，民不聊生，人心思變，國民黨統治已到了生死存亡關頭。而中共進行了大規模土地改革後，不僅大大促進了生產，鞏固了經濟和政權，更激發了民眾支援解放軍的熱潮。毛澤東進一步總結了二十年的革命經驗，提出了著名的「十大軍事原則」，提出了「沒收封建階級土地歸農民所有」、「沒收官僚資本歸公有」、「保護民族工商業」的三大經濟綱領；在政治上，他特別強調組成一個最廣泛的統一戰線的重要性，其具體內容是：「聯合工農兵學商各被壓迫階級，各人民團體，各民主黨派，各少數民族，各地華僑和愛國分子，組成民族統一戰線，打倒蔣介石獨裁政府，成立民主聯合政府。」

該篇報告十分敏銳而明白地指出了內戰的新轉折點；總結了過去的經驗，提出了未來如何打倒國民黨政府並建立新中國的綱領和政策。而從結果來看，歷史也恰是沿著這篇報告的方向演變。

一九四八年上半年，各路解放軍發動了更大規模的攻勢，國府軍被迫由「全面防禦」轉爲「重點防禦」。中原地區的三路解放軍，在中原立足生根，打破了國府軍在中原的防禦體系。在華東戰場，除了濟南、青島等少數據點外，山東全境都已易手。在西北戰場，收復了延安，攻克了寶雞。在東北，除了長春、瀋陽、錦州及周邊若干地區外，幾全爲解放軍所控制。

## 一九四八年六月國共形勢逆轉

從一九四六年六月爆發全面內戰起，經過二年的鏖戰，國府軍一路慘敗。至一九四八年六月，國府軍共被殲滅二百六十多萬人。一九四八年八月間，蔣介石在南京召開了最後一次重要的軍事會議，當時的國防部長何應欽在軍事形勢的報告中，坦承兩年來作戰損耗的數字：兵員死傷、被俘、失蹤者共達三百餘萬人；損耗武器，步槍一百萬支，輕重機槍約七萬鋌，山砲野戰砲共一千多門，迫擊砲共一萬五千餘門，還有戰車、裝甲車、汽車及大批通訊器材和各種彈藥。何應欽報告的這些損耗中，許多兵員是因叛降「起義」而被改編爲解放軍；而武器則大部分成爲了解放軍的裝備。

此時，解放軍已增至二百八十萬人，其中正規軍達一百四十九萬人，軍政素質和戰術技能已大大提高。而國府軍下降爲三百六十五萬人，其中正規軍一百九十八萬人；雖然國府軍還有相當大的兵力，精銳尚存，但戰略上已被分割爲五個孤立集團，包括東北剿總、華北剿總、徐州剿總、華中剿總以及西北胡宗南集團。亦即，被迫放棄「全面防禦」，轉而爲「重點防禦」。抑且，國府軍不論官或兵都瀰漫著悲觀疑慮和失敗主義的情緒，內心害怕與解放軍作戰，士氣萎靡。

對於此時國共強弱形勢逆轉的實際狀況，美駐南京大使館於三月八日向美政府的報告中，明白指出：

政府在東北之微弱控制約爲總面積之百分之一，其在黃河北岸之中國本部之微弱控制，亦不出其總面積之百分之十至十五。反觀中共，則在黃河及長江區域布置強有力之分子，即在長江以南，亦均有彼等力量之浸入。政府部隊，幾在每一戰場均受圍困，處於防禦地位。與時俱增者，厥爲士氣之沮喪，政府即將崩潰之絕望心理，以及區域主義之離心趨勢，各地方領袖咸以南京一日不能相顧，唯有自力圖存之打算。

到了一九四八年六月，東北的百分之九十七的地區和百分之八十六的人口都已爲解放軍占領，解放區土地面積占全國土地面積的百分之二十四，人口占全國之百分之三十五，城市數占百分之二十九。且東北、華北、華東、中原的解放區連成一片；它不但控制了中國的主要糧食和棉花生產區域，且掌握了重要的工業地區，大大增強了下一波與國府軍進行戰略決戰的經濟實力。

### 解放軍發動「戰略決戰」

到了一九四八年底，經過兩年的內戰，國民黨政府更陷入無可挽回的軍事、政治和經濟危機中，危在旦夕。軍事上，國府軍被迫爲「重點防禦」，沒有完整的戰線，在戰略上已陷入被動的地位，雖精銳裝備部隊還在，但士氣消沉喪失戰鬥意志。經濟上，內戰帶來的通貨膨脹，使財政、金融、生產、消費處於無可挽救的崩潰狀態。政治上，民怨沸騰、民變四起，就如《白皮書》指出的：「已有百分之九十九的人反政府」，民心已普遍反蔣。

相對的，解放軍不管在數量上、戰備上或戰技上已大大躍升，且士氣旺盛、內部團結。同時，解放區已大大擴充，直接連成一片，又完成了土地改革，後方穩固支援強大。

在這樣的力量對比下，中共中央決定發動「戰略決戰」：向解放軍發布了五年左右（從一九四六年七月算起）打倒國民政府，建設五百萬的解放軍的戰略規劃；並決定第三年度仍然在長江以北和華北、東北作戰，因此將戰略決戰首先放在東北戰場。

## 第二節　三大戰役——遼瀋戰役、淮海戰役（徐蚌會戰）、平津戰役

### 遼瀋戰役

戰役於一九四八年九月十二日開始，至十一月二日結束。

毛澤東在陝北窯洞裡察看解放軍作戰。

決定把戰略決戰首先指向東北戰場的原因有：

一、解放軍在東北戰場上兵力對比占優勢。

二、經解放軍從一九四七年上半年起發動了三次攻勢後，東北國府軍被迫收縮在瀋陽、長春、錦州三地區而陷於孤立狀態。國府軍採取的戰略是：確保瀋、長、錦，相機打通北寧線，鉗制中共東北野戰軍使其不能入關，如形勢不利則放棄東北撤退關內；但是關於要撤要守問題，美蔣之間以及蔣軍內部都有矛盾意見分歧，因而處於舉棋不定的狀態。

三、解放軍已占領東北的大部分地區，後方鞏固，支援力雄厚。且完全占領了東北後，可揮師入關，有利於華北華東作戰，能依靠東北的工業支援全國戰爭。

解放軍的戰略指導是：就地決戰、就地殲滅，不使國府軍逃往關內。戰役布置是：集中

解放軍列隊進入濟南市。

主力進攻錦州，因錦州是東北國府軍的補給供應基地，且錦州扼守北寧鐵路，是關內外陸、海路要衝，便於支援或撤退，因此，「倘錦州不守，則無異於東北之淪陷」；在這同時，繼續圍困長春，牽制阻擊瀋陽出援之敵，達成戰略上的「分割包圍」。

爲了配合遼瀋戰役的順利進行，中共中央先令華北野戰軍發動察綏戰役，並命令華東野戰軍發起濟南戰役；濟南戰役從九月十六日開始至二十四日結束，共殲國府軍十萬人（其中包括第九十六軍軍長吳化文率兩萬人起義），國府軍第二綏靖區司令兼山東省省長王耀武投降，並擄獲了大量軍火。這一勝利，切斷了國府軍華北、華東兩大戰略集團的陸地聯繫，爲遼瀋戰役和後來的淮海戰役創造了制勝的條件。

美國對濟南戰役甚爲震驚，當時美駐青島領事，曾對此戰役評論如下：

該城迅速失陷之主要原因，乃爲心理的而非軍事的。……國軍及大部分山東人民對於政府之繼續從事內戰，使生靈塗炭，經濟枯竭，均大不以爲然。於是叛變降敵者有之，不戰而退者有之。……正規軍與地方保安團隊之間，便毫無休戚相關之感。……正規部隊大多來自華中、華南，對於保衛異鄉與異鄉人民不感興趣，而共軍方面，則早已在城中組織內應……及空軍之不能適時到達等等，均爲軍事上失利之原因。

美領事所指摘的濟南城快速失陷的原因，其實也是往往所有戰役中國府軍節節敗退的主要原因。這次戰役，使美國政府開始重新檢討對國民黨政府的支持態度。若干年後，美國務卿艾契遜向美國國會報告這一時期的美國對華政策時說：

國府在軍事上眞正垮台，是從一九四八年上半年開始，第一批大規模的叛變和崩潰發生在九月濟南失陷之時，當時政府軍隊不作任何努力，帶著一切物資裝備投降。

遼瀋戰役可分三階段：

**第一階段：**

自九月十二日至十月十九日，完成了切斷北寧路攻陷錦州地區的作戰任務。九月十二日，東北野戰軍突襲北寧路，連克昌黎、北戴河、義縣。至十月一日，完全切斷了華北國府軍陸上增援東北的道路，並孤立包圍了錦州、錦西、山海關。蔣介石緊急飛北平、瀋陽親自召開了軍事會議；爲了馳援錦州，決定從錦西、葫蘆島以及由華北海運的軍隊組成「東進兵團」，沿鐵路東進；以瀋陽主力組成「西進兵團」，兩路軍東西對進馳援錦州，相機在遼西與解放軍決戰，最後確保錦州、錦西、葫蘆島，阻止解放軍入關。但東西兩進兵團都受到解放軍的阻擊，並未能影響解放軍對錦州的圍攻；十月十四日解放軍對錦州發動總攻擊，經三十一小時激戰，於十月十五日攻陷錦州，俘東北「剿總」副總司令兼錦州指揮所主任范漢杰，取得全部守軍之步槍裝備，且虜獲貯存於錦州之國府軍大量物質。

錦州陷落後，長期被解放軍圍困的長春更孤立無援，軍民糧食彈藥全靠空投，但命中率極低損耗很大，糧荒嚴重。十月十七日，國府第六十軍起義，接著十月十九日，負責統一指揮長春的東北剿總副司令兼第一兵團司令鄭洞國亦繳械投降，長春爲解放軍占領。

**第二階段：**

自十月二十日至二十八日，展開遼西會戰，全殲廖耀湘西進兵團。

錦州、長春陷落後，蔣介石仍不放棄奪回錦州，打通關內外通路的想法；在重新增強了兵力後，令廖耀湘率領的西進兵團和杜聿明指揮的東進兵團「對進」，企圖重占錦州，但受到解放軍頑強的阻擊。此時，解放軍攻錦主力亦於十月二十一日迅速東調，協同南下各縱隊於二十六日將廖耀湘的西進兵團包圍於黑山與大虎山以東，遼河以西的地域內，展開大規模圍殲戰。二十八日，西進兵團遭殲滅，並俘兵團司令廖耀湘。

**第三階段：**

十月二十九日至十一月二日，攻占瀋陽、營口。

圍殲了西進兵團的解放軍主力，於十月二十九日向瀋陽急進；攻陷長春之解放軍亦揮師南下，形

遼瀋戰役中，解放軍突擊部隊衝向錦州城垣。

在遼瀋戰役中，1948年10月19日，國府軍駐守長春的東北「剿總」副總司令第一兵團司令鄭洞國(中)投降，使解放軍兵不血刃占領長春。

成合圍之勢；在解放大軍壓境之下，首先是瀋陽守軍第五十三軍放下武器投降，其餘也紛紛投降。十一月二日，攻陷瀋陽，防守兵團司令官周福成被俘。同日，亦攻陷營口。國府軍東北剿總總司令衛立煌，在瀋陽陷落前乘機逃去。十一月九日，杜聿明指揮的東進兵團殘軍，也由海上撤走。

遼瀋戰役歷時五十二天，解放軍全殲國府軍東北精銳部隊共四十七萬人，全面占領了東北，獲得了有高度工農業基礎的戰略後方。這使國共雙方的力量對比發生了根本的變化，解放軍在量和質上已占優勢，軍事形勢進入了一個新的轉折點。

## 淮海戰役（徐蚌會戰）

淮海戰役自一九四八年十一月六日到一九四九年一月十日，歷時六十五天。該戰役是解放軍的華東野戰軍和中原野戰軍共六十萬人，與國府軍徐州剿總杜聿明指揮的七個兵團八十萬人，以徐州為中心，東起海州西至商邱，北起臨城南到淮河的廣大地區進行的大決戰。

在發動戰役之前，中共中央軍委就草擬了「關於淮海戰役的作戰方針」，決定集中兵力消滅陳兵徐州東邊隴海線上的黃伯韜兵團，然後攻殲海州、連雲港、淮陽、淮安等地。這是淮海戰役的原始構想，亦即僅止於海州和兩淮的蘇北戰場，使蘇北與山東連成一片。發動了淮海戰役後不久，因作戰現實的要求，中共中央又果敢發出了在徐州附近殲滅國府軍主力和迅速攻克宿縣，以切斷徐州與蚌埠聯繫的指示，為原本的小淮海戰役擴大成長江以北的南線決戰的「大淮海戰役」。這是中共稱此戰役為「淮海戰役」的原因。

在解放軍開始南下發動進攻的同一天，國府軍參謀總長顧祝同飛到徐州商議徐州會戰，擬訂了一

中共解放軍淮海戰役(徐蚌會戰)「總前委」成員。左起：粟裕、鄧小平、劉伯承、陳毅、譚震林，鄧小平為總前委書記。

1948年底徐蚌會戰(淮海戰役)中，國府軍修築防禦工事。

個「徐蚌會戰計劃」，重新布署兵力，沿津浦線布防應戰。因此，國府慣稱此戰役爲「徐蚌會戰」。

**第一階段**：自十一月六日到二十二日，全殲黃伯韜兵團以及戰略上包圍了徐州。

十一月六日，華東野戰軍兵分三路南下，以主力向新安鎮黃伯韜兵團突擊，另一路經徐州東北方地區南下徐州東側八義集，切斷黃伯韜與徐州的聯絡，並阻擊由徐州東來的援軍。八日國府第三綏靖區副司令何基洋、張克俠率部起義。十一日，黃伯韜兵團被解放軍包圍在徐州以東的碾莊地區；蔣介石令其就地固守待援，並令徐州的邱清泉兵團和李彌兵團向東增援，令南面黃維、劉汝明、李延年三兵團積極增援。徐州東援的邱、李兵團受到阻援解放軍強大的阻擊，無法到達援助地；二十二日解放軍全部消滅了黃伯韜兵團，黃自殺身亡。在這同時，中原野戰軍主力開始向徐州蚌埠之間地帶進攻，於十六日攻克了宿縣，切斷了徐州與蚌埠之間的聯繫，阻黃維兵團於蒙城，李延平兵團於固鎮。

戰役第一階段，在華東、中原兩大野戰軍的協同作戰下，不但殲滅了黃伯韜第七兵團，包圍和孤立了徐州，使蘇北與山東連成一片，且阻斷了南面蚌埠周邊國府軍的三個兵團，使其遲遲不敢北援。爲下階段作戰創造了有利的戰機。

**第二階段**：從一九四八年十一月二十三日到十二月二十五日，全部消滅了黃維第十二兵團，攻克了戰略要地徐州，並合圍了從徐州南下救援的杜聿明三個兵團於陳官莊。

蔣介石爲打通徐、蚌之間的聯繫，以挽救危局，令黃維十二兵團向宿縣進攻；結果反被中原野戰軍深誘包圍於雙堆集地區。蔣見勢不妙，要黃維堅決固守，一面令徐州剿總副司令杜聿明率邱、李、孫三個兵團二十七萬人，放棄徐州繞道西南方南下，企圖打擊中原野戰軍的側背；並令劉峙到蚌埠指揮劉汝明、李延年兩兵團北援，想南北合進夾擊解放軍。華東野解放軍出動大軍經三天猛烈追擊，在

淮海戰役中，國府軍徐州守軍，倉皇撤退，無數載滿物資的軍用車壅塞在路上，無法通行。

1949年1月10日，在淮海戰役的最後階段，國府軍徐州「剿總」副司令官杜聿明被俘。

十二月四日將杜聿明部隊全部合圍在永城東北的青龍集陳官莊地區。中共中央軍委根據形勢，確定了採取集中兵力殲滅黃維兵團，圍住杜聿明部、阻住南面的李延年部的策略。十二月六日，中原野向黃維兵團發動了總攻擊，至十五日黃兵團全數被殲，黃維被俘。

**第三階段**：從一九四八年十二月十六日到一九四九年一月十日，全殲杜聿明三兵團。

黃維兵團被殲滅後，爲了整體配合正進行中的平津戰役，解放軍採取了暫緩進攻的策略，一面圍困杜部隊，一面輪番戰備休整。杜被久困彈盡援絕、飢寒交迫，但仍拒絕投降。杜向蔣求援，蔣派空軍致親筆信給杜，謂華北、華中、西北所有部隊都被共軍牽制，無法抽調軍隊，只有派空軍投放毒氣掩護突圍。一月六日解放軍發動總攻擊，經四天戰鬥，於一月十日完全殲滅了邱、李兩兵團，杜聿明被俘，規模空前的淮海戰役結束。戰役期間，華北、華東、中原解放區共出動了民兵二百二十五萬人，進行後勤工作。

杜聿明集團被殲滅後，蚌埠的兩兵團倉促南逃，蘇中的國府軍也退據長江以南。一直到一月二十四日，解放軍先後攻占了蚌埠、合肥等重鎮，挺進長江北岸。

## 平津戰役

平津戰役從一九四八年十一月二十九日開始，到一九四九年一月三十一日結束。

遼瀋戰役結束後，東北解放軍隨時可能入關，淮海戰役國府軍又陷入重圍岌岌可危，這使華北的傅作義集團處於大軍壓境孤立無援的狀況。對此蔣介石和美國的危機感，當然也與傅作義沒有太大的差異，因此三者對於華北剿總的作戰方針也都各有不同的打算。蔣一面準備放棄華北，把華北兵力南

1948年10月，蔣介石在北平剛結束了與華北「剿總」總司令傅作義，就保衛北平計劃進行的會談。右第一人就是傅作義將軍。

調以挽救淮海戰局或加強江南防禦，一方面又要傅拖住解放軍爭取喘息時間；美國則希望傅固守華北，以維護其在華北利益，並向傅表示願意提供大量美式裝備；而傅作義原屬察綏地方實力派，傾向固守平津、盡量爭取蔣援和美援，以保存實力，然後觀時局變化，也準備隨時西逃綏遠。在這樣的複雜因素下，華北剿總的兵力布署是，將四個兵團近六十萬大軍，布署在東起唐山西到張家口長達一千公里的鐵路線上，並設張家口地區、北平地區、天津地區三個防區，傅系部隊則分布在張家口、北平地區隨時可西逃；而蔣嫡系部隊則配署天津、塘沽隨時可以南撤。

中共中央軍委決定調動東北野戰軍和華北野戰軍共九十萬人，發起平津作戰。擬定穩住敵人，不使逃跑、包圍分割、就地全殲的戰略計畫。並令東北解放軍先秘密迅速入關，出敵不意實施戰略包圍。

**第一階段：**

一九四八年十一月二十九日到十二月二十一日，解放軍分割包圍了張家口、北平、天津的國府軍，阻斷其西逃南撤。

戰役首先於十一月二十九日夜，在平綏鐵路東段發起，華北野戰軍先包圍了張家口；十二月八日，解放軍又將傅部主力包圍在新保安地區，自此解放軍將傅部主力包圍在張家口和新保安兩地，控制了平綏線，斷絕傅部西逃，但維持「圍而不打」的方針。十二月十二日，入關的東北野戰軍迅速包圍了北平，十三日完成了包圍天津，割斷天津塘沽的聯繫，實現了「隔而不圍」的指令。

**第二階段：**

一九四八年十二月二十二日到一九四九年一月十五日，殲滅了張家口、新保安、天津的國府軍。

1949年1月16日至31日，傅作義接受和平改編，宣告了北平的「和平解放」。這是1949年2月3日解放軍舉行的入城儀式。

十二月二十二日攻克了新保安，二十四日攻陷了張家口。翌年一月上旬，解放軍先攻占天津外圍據點完成攻城準備，再向天津守軍發出和平解決的勸告，但天津警備司令拒絕和平解決。解放軍遂於一月十四日發動總攻擊，十五日攻陷天津，生俘警備司令陳長捷。五萬塘沽國府軍見大勢已去，乘船南逃，十七日攻克塘沽。

**第三階段：**

一九四九年一月十六日到一月三十一日，傅作義接受和平改編，北平宣告和平易幟。

新保安、張家口、天津、塘沽相繼攻克後，百萬解放軍雲集北平四周，北平華北剿總總司令和二十萬守軍已成甕中之鱉。一月八日，傅作義的代表曾與平津前線司令部接觸談判；一月十五日天津攻克後，平津前線司令部致函傅作義，向其提出兩條出路，（一）自動放下武器，若保證北平故都不受破壞的話，守軍生命財產之安全亦得保障。（二）離城開入指定地點，按解放軍制度接受改編。並限期於一月二十一日前做出決定。傅作義迫於形勢，於一月二十一日接受毛澤東於一月十四日〈關於時局的聲明〉的八項條件，願意接受和平改編。傅仁義部隊從二十二日開始，按指定地點開出城外，並於三十一日移動完成。解放軍於三十一日入北京城接防，接著北平軍管會、北平市人民政府宣告成立。二月三日，人民解放軍舉行了隆重的入城儀式。文化古城宣告和平易幟，平津戰役結束。這一戰役共殲滅或改編國府軍五十萬人。

遼瀋、淮海、平津三大戰役，共歷時四個月零十九天。國民黨賴以發動內戰的主力部隊幾乎全遭殲滅，整個東北、華北以及長江中下游以北地區，除太原、大同、安陽、歸綏等幾個孤立據點外，全部為解放軍所占領。

## 第三節　美援——國民黨的「救命仙丹」

### 美國援華政策矛盾重重

戰後美國對華政策表面上複雜多變，但其戰略目標是清楚的，那就是扶植一個非共的、親美的且穩定的中國政體；但是有一個底線，那就像杜魯門說的：「我們的政策就是支持蔣介石，但是我們卻不能捲入中國內戰為蔣介石作戰」。在現實上，它隨著美蘇冷戰與國共關係的變化，對國民黨政府的支援政策有很大的搖擺起伏，特別在戰後國共內戰激烈變化的五年間。它表面上聲稱也維持「不直接介入中國內戰，由中國人自己解決」的態度，實際上卻運用大量軍援、經援、軍事顧問團以及各種政治手段援助國民黨政府；惟它也是一個有條件有前提的援助，亦即：培植一個朝向合乎美國利益和政治理念的政府，不管是蔣介石的也好、國民黨的也好、第三勢力也好，只要是非共政權。然而，美國的對華政策並非可揮灑自如爲所欲爲的，也受到幾方面的制約：

一、戰後，美國世界戰略的眞正重點在歐洲，而非亞洲。如艾契遜擔任國務卿期間在美參議會的聽證會上，曾言：

> 我們的主要力量必須用於加強西歐的防禦和經濟；至於亞洲，應該作爲防守線來對待，而且不能在亞洲投入眞正進攻時所需要的那樣大的力量。

二、對於直接捲入中國內戰，深陷中國內戰泥沼的警惕。杜魯門回憶錄中，也曾有一段述及這樣的心情，他說：

> 有兩片廣闊的土地不是任何近代的西方軍隊所能征服的，那就是俄國和中國，要想以武力把我們的生活方式強加以這兩個巨大的地區，在過去是愚蠢的，在現在也是愚蠢的。

在一九四九年八月發布的對華《白皮書》中，也隨處表達出若美國直接負起指揮中國內戰或派兵參戰，「將使美政府陷入延續之糾纏而不能自拔，更極有可能因而使中國成爲國際糾紛場所，而對我國引起極嚴重之後果。」而且美國所最顧慮者，乃「中國人對侵犯主權之強烈及濃厚之民族主義思想」。

三、美國國內的政治制約。如國內民意或美政府內部國務院、軍方以及國會之間經常出現立場和利益不同的情況，以及美國本身軍力的極限等。

四、對於解放軍勢如破竹的攻勢，國共勝負立見的局勢的憂慮；以及對於貪污腐敗、士氣低落、民心背離的國府，其能否依美國意旨進行「改革」的疑慮。且暗熟美國對華政策的國民黨政府，也經常以各種方式影響美國的政治，形成壓力團體，爭取美援打內戰。

上面幾個制約因素，使美國的援華政策表現出錯綜複雜的現象。不顧中國的現實，只有美國利益的對華政策，當然矛盾重重。

一九四六年馬歇爾來華「調停」國共內戰，就是一個明顯的例子。他一方面以一個公正第三者的姿態出現「調處」國共問題；另一方面卻大量軍援國民黨政府，促進一個在國民黨政府統治下的「和平和民主」的中國。一個站在天平另一邊的「調停」者，當然要註定失敗；事實上，在一手「促和」，另一手卻大量供應武器「助戰」的情況下，不但沒有促成一個「和平、民主」的中國，反而促進了一個擁有精良美式裝備的國府大軍發動全面的內戰。

## 魏德邁來華調查

經過一年的內戰，進入一九四七年下半年，國共內戰形勢逆轉開始；國民黨政府不論在軍事上、政治或經濟上都處於危急的狀況。美國對華《白皮書》中，曾描述魏德邁來華「調查」之前不久，國府情勢急劇惡化的情況：

當情況日趨惡劣，人民對政府之不滿與批評日益增加之時，中國政府似無力或不願實施應付當前急機之有效措施。麻木心情，失敗主義，以及精神破產，自足以形成一種依賴心理，認爲外援乃解決中國問題之唯一辦法。

此時，美國正進入反共高潮的杜魯門主義時期，大手筆援助西歐以對付「共產赤化」的馬歇爾計劃也已出爐。面對處於危殆狀況的中國局勢，美國務卿馬歇爾開始計畫推動一個新的對華政策，因此匆忙地任命抗戰時曾任盟軍中國戰區參謀長，戰後曾擔任駐華美軍總司令的魏德邁到中國進行一個月的調查，「就中國現在及未來的政治、經濟、心理和軍事的情況，作一個估量」，提出調查報告以作爲新的對華政策的參考。魏德邁一行於七月二十二日抵華後，遍訪包括台灣在內的中國各地進行視察，並接觸了各階層人士。他於八月二十四日離華後，向美國國務院提出了數萬言的報告書。

魏德邁離華前二天，在國府的「國務會議」上進行了演講，也發表了離華聲明。在演講和聲明中，他重重訓斥了國民黨政府；貪污腐化無能、充滿失敗主義、失去信心、精神資源破產；且秘密警察橫行，濫捕濫殺，失去了人心而助長了共產黨的勢力。他還強調：必須承認徒有軍事力量不能消滅共產主義，必須立即施行徹底的深遠的政治和經濟改革，且中國之復原有待於令人振奮之領導和道德精神的復甦。這尖銳的批評，當然在國民黨中引起軒然大波，甚至引起蔣介石懷疑所謂「有待於令人振奮之領導」，是不是暗指要他下台。然而，國民黨政府眞正關心的焦點，還是在「美援來不來？」，卻不在他訓斥的內容。

魏德邁向杜魯門提出的報告中，建議美國在現有的軍事顧問團的基礎上進一步擴大援蔣，至少五

1947年7月22日，美國特使魏德邁來華調查。

年內應給予軍、經援助，但是美援要以國民黨徹底的政治經濟改革爲條件，必須由美國各有關部門派代表嚴格監督下實行，且美援必須要以下列條件爲交換條件：（一）國府將其援助請求，告知聯合國；（二）國府要求聯合國促成東北停戰，並請求將東北置於聯合國監督或託管之下。魏德邁的報告除「向聯合國報備」和「東北託管」兩項外，大部分都成了美國政府以後實行的政策。

魏德邁來華後，美國繼續擴大對國府的軍、經援助；另一方面，在華美軍顧問團的職權擴大到參加國防部工作和作戰計劃，甚至延伸到野戰軍以及訓練中心；美國顧問的任用擴大到政府各部門，還進一步控制了國府的財政和經濟。

## 通過「一九四八年援華法案」

一九四八年四月，美國國會通過了「一九

四八援華法」，援華總額四億美元，爲期十二個月；包括二億七千五百萬的經濟援助（其中以不超過總額十分之一爲限，用於中國農村復興計畫，成立「中國農村復興委員會」）；另一億二千五百萬美元爲「特別贈款」，在美國監督下，國府可用於軍購。有關經濟援助部分，由美「經濟合作署」負責監督（一九四七年六月七日設中國分署總部於上海）；變相軍事援助的「特別贈款」，則由「美軍顧問團」負責監督。

## 「美援」總共有多少？

抗勝利後不久，國民黨政府不顧全民要求和平民主的願望，敢於撕毀政協決議悍然發動內戰，沒有在軍事上或政權上的絕對優勢是不可能的；而其絕對的優勢，沒有背後強大的美國援助也是不可能的。一直到一九四九年年底，這個支撐國府打內戰的最重要力量——美援，其總額到底有多少？因其支出項目繁複，且有些政策性隱蔽，故一直很難掌握其全體眞相。下面僅就散見於《白皮書》的報告，做一彙整性的描述。

《白皮書》中有一段較完整的報告如下：

自對日戰爭勝利後，中國政府接受之外援幾達到二十二億五千四百萬美元，其中美國以贈與及貸款方式供給百分之九十，即略逾二十億美元。美國之援助在軍事上與經濟上約各占一半。自對日戰事勝利後，美援總數幾占中國政府財政支出之百分之五十以上，其在中國政府預算上所占之比率，實超過戰後美國給與任何西歐政府者。除此種贈與及貸款外，美國並曾以大量軍用及民用之剩餘物資，僅以名義上之價格售與中國政府，價值逾十億美元之剩餘物資僅以二億三千二百萬美元售與中國政府。此外，美國曾以軍事顧問團人員協助中國政府，且「遺棄」並移交相當數量之軍用物資予中國，其數量殊難以美元計值（按：超過六千五百噸）。最後，中國政府在對日戰事勝利後迄一九四七年底，其所空前擁有之黃金及美元準備約值七億美元，因輸入物資及在國內拋售黃金而予以用罄。

《白皮書》亦提及有三種援助的形式無法以美元來估價的，那就是：（一）日本投降後，中國戰場的美軍總部馬上採取「史上最大規模」的運輸行動，把國府軍從大西南輸運到華中華北的主要城市，並由沿海各據點輸送到東北各口岸，以迅速收復日軍的占領地區。（二）美陸戰隊在華北登陸占領關鍵地區不但擔任解除日軍武裝任務，且爲國府控制主要鐵路與煤礦。（三）美軍顧問團所給予之援助。由於前二項的美國援助，使國府軍得以完全接收了一百二十三萬五千人的日軍武器與裝備，以及七十八萬人由日軍裝備之僞軍的武器和裝備，並接收了大批日本工業資產，略估爲三十六億美元。還有，從戰爭末期到戰後初期，美國政府依軍事租借法，以七億美元之鉅，供給國府軍三十九個師的美式訓練和裝備。

因此，綜合《白皮書》的統計，從戰時到戰後美國提供給國民黨政府的援助，約達四十五億美元之鉅；而毛澤東在六評《白皮書》中提到，依中共的統計，美援總數高達五十九億一千四百餘萬美元。這鉅額的美援，大多數是在一九四七年上半年之前提供的，特別集中在戰後到一九四七年期間，也就是馬歇爾來華「調停」國共和談的前後，美國意圖以大量援蔣來促成一個「和平．民主」的中國，結果卻促成了蔣國府大打內戰的相反後果。使往後美國一直處於不得不繼續援蔣，又害怕捲入中國內戰的進退爲難的狀況。

## 國民黨以美援為「救命仙丹」

國民黨政府在內戰形勢逆轉後，形成了依賴美援打內戰的心理，被美國嘲諷爲「以美援爲救命之仙丹」。前述魏德邁於離華聲明中曾指責：

> 今日之中國，余見其在某數方面充滿漠不關心及麻木情緒，不求當前問題之解決，卻浪費時間與努力抱怨外來之影響，覓求外來之援助。

一九四七年九月，美駐華大使館在關於國民黨九月九日召開的四中全會的報告中，也指出：「會中所提的改革計畫，似係針對魏德邁訪華報告而發，企圖配合美援的要求」。同時，另一報告更露骨指出：「中國一般情形之最足以使人感覺失望者，厥爲一味依賴美國之援助，以解決其面臨之危機，自助意志與自力更生之精神，幾乎完全消失……總之，令人最感沮喪之事實，乃一般中國人咸以美援爲救命之仙丹。」

蔣介石亦深知美國在美蘇冷戰格局下，不得不繼續援蔣的道理，所以除了運用外交正常管道爭取外，亦私下以要脅和請求的兩手策略去爭取美援。如他曾對一九四七年年底訪華的美參院軍事委員會成員說：「倘使政府終遭擊敗，則其主因，必非由於俄國與中共之強，而係由於美國未能及時履行其援助諾言所致」；警告美國當局，如果國府失敗是因爲美國不援助的關係。到了一九四八年初，蔣放出將請蘇聯來調停國共內戰的空氣，向美國警示國府有可能倒向蘇聯那一邊，以此爭取美援。一九四八年十一月，蔣親派宋美齡赴美進行爭取美援之旅，更是眾人皆知之事。在蔣下野李宗仁代理總統職務進行國共和談期間，李與行政院長何應欽也不斷要求美國的白銀貸款以平衡財政，甚至建議可以「以台灣島及其出產之優先權」爲擔保。一九四九年底，國民黨政權危亡前夕，李宗仁也以「養病」和「爭取美援」爲由飛往美國，還待望繼續以「代總統」身分在美國爭取美援。

## 「美援」等於供應中共軍火

對於「美援」，中國各方的反應頗不致，甚至兩極化；中共痛恨它自不待言，國府歡迎它但也深恐數目不夠無法打勝中共；而知識分子「則發出沮喪冷漠的長嘆，因爲它等於是加深他們的悲慘，並拖延和平降臨的日子」。這段話是當時的駐美大使司徒雷登的回憶錄中所指出的。然而，有關美援還有更令人瞠目結舌的事實，就如美國務卿給杜魯門總統的信中所言：

由於國府將領之指揮不當，隊伍之叛變與投降，以及缺乏鬥志，致使美國於對日戰爭勝利後所供給國軍之軍用物資，大部份均落入共軍之手。

也就是，美國供給國府的「美援」，幾乎全成了解放軍的武器。據《白皮書》的報告，「至少有

美國對國府軍的軍事「援助」，等於供應中共解放軍軍火。圖為遼瀋戰役中，解放軍繳獲的大砲。

百分之七十五之軍火爲共軍所俘獲」。

一九四九年三月十五日，天津易手後仍駐留天津的美國總領事呈美國務院的備忘錄，表示「強烈反對繼續援助中國政府」，它說：

> 在天津之美僑於過去兩月中經過不愉快之經驗，目睹共軍奪獲天津，其配備幾全爲美國武器及國軍在東北不戰而送給共軍之其他武器……茲若繼續予以援助，實等於進一步加強中共力量。

其實，對中共來說，這已不是異常或奇特的事，而是解放軍作戰的原則。毛澤東曾指出軍事十原則，其中的第九條就：「以俘獲敵人的全部武器和大部分人員，補充自己。我軍人力物力的來源，主要在前線。」

# 第三章　三大戰役潰敗，蔣施「和平攻勢」

## 第一節　一九四八年底「希臘悲劇」的開幕

一九四八年底是南京國民黨政府開始快速崩潰的起點。對於這個巨變的開端，司徒雷登曾如此形容道：

一九四八年最後三個月的經歷，有如一幕希臘悲劇。在軍事失敗、貨幣貶值、民情激憤的悲慘情狀下，蔣總統獨能屹立不移。

這個「希臘悲劇」的開幕，始於一九四八年九月底的濟南失陷；再加上遼瀋戰役的失敗，使東北在短短不到二個月的時間全面淪喪。緊接著，鬥志高昂的東北解放軍迅不掩耳地進逼北平天津，揭開了平津戰役；華東解放軍又以迅猛之勢揮軍南下，撲向戰略要地徐州，點燃了淮海戰役，煙硝直逼南

美國駐華大使司徒雷登。

京、上海。解放軍的破竹之勢震撼了京滬，造成了人心恐慌，也加劇了通貨膨脹之勢。這些都如洪水潰堤般地沖毀了原就急病投醫的「八一九幣改」，更加速了經濟的全面崩潰。在無可挽救的政、軍、經頹敗之勢中，不論黨內或黨外，或者是官、商、軍、民，都人心惶惶信心動搖，都普遍質疑蔣發動的「戡亂」和「內戰」。因此停戰議和之聲，也逐漸成爲主流。原本已失去大半民心的蔣介石，現在更處於民心完全背離的狀況。司徒雷登於十月十六日對美國政府的一份報告書中，就曾指出這一事實：

> 僅少數中國人繼續擁護委員長，迄今擁護彼者，不過其最接近之同志及若干軍官而已。中國政府，尤其委員長，現在最不爲人民所愛戴，指責彼輩之人，亦日見加多。

這份報告想揭露的是：蔣介石已成了少數統治集團。這時更有甚者，美國人也認定了國府在軍事上已徹底失敗，無可挽回。

## 美國不得不在內戰中「及早脫身」

在遼瀋戰役結束，而淮海戰役正開始的十一月六日，美國駐華使館召集了軍事顧問團和武官討論中國內戰的嚴峻形勢，與會成員一致認爲：「現在局勢惡化之程度，除實際調用美國軍隊外，任何大量之軍事援助亦於事無補，而調用美國軍隊自屬不可能」，其結論是：「中國或美國所採取之任何軍事步驟，均將不能及時挽求軍事情勢。」

換言之，美國政府戰後以來「扶蔣反共」的對華政策已面臨了失敗的絕境，因而不得不另謀出路，進行重大的轉轍。其實，此時美國已重審並制定了新階段的對華政策，並以國安會ＮＳＣ34號文件於十月十三日正式通告各有關部分。該文件斷定，美國無法挽救國民黨政府的敗亡，因此不得不及早「脫身」以保留「最大的自由行動」，爲新的形勢取得主動權。另一方面，該文件也表示「盡可能阻止中國成爲蘇聯的政治、軍事附庸」，這已成了美國對華政策的新戰略目標。雖然如此，由於美國的國會、軍方、政府之間經常有不同的利益糾葛和考量，因此政策和執行、決策和行動之間經常出現嚴重的落差和矛盾現像。因此美國在逐步從中國內戰「脫身」的同時，也進行著「有限度的援助」以及「盡一切力量阻止中共取勝」的行動。

## 華府「袖手旁觀」與司徒雷登「促蔣下台」

在蔣及其政府處於危機萬端之際，司徒雷登於十月二十三日向美國務院提出了，包括促使蔣退休讓位給李宗仁，或其他較有希望組成「非共產共和政府與較能有效與共黨作戰之政治領袖」的建議。國務卿馬歇爾否決了這項建議。他認爲若這麼做就會承擔所引起的責任，「使美國陷於不顧美國的利益，而支持其承繼的政體」；即使蔣或其政府提出此問題，美國也不宜予以明確答覆。馬歇爾繼續表示說：

> 在國民黨政府尚為中國局勢中之一重要因素時，美國政府自當繼續予以支持。至該政府若自南京遷出、崩潰、消滅或併入共黨之聯合政體時，吾人將採取若何步驟，須視屆時美國利益何在與該時情形而定。……中國情勢之發展顯然已進入一極端動盪與混亂之時期，予對未來之局勢，已不能作清晰準確之觀察。

其實，在蔣發動和主導的國共內戰節節失利中，美國的「援蔣反共」政策也不斷的挫敗；因此，從來華調查的魏德邁到大使司徒雷登都數度說過中國「需一能振奮人心之領導人物」的話，間接暗示希望蔣下台讓位給國民黨內更能有效反共的人物，以挽救危局。且司徒雷登在一九四八年下半年給國務院的報告中，就不斷抱怨蔣剛愎自用、「性喜任用故舊或信任之伙伴，而不問其是否貪污或無能」、「緊抓軍事大權」，「猜疑桂系對他的陰謀」、「決定性的問題仍在委員長的性格」等等；並吐露出對蔣絕望的口氣：

> 余設法影響委員長之思想，最近感到從未有之失望。余極易與彼接近，且得向彼無保留陳述任何事情。無一中國人（包括其最親信者在內）敢告訴彼多數人所憂慮之事，故他們對余有懇切之期望。但余殊感無能為力，以挽回江河日下之趨勢。

此時，美國務卿馬歇爾的對華政策已逐步轉向從中國內戰「脫身」的方向，連司徒雷登為對應國共和談的新局，提出的：美國應「力求阻止組成包括共產黨之聯合政府」，或美國須對中共相當讓步時「應設法停止戰鬥，惟須中國分成若干不關聯之聯邦為基礎」等建議，也予以否決。馬歇爾認為這只會招來「美國鼓勵或延長中國內戰」的指責，而且將使蔣國府誤認為美國會無止境的援助。因此，他指示了司徒雷登對華政策的二大原則：

一、美國政府對有中共參加之中國聯合政府，不得直接或間接予以任何支持、鼓勵或認可。

二、美國政府無意再為中國作調停人。

由此可見，馬歇爾對被捲入勝負將決的國共內戰保持極端的審慎；不但對國共內戰甚至對國共和談問題也都採「袖手旁觀」的態度。然而，這只不過是大原則大方向，而實際的具體工作卻並不盡然；畢竟「求中國能在一友好政府下（親美反共的），有穩定的政治」一直是美國對華政策的最高目標；只不過，不願直接捲入中國內戰，致使「美政府陷入延續之糾纏而不能自拔」的嚴重後果而已。

因此，面對軍事慘敗、經濟崩潰、失去人心，且停戰議和之聲高漲，要求蔣下台的暗潮洶湧的中國局勢，美國政府也開始透過各種渠道向顧維鈞透露，白宮方面認為委員長應讓位給別人。當然，早已對蔣露出不信任和絕望之情的司徒雷登不可能比華府更消極。而蔣介石也不是不明白自己的處境，以及各方特別是美國對他的意圖，因此派了張群去見司徒雷登探聽美國眞正的意圖，司徒雷登表達了希望蔣下台的暗示。

## 蔣向美「求援」以抗拒各方「求和逼退」的壓力

至少到一九四八年的十一月為止，蔣介石對「停戰議和」的聲音以及要他下台的壓力是抗拒的。十一月五日，蔣找了張治中去談話，詢之以對現在局勢的看法、意見。張直言：「這個戰絕對不能再

1948年12月14日，蔣介石、李宗仁宴請訪華的美國經濟合作署署長霍夫曼(左一)，駐華大使司徒雷登(右一)。

打下去了！」並認爲「應該馬上放棄『戡亂』並恢復和談」，蔣回答說：「我現在不能講和，要和我就得下野，但是現在不是我下野的時候」，並要張「以後不要再提和平的話！」。十一月八日，蔣在國民黨中央黨部講話，斥責「求和」之主張，指責「主和者」喪失了民族精神，完全是投降主義者；稱目前之「和謠」純爲「共匪」所發動之宣傳攻勢。十一日，蔣下令京、滬、杭戒嚴，取締一切破壞「戡亂」之言論和行動。

另一方面，蔣爲擺脫困境開始加緊拖住美國，不讓其脫身；甚至不惜以向來緊抓不放的軍隊指揮權爲交換，換取美國的援助與支持，以鞏固自己的權位，謹防美國換人。蔣透過各種方式數度向美求援，其要旨有下面幾方面：

一、迅速提供並增加軍事援助。

二、美國發表支持國府反共之堅定聲明。

三、可否委派美國軍官以顧問名義實際指

揮中國軍隊。

四、可否任命一高級軍官領導的特別代表團，主要對於緊急情況提出意見及計畫。

首先，十一月六日在巴黎的聯合國大會期間，駐聯合國代表蔣廷黼以外交部部長名義的信遞交美國務卿馬歇爾，提出了上述內容的請求，但遭馬歇爾的婉拒。接著，蔣於十一月九日親筆致函杜魯門，也提出了類似前述的要求，十三日杜魯門覆函，也以回答蔣廷黼一樣的內容婉拒了蔣的要求。十一月二十八日，宋美齡以私人名義親赴美國求援，她傾力通過各種管道和方式，重申蔣提過的幾點要求，但受到難堪的冷淡待遇。當時上海《申報》的一篇報導說：「ABC廣播電台報告說：馬歇爾態度之傲慢，如若接見德國和日本的人民代表。」宋美齡在美國一直停留到一九五〇年一月，蔣國民黨中央政府遷撤台灣不久後，才返回台灣。

從蔣向美求援的態度來看，其政權處境似已瀕臨絕地；不惜使出交出軍隊指揮權、親筆信、夫人外交等緊急手段向美國求援以解困，卻遭到拒絕、四處碰壁。更大的打擊還在此時淮海戰又已註定慘敗；這場蔣出動精銳兵力，孤注一擲，想與解放軍進行大決戰以保衛南京政權的最後一戰，在十一月底黃伯韜兵團被殲，馳援的黃維兵團將遭圍殲，而杜聿明大軍被圍在陳官莊的時刻，慘敗的命運已定。在此生死關頭，美國卻緊急撤離了軍事顧問團，美國說：

政府剩餘之兵力已不能阻止共軍之前進……由於南京即將陷落之必然性及國軍潰亂之情形，吾人以為顧問團效力之時機，業成過去，乃即命其撤離中國。

十一月二十六日，美軍參謀長聯席會議指令在華美軍聯合軍事顧問團團長巴大維撤離中國。撤退工作於十二月開始，到次年三月一日才全部完成。

## 第二節　蔣的第一波「和平攻勢」

這致命的一擊，逼使蔣不得不嚴肅地考慮下一步險棋。在江北陷落江南動盪、京滬告急的情勢下，且「停戰議和」「逼退」的聲浪又從四面八方襲來；更致命者，厥爲美援不來美國又抽腿，如今只有以政治妥協來打開困境，以保存實力。政局已到了只有「和談」才能挽救國府政權危亡的地步，而發動「戡亂」內戰的蔣早已被黨內外視爲「和平的障礙」，如果蔣提「和談」則勢必要下台。以蔣的個性和作風，眞正的「和談」和「下台」絕不是他要的，也是他寧死不受的，因此只有以政治手腕來操弄「和談」和「下台」的議題，以在困境中求取最大的利益。在蔣心中此刻的「和談」和「下台」，只是爲爭取喘息機會，爲下一階段布局的緩兵之計。

相對於過去二年半的戰爭攻勢，蔣不得不採取的新「和平攻勢」，基本上是從一九四八年十二月到一九四九年四月二十日國共和談破裂爲止。這期間又可以以一月二十一日蔣的「引退」爲界，分爲第一波和第二波和平攻勢；而第一波攻勢又可以以一月一日蔣發表「元旦公告」（又稱「求和聲明」）爲界，分爲前後期。如此分期，是因爲和談期間不管在幕前或幕後，眞正的主角仍然是蔣介石。

## 「京都」告急

十二月十八日，淮海戰役勝負已定，美軍事顧問團團長巴大維給美陸軍部的電文略稱：

由於國民政府在長江以北敗退所造成之恥辱與失體，縱令時間容許，其是否能於此一區域（華南）中，獲得人民必需之擁護，動員足夠之人力，以重建其武力，實屬令人極端懷疑之事。

此刻的南京，謠言已滿天飛，擁有交通工具的機關爭先恐後撤離南京，車站秩序混亂。十一月十一日出版的《展望》上的〈京都急景〉一文，就如此描寫道：

下關車站，人山人海，行李堆積如山，輪船碼頭麕集的逃難者，數以萬計。……各機關在不遷都的皇皇文告發表前後，大都有的已走了，有的在準備走，像空軍司令部只留下了少數負責戰鬥的人員，其他所屬的高射砲團，電台等都已撤往台灣。憲警及「特」定號機構連檔案都搬離了南京。

## 司徒雷登與桂系以「謀和」逼退

連首都南京都已出現數以萬計的逃難者，身居都城的蔣介石內心的動搖不安是可想而知的。十二月四日，蔣透過親信吳忠信，第一次向副總統李宗仁傳達了自己準備下台由李接替的訊息。十二月十日，蔣宣告全國戒嚴（不包括台灣、新疆、西康、青海、西藏）。十二月十六日，蔣派張群、張治中、吳忠信到李宗仁處，就蔣下野以及和談問題進行了初步洽商，非正式協議：蔣主動下台、李宗仁依法代理總統職務宣布和平主張等等。在這前後，司徒雷登間接或直接地向行政院長孫科表示：「蔣下野爲和談所必須」、「以私人資格確實衷誠贊助和談運動」，暗中逼蔣下台。十二月二十日行政院長孫科宣布新內閣，從閣員成分來看，是爲爭取美援的「備戰求和」的內閣，但其談話仍強硬主張：

1948年12月，蔣第三次下野之前，與副總統李宗仁之合影。

「打到獲得榮譽的和平爲止」；十二月二十四日，蔣特任吳忠信爲總統府秘書長，顯示蔣已爲「引退」作準備；同日童冠賢繼任立法院院長，這爲李宗仁推行和談運動增加不少力量。也就在同一天，在漢口任華中「剿匪」總司令的白崇禧，發出「亥敬」電（亦即十二月二十四日的代號）給南京張群、張治中、李宗仁並轉蔣介石，該電主張：(1)將謀和誠意轉知美、英、蘇出面調處和平。(2)由民意機關呼籲和平、恢復和平談判。(3)雙方軍隊停戰聽候和談解決。並要求蔣：「乘京、滬、平、津尚在吾人掌握中，迅作對內對外和談部署，爭取時間」。同日，湖南省主席兼長沙綏靖公署主任程潛也通電主和，並請蔣下野，以利國共和談，語氣上較白更嚴厲。這些通電惹火了蔣，懷疑李、白、程聯手迫蔣下台。因爲自副總統競選事件以來，蔣與李、白桂系之間即互有猜疑；且自遼瀋戰役，淮海戰役慘敗以來，蔣的精銳主力已喪失殆盡，僅剩白崇禧率領的華中剿總五十萬大軍，仍保持完整，蔣以爲白利用此聲勢「反蔣求和」。其實，白當時目睹了距武漢不遠的淮海戰役的慘敗景象，人人自危，故深感蔣發動的戡亂內戰已到了「倘無喘息整補之機會，則無論如何犧牲，亦無救於各個之崩潰」；爲了防止國府全面崩潰以自保，白也不得不進行「反蔣求和」的運動。且據李宗仁親信程思遠的回憶，白崇禧反對李宗仁任代理總統之職，蔣必須正式辭職，李正式就任總統，不能用代理名義，否則什麼事都辦不了。結果，不幸爲白所言中。

十二月二十五日，中共新華社公布了蔣介石、李宗仁等四十三人爲頭等戰犯的消息，這大大刺激了國民黨當事者，人人自危。

在這同時，蔣側近的張治中、張群、吳忠信三人研究了白崇禧的「亥敬」電後，認爲姑不論白的用意如何，由各方的情勢來看蔣確非下台不可，便數次和蔣反覆商談，最後蔣同意下野，由李宗仁代任。

十二月二十六日，在蔣「戡亂」內戰中先後避逃香港的民主黨派和人士，包括國民黨革命委員會主席李濟深、民主同盟、民主促進會等部分負責人，共三十多人搭乘蘇聯貨輪啓程北上解放區，於翌年一月十日到達瀋陽。

十二月二十七日，包括故宮博物館、中央博物院、中研院史語所、中央圖書館、外交部等五機關的第一批、第二批文物、檔案，搬離南京運往台灣。

十二月二十九日，蔣任命陳誠爲台灣省主席，蔣經國爲國民黨台灣省黨部主委。

由此可見，此刻內戰中國的政治地圖正急速流轉中。而蔣已爲自己「引退」後的下一步，著著進行新的布局。

## 華南各省通電「求和」逼蔣「下野」

連日來，湖南、湖北、廣西省的省參議會也發表通電紛紛響應求和運動。十二月三十日，白崇禧再度向蔣發出「亥金」電，重申前電主張，並警告說：無論和戰，必須速謀決定，時不我予，懇請趁早英斷。同日，河南省主席張軫及省參議會也發通電，主張和平，要求蔣「毅然下野」，其中以河南省參議會議長劉積學的通電最爲敢言力諍，最能反映大多數民情。該電先歷述了從政治協商會議以來二年多的內戰責任，並列舉黨務、政治、軍事、文化言論自由、經濟各方面的弊病說：「若就閣下而言，則民心喪失已久。」最後痛陳：

今大勢已去，而閣下猶戀戀不捨；血氣久絕，皆欲起而誅此獨夫，豈僅中共而已哉？豫南地居中原，爲軍事所必爭，三年以來，戰禍尤慘，田園荒蕪，廬舍爲墟，逃出難民約五百萬，流亡學生約三十萬，飢寒交迫，受盡酸楚，到處受人仇恨。學生被活埋投江暗害者，已有多起。難民死亡，更難數計。孰令致之，使我此極？敢請即日引退，以謝國人，國事聽國人自決。倘仍不省悟，或命冀美援爲最後掙扎，或將國有物資運移海外，作捲土重來之計，徒增罪戾，人民絕不允許，將來閣下結果，非國人所忍言矣。特此警告，維諸亮察。

劉積學身爲河南省參議會議長，爲地方民意機關的最高首長，目睹河南省民遭內戰戰禍之慘狀，且黨國破敗危在旦夕，爲圖救亡，絕然力諍，追究內戰責任逼蔣下台，以利停戰和談，可謂順應民情，反映時潮。

## 第三節 〈元旦文告〉——蔣放出「和平風向球」

### 一個制度和傳統結束的除夕

在內外交煎之中，蔣爲了收拾人心以及在派系鬥爭中爭取「和平」的主導權；在敗戰中，以「和」爲緩兵之計，更重要的是爲了再爭取美援，遂決定先放出「和平」的政治風向球。雖然在這之前，「和平」二字一直被蔣當作違反戡亂的「共匪」宣傳。十二月三十一日（除夕）中午，蔣邀李宗仁、五院院長和國民黨中常委共四十多人，到黃埔路官邸餐敘。餐後蔣拿出次日即將發表的〈元旦文告〉（或被稱爲「求和聲明」），要「徵求大家意見」。據當時參加了這餐會的李宗仁親信程思遠的描敘：

> 我到時發現蔣介石府邸裡火樹銀花，照耀奪目，天花板下，彩帶繽紛，四周牆壁也還點著聖誕節的七彩剪紙，從表面來看，充分顯示著節日（接：即聖誕節）的氣氛，但是在

座的人們表情陰鬱，好似大禍臨頭，憂心忡忡。

對於「文告」內容，「C. C.骨幹分子谷正綱、谷正鼎、張道藩等先後發言，他們都極力反對這個文告」，「谷甚至嚎啕大哭，如喪考妣」。當他們力主蔣不應公開下野時：

蔣火冒三丈，他破口大罵道：「我並不要離開，只是你們黨員要我退職，我之願下野，不是因爲共黨，而且因爲本黨中的某一派系」。

他所說的某一派系，即是指李宗仁、白崇禧爲代表的「桂系」。

親歷其境的司徒雷登曾感嘆道：

一九四八年終在中國政治上，其實是一個制度和一個傳統的結束。

其實，對司徒雷登和美國來說，它也是一個傳統的對華政策的結束和轉換。

一九四八年是怎麼結束的呢？在他的回憶錄中有關這一星期的變動，其梗概如下：

聖誕節那天，是蔣西安脫險的十二周年，也是他一手主導的憲法通過的第二年，蔣決定「引退」並由副總統代行職務，並派人與李宗仁達成一具體作法：由蔣宣布引退後，立即由副總統發表一篇措辭審愼的文告，呼籲和談並頒布停火命令。但後來當蔣獲悉中共發布了以他爲首的戰犯名單後，勃然大怒，立即改變了主意，迅速召集了各高級軍事將領到郊外開會。這一星期，不論在蔣或在一切有關人士，都是緊張的一週。異於往常的，元旦文告直到除夕下午才把文稿分發翻譯，並通令非得最後指示不准發布。

司徒雷登所說的蔣改變主義，是指蔣原先就已答應馬上宣布引退，立即由李直接接任，並呼籲和談頒布停戰令；但蔣食言並沒有立即引退交出政權，反在一月一日發布了高姿態的〈元旦文告〉，以總統的口吻要中共先拿出「和平」的誠意，否則「周旋到底」。

依司徒雷登的說法，蔣突然改變主意，似乎只是因爲中共發布了戰犯名單。事實上，其原因很多，譬如前面提及的李、白桂系以及湘桂鄂豫地方領導人的「反蔣求和」行動；還有黨內主戰派如閻錫山、C.C.派等的反對聲浪；甚至蔣基於謀略考量都有可能，因爲平津戰、淮海戰還未終局，只適用「號召式的和平」，況且其下台後的布局也還未完成。

因此，司徒雷登所說的中國的舊政治制度和傳統，並沒有在一九四八年終結束，而是拖延到一九四九年一月二十一日。

## 成為「求和聲明」的〈元旦文告〉

一九四九年一月一日，全國各報同時刊登了後來被稱爲「求和聲明」的〈元旦文告〉。其內容大略如下：

對於國內外「反蔣求和」的聲浪，蔣在「文告」中先以「引咎自責」、「深知剿匪軍事加重了人民的負擔」的低姿態應付。然後把破壞「和平」的責任，全推諉於「共黨」的「武裝叛亂」；說「動員戡亂之目的在於和平」，「但是今日時局爲和爲戰，人民之爲禍爲福，其關鍵不在於政府……全在於共黨……先要問明共黨對和平之意向究竟如何」，「只要共黨一有和平的誠意……願與商討停止戰事，恢復和平的具體方法。」

但是，蔣的這個「停戰、復和」有五個先決條件：

一、「神聖的憲法不由我而違反」、「民主黨政不因此而破壞」。

二、「中華民國的國體能夠確保」。

三、「中華民國的法統不致中斷」。

四、「軍隊有確實保障」。

五、「人民能夠維持其自由生活方式與目前最低生活水準」。

先提出了這「和平五條件」後，蔣表示：

> 和平果能實現，則個人的進退出處，絕不縈懷，而一惟國民的公意是從」。「反之，如果共黨始終堅持武裝叛亂到底……自不能不與共黨周旋到底……實行決戰……在此有決勝的把握」。

蔣在當天的中樞元旦團拜上，對文告內容闡釋說：「我們今天倡導和平，並非避戰求和，乃是可戰可和，任由共黨選擇」。這是蔣為「挽救危局」所踏出的一步，企圖在權位不變的前提下，釋放出一點「和平」的空氣。深知蔣意圖的毛澤東也發表了新年獻詞〈將革命進行到底〉，直指：「中國反動派和美國侵略者……利用現存的國民黨政府來進行和平陰謀。」並說：「將向長江以南進軍。」

蔣的元旦文告發表後，一時和平之風吹遍各地，報紙上刊登最多的，照例是一向擁護政府的各團體響應文告的通電或宣言；主要內容不外是「呼籲和平，擁護總統倡導和平」之類。如南京市、上海市、四川省、福建省、湖北省各地的參議會，上海市商會、工會等等。也有京滬各地一向擁護政府的大學教授三百多人，組織了「國策研究會」，呼籲和平並提出九項建議：雙方立即下令停戰、歡迎各政黨及友邦參加和平談判，軍隊國家化……等。

台灣省各級人民團體，包括省農會、省總工會、省婦女會、省記者公會等五十餘團體代表，也於十一日召開座談會，並決議發通電二則；一為致南京蔣及五院院長，另一為致延安毛澤東並轉告全體共產黨員。前電不外「竭誠擁護此一偉大號召」。後電曰：「今後局勢之為戰為和、人民之為禍為福，其關鍵全在貴堂」，全文不出文告的口調。

## 司徒雷登對〈文告〉的指責

司徒雷登在記者會上，極力避開對文告發表評論，因報紙都報導說：「對元旦文告，美大使觀感良好」。其實，「大使」於一日三日給美政府的報告卻與報紙的報導完全相反，司徒雷登大加指責道：該文告為「過於冠冕堂皇之文章」，「含有一強大統治者以仁慈口吻，對待厭煩叛徒之意味」，忽略了自己軍事崩潰、經濟失敗的現實。該報告進一步指出：「另一缺點則更為嚴重，在某一意義上，彼已予以讓步，但並未給予充分之退讓」，由於蔣的「頑固自負」，收回了兩週前決定辭職把權力交給副總統的承諾。他分析說：「委員長之五項條件每項皆可認為代表對某一派系之重視，企圖使與彼等妥協，蔣氏似反而增加其內部之歧見。」

對於前一點，上海「和平老人」邵力子也批評道：「文告文字帶招降意味，不能希望中共有良好反應。」至於後一點，司徒雷登對蔣臨時改變主意，真戲變假作，甚感失望。但他也明白指出：「無論如何，國民黨因其本身之缺陷，似必屈服於共黨有力之意志」，意指蔣的和平大戲終究要繼續演下去，直到真戲真作為止。該報告以這麼一句話結尾：

總之，於元旦日，一種運動已經開始，似將為全國軍事衝突結束之起點。

結束之起點的確已開始，惟到達結束之終點的過程，卻比司徒雷登的想像，更複雜而漫長。

## 胡適等人的「反和」態度

〈文告〉發表後，「和與戰」問題頓時成了社會爭論的焦點。主戰派如軍方喉舌的《和平日報》，其社論說：「我們的決心是作戰到底……有人認為蔣總統的文告已經開始了和平之門，那是一種危險的思想。」再如，上海市黨部主委方治說：「希共黨放下武器，誠意和平，否則只有與共匪搏鬥到底。」其強硬的態度大大超過了〈文告〉。也有反和派如胡適者，他於十二月十五日晨在解放軍圍城砲聲中，不顧北大校長的職務，慌張地搭上教育部派出的「搶救學人」飛機逃出北平飛到南京，受到蔣介石的禮遇；在南京他仍不改其「和比戰難」的論調，認爲與中共談和根本是妄想，反對和談。主和派如立委楊玉清，則直接批評蔣的「能戰始能和」，他坦白地指出：「能戰才能談和，說來似乎很好聽，但事實上卻完全不同，既然能戰也就不必談和了」，言外之意，是說因爲今天自己打敗了，所以才提出「和談」。香港《大公報》評論，一語道破了〈文告〉的企圖就是「以和養戰」，「和」只不過是手段，「戰」才是主調。

〈文告〉發布後，爲護衛權位，蔣繼續演出「挽救」危局的和平大戲。《李宗仁回憶錄》有一段傳神的記錄，其大要如下：一月五日，蔣「御駕」親訪李宗仁，表示自己將「引退」由李繼任總統。蔣說：「我看我退休，由你頂起這局面，和共產黨談和！」李推辭說：「你尚且不能講和，那我更不行了！」李心想：共黨的對象並不是蔣一人，他是要整個拿過去的，不管誰出來都是一樣。第二天，蔣派了張治中、張群二人來找李逼他出來繼任總統，李很露骨地表示：蔣先生下野未必能解決問題。不久，蔣又找李去談話，李仍堅持，蔣遂言：「我現在不幹了，按憲法程序，便是你繼任，你既是副總統，你不幹也得幹！」

## 第四節　蔣「引退」——第二波「和平攻勢」

一月八日，蔣國府外交部長吳鐵城，再度向美、英、法蘇四國政府，要求「調停」中國內戰，以期打開困局，但都遭到拒絕。同日蔣派張群赴武漢會晤白崇禧，假藉談引退問題想摸清白的眞實意圖，顯然是恐懼手握重兵的白與程潛會同中共接洽「局部和平」。因爲此時，天津即將陷落，蔣已決定將北平各軍空運撤到青島；而淮海戰役慘敗，杜聿明率領部隊被圍殲，且杜被俘，蔣計畫將徐蚌殘部南撤。蔣經國在一月九日的日記，轉記了蔣當天日記的部分內容：

> 杜聿明部今晨似已大半被匪消滅，聞尚有三萬人自陳官莊西南突圍，未知能否安全出險，憂念無已。我前之所以不能爲他人強逼下野者，爲此杜部待援，我責未盡耳。

由此可見，蔣親自指揮的淮海戰役，精銳部隊全遭殲滅，迫使蔣除了以「引退」來換取喘息機會，別無他途。這時，南京的立委們又集會，通過了「和平宣言」，主張「立即放棄戰爭，就地停戰，謀取和平」。「停戰謀和」之聲，已蓋過了一月一日〈文告〉以來「備戰謀和」的聲音。

## 毛澤東以「和平八條件」回答蔣的「求和五聲明」

十日，蔣派蔣經國赴上海訪俞鴻鈞，希其將中央銀行現金移存台灣，以策安全；並開始策劃津浦線以及長江北岸之布防。十四日，中共主席毛澤東繼一月五日發表的〈評戰犯求和〉後，又發表了〈中共中央毛澤東主席關於時局的聲明〉，該聲明認爲：國民黨政府爲著保持殘餘力量，「取得喘息時間，然後捲土重來撲滅革命力量」，於今年一月一日提出的和平談判建議，「是虛僞的」；因爲蔣提出的保存憲法、法統、軍隊等和談五條件，「是繼續戰爭的條件，不是和平條件」。雖然解放軍「具有充分的力量和充分的理由」，很快全部消滅國民黨政府的「殘餘軍事力量」，「但是，爲了迅速結束戰爭，實現眞正的和平，減少人民的痛苦，中國共產黨願意和南京國民黨反動政府和其他任何國民黨地方政府和軍事集團，在下列條件的基礎上進行和平談判」。聲明中的和平八條件分別是：

一、懲辦戰爭犯罪。
二、廢除僞憲法。
三、廢除僞法統。
四、依據民主原則改編一切反動軍隊。
五、沒收官僚資本。
六、改革土地制度。
七、廢除賣國條約。
八、召開沒有反動分子參加的政治協商會議，成立民主聯合政府，接收南京國民黨反動政府及其所屬各級政府的一切權力。

該聲明強調，「只有在上述各項條件之下所建立的和平，才是眞正的民主的和平」。

## 蔣說：我是被國民黨打倒的！

毛澤東針對蔣文告的五條件，提出了和平八條件的時候，解放軍已席捲長江以北的廣大土地，百萬大軍飲馬長江北岸，南京已聞砲聲，《展望》雜誌有文描寫：「都門多少大廈，人去樓空。『金枝玉葉』遠植美、港、台、穗，首都已成『移去了花卉的花台』」。大難臨頭，南京國民黨政府已呈現分崩離析之勢；各部門公務員要求行政院加發遣散費，包圍機關，甚至毆打主管官員，社會上各種惡象，層出不窮。許多立委民意代表，人民團體紛紛發表「停戰求和」的聲明，連被羈押在上海監獄的前汪精衛政府考試院長長江亢虎，也在獄中大談「和平」。蔣先邀約民、青兩黨及其他有關人員討論時局，會中邵力子公開主張「無條件投降」；接著，又召開國民黨中央政治會議，會上有人對蔣大加批評。十九日，行政院召開政務會議，就中共所提「和平八條件」歷經五小時討論後，決議：「願與中共雙方立即先行無條件停火，並各指定代表進行和平商談」。對此，毛澤東以中共發言人身分發表了〈評南京行政院的決議〉一文，批評行政院不願意先商討和平的具體條件（即五條件或八條件），就要先無條件停火，國民黨的和平誠意在什麼地方呢？

同月十九日下午四時，蔣在黃埔路官邸召集孫科、張群、張治中等人談話：蔣說：我是決定下野的了，現在有兩個方案請大家研究，一是請李德鄰（即李宗仁）出來談判，談妥了我再下野；另一個是我現在就下野，一切由李德鄰主持。外交部長吳鐵城認爲此事關係重大，建議召開中常會進行討論，蔣對此憤然說：「不必！我現在不是被共產黨打倒的，是被國民黨打倒的！」又說：「我決心採取第二案，下野文告怎樣措詞，大家去研究。」事後蔣這番話傳了出去，外面曾有人反諷道：「國民黨不是被共產黨打倒的，是被蔣某人打倒的！」同一日，外交部通知各使館，以南京接近戰區爲由，請準備遷到廣州。

## 蔣「引退」前的布局

在這幾天，蔣爲下野事先作了各種布局。十六日，親自約見俞鴻鈞、席德懋，命令將中央、中國兩銀行存在美國的外匯化整爲零，存入私人戶頭，以免國共和談成功後移交聯合政府。之後，蔣又密令將國庫所存黃金、美金、銀元、美鈔運台。十八日透過國防部通過了一系列軍事、人事任命（此任命蔣以總統令於二十一日發布）：

一、任湯恩伯爲京滬杭警備總司令（在這之前已將京滬警備司令部擴大爲京滬杭警備總司令部）。

二、撤銷衢州綏靖公署，另設福州綏靖公署，派朱紹良爲福州綏靖公署主任。

三、派張群爲重慶綏靖公署主任。

四、派余漢謀爲廣州綏靖公署主任，薛岳爲廣東省主席，張發奎爲海南特區行政長官。

五、成立台灣省警備總司令部，台灣省主席陳誠兼任台灣省警備總司令、彭孟緝爲副總司令。

二十日，蔣特任劉政芸爲中央銀行總裁，俞鴻鈞爲央行常務理事，另令朱詔良爲福建省主席，方天爲江西省主席。

這是蔣爲「下野」後，其心腹仍能掌控東南、西南、華南軍政大權而精心部署的一部分。

## 滿布權謀的「引退」

一月二十一日，這是美國總統杜魯門就職的第二天，也是艾契遜繼馬歇爾就任美國務卿的日子。蔣介石選擇了這一天宣布引退，由李宗仁代理總統職務。在解放軍兵臨金陵城下之際，危巢之下恐無完卵，於是各方黨政軍集團都爭先恐後地奮力保全自己的權力和地位；蔣引退李代理的一節，也充滿著權謀算計。二十一日下午二時，蔣召集國民黨中常委在官邸舉行緊急會議，宣布他本人業已決定引退，國事完全交給李副總統宗仁負責處理，並把預先擬好的引退文告交李宗仁簽字後宣讀；谷正綱、張道藩等C. C.派又一番痛哭流涕，最後會議商討了一些今後和談的原則問題後宣布散會。蔣逕往機場於下午四時乘美齡號專機飛杭州，翌日返回奉化溪口。據《李宗仁回憶錄》，會後，曾發生了一場李到底是「繼任」還是「代行」的風波。李認爲蔣離職前一再要他「繼任」，從未提到「代行」，但蔣的引退文告卻成了李「代行」總統職權。爲此，李要求蔣將文告改爲「繼任」，蔣滿口承諾，但次日各大報所刊登的引退文告，卻仍用原稿內容「代行」未有更動。李宗仁憤然記道：「他在文告中預留伏筆，好把我作爲他的擋箭牌，而他在幕後事事操縱，必要時又東山再起」，「我覺得蔣先生之爲人，至此危急存亡之關頭，仍不忘權詐，一意要我作木偶任他玩弄。」李這一番話，也道盡了從李「代行總統」那一刻起，一直到他於十二月五日由港飛美「就醫」爲止，蔣李關係的一個眞實的側面。

蔣介石與蔣經國、俞鴻鈞合影。左右兩人為受命將國庫金銀運台的主要人物。

在宣布引退同日，早上蔣命國防部長徐永昌攜親筆函，飛北平晤傅作義，傳達蔣意旨，望傅謀和要與蔣中央一致。晚上，華北「剿匪」總司令傅作義召集軍以上人員會議，宣布

迫於國內外的壓力，在作出一系列人事、軍事和國家資財的部署後，蔣介石於1949年1月21日宣布「引退」，並立刻動身返回溪口。

蔣介石「引退」乘坐的「美齡」號專機。

北平國民黨守軍接受中共「和平改編」條件，北平「和平解放」，平津戰役結束。同時，這一天的《大公報》台灣航空版的一角，刊出了台灣作家楊逵以「台灣中部文化界聯誼會」之名，發布的「和平宣言」全文。

據台灣《公論報》報導，同(二十一)日，基隆港入港船隻突然增多，有九艘巨輪總計五萬多噸入港，創基隆每日入港船隻總噸量新紀錄。國民黨史料一批，計一百八十一箱，由滬運來台灣，旋啓御內運。

# 第四章

# 敲「和平之門」——國共和談之一

從蔣退李上的一月二十一日開始，一直到四月二十日和談破裂爲止，是國共雙方從初步接觸、走上談判桌，到和談破裂解放軍過江的「和談時期」。和談是這時期政局的主旋律，國共雙方在三大戰役後都想利用和談喘一息，準備下一波的內戰。這期間，是國民黨南京政府的第二波和平攻勢，也是它生死存亡的最後一搏；表面上李宗仁主政領導和談，事實上是蔣在幕後操控。蔣的「引退」只是暫時離職並非「辭職」，他把總統虛位讓給李宗仁，推李宗仁到幕前與中共周旋和談，而自己卻牢牢掌握著實權（軍權、金權、黨權、政權甚至特務權），退居幕後操控政局，企圖重整旗鼓捲土重來。坐上代總統虛位的李宗仁，深知與蔣之間既矛盾又合作的關係，必定「沒人、沒兵、沒錢」，也必定會面臨府院分裂、暗樁掣肘甚至特務威脅的困境；爲打開局面，他一直寄望美國的支持，但美國已採取「靜觀其變」的政策。得不到美國實質的支持，就不可能有李宗仁自己獨特的和談路線，也就走不出蔣的如來佛掌。他一開始的積極作爲，的確凝聚了全國民眾的「和平美夢」，也取得了主和派的支持，以及中共善意的回應；但由於無法超越派閥權益中心的傳統立場，只思如何「劃江而治」擁坐半壁江山，因而使他處於中共徹底的「和平八條件」和蔣有限的「和平五條件」的矛盾之間，猶豫不決。到了和或戰的最後關頭，他還是不敢簽下他的和平代表團與中共代表團達成的〈國內和平協定〉，接受徹底的和平，而倒向蔣的主戰陣營去，繼續抓住總統虛坐，作蔣的「擋箭牌」、「木偶」（李宗仁回憶錄中自比）以自保。

## 第一節　李宗仁的「和平空氣」和蔣的阻撓

### 李爭取「民主人士」的支持

李宗仁上台第一天，便忙著「培育國內和平空氣」，爭取各方對和平運動的支持。首先，他發表了文告，聲明願意就中共所提八條件商談和平，並說：「茲已派定代表，俟得中共方面答覆，和談即可進行」。這時，行政院舉行了臨時院會，決定派邵力子、張治中、黃紹竑、彭昭賢、鍾天心爲和平代表，並指定邵力子爲首席代表。另外，他派了私人代表甘介侯攜專函到上海，分訪宋慶齡、張瀾、黃炎培、章士釗、羅隆基等民主人士，就和平問題交換意見。爲了爭取民主人士，李也在同日電邀已到達解放區的李濟深、章伯鈞、張東蓀等共同策進和平運動。另一方面，李宗仁爲爭取美國發表一公開支持的聲明，派一代表趨訪司徒雷登，以李將與蘇聯簽一協定爲口實要美支持，卻遭美國拒絕。

李宗仁代理總統的第一天，把和平運動向前推進了一大步，打開了國共和談的大門。同在一月二十二日，北平的傅作義發表文告和廣播講話正式宣布接受中共提出的和平解放北平的條件，並接受改

毛澤東、朱德(左三)等與民主人士代表沈儒鈞(左二)、李濟深(左五)、郭沫若(右五)、黃炎培(右四)、馬敘倫(右一)合影。

編。「北平式的和平」亦即「局部和平」的方式，給許多渴望和平的人很大的影響和啓示。推動和談工作的代表人物邵力子，就曾說：「寧選擇北平式的和平，而非天津式的和平」，也就是說，不要戰爭式的和平。同(二十二)日，到達解放區的民主人士李濟深、沈儒鈞、馬敘倫、郭沫若等五十五人發表〈我們對時局的意見〉，表示徹底支持中共的和平八條件，認爲它：「嚴正地揭穿了蔣美集團的陰謀，而提出了眞正的人民民主和平的八項條件」。傅作義堅決的和平行動，使文化古都免於戰火的摧毀；而民主人士紛紛北上解放區發表支持八項和平條件的共同聲明，代表了在二年多的內戰中活躍的反蔣人民民主力量，有了新的集結和行動。

## 李的「民主化」七措施

李宗仁在就職文告中提出的另一施政重點便是：「凡過去一切有礙人民自由及不合民主原則之法令與行動，悉將分別迅速予以撤銷或停止」。爲實踐諾言，二十四日李飭令行政院辦理七項民主化措施：

一、各地「剿匪總部」一律改爲「軍政長官公署」。
二、取消全國戒嚴令。
三、裁撤「戡建大隊」。
四、釋放政治犯。
五、啓封一切在戡亂時期被封之報紙雜誌。
六、撤銷特種刑事法庭，廢止特種刑事條例。
七、通令停止特務活動，人民非依法不得擅自逮捕。

同時，李宗仁也將恢復張學良和楊虎城自由之事，交由總統府參軍處辦理；另飭令空軍總部派機分赴台灣、重慶迎接兩人來京共商國是。並分電台灣省陳誠主席和重慶楊森市長，轉飭撤銷對張、楊兩人的監視，先行恢復自由。

李的民主化命令遭到行政院和蔣強力的抵制。二十六日，行政院會議僅部分通過李飭辦七事項，包括四項：撤銷特種刑事庭，僅釋放未判決政治犯，僅解禁數家報刊、通令不得逮捕人民。僅在包括戒嚴令等「戡亂」體制原封未動的情形下，做了表面的調整。

## 孫科將行政院遷廣州抵制

國民黨中央黨部和孫科主持的行政院聯手抵制李宗仁總統府的行動，以遷都廣州的問題表面化；府院分裂問題一直鬧到孫科於三月七日下台爲止。在李宣布民主化七項措施的同一日，國民黨中央政

蔣介石在妙高台會見孫科(右一)。

治委員會開會，以「共軍南下，距浦口僅十五公里，隨時威脅首都」爲由，決定政府遷廣州辦公，定二月五日爲行政院在廣州辦公日期；次日，行政院公布了同內容的決議，並通知各國駐華大使館。二月二日，李曾指令行政院遷回南京，監察院長于右任和立法院長童冠賢也聯名致電孫科，勸其在和談期間不要南遷；但二月四日行政院長孫科、副院長吳鐵城以及國民黨中央黨部秘書長鄭彥棻已飛抵廣州，二月五日行政院開始在廣州辦公。六日，于、童兩人追到廣州，勸孫返京共策和平，仍無功而返。對於這種府院分立的政治亂像，二月七日台灣的《公論報》就以社論〈政治重心究竟在那裡〉，批評道：「倉皇紛亂，把中央機關化整爲零，分散各地，實在要不得……現在不但行政院已先遷廣州，連總統府的秘書長翁文灝（在嘉義），參軍長孫連仲（在台北），也來了台灣。讓李總統一個人在南京唱獨角戲，這成怎樣局面？」

二月九日《大公報》社論〈和談濡滯中看江南〉評論道：

行政院遷廣州，僅剩立監兩院留京，李代總統獨自坐鎮好似光桿牡丹。……自政府形體而言，顯然分裂了。……今天的南京，號稱首都，而沒有行政機關……再看各地情勢，都漸漸地有了「走樣」的趨向。

所謂「走樣」的「各地情勢」，就是指京滬、華中、華南、華東（包括台灣）、西南、西北各地，圍繞著和戰問題、政經問題，已出現各自爲政的現象。

關於國民黨政府的權力分立現象，毛澤東在二月五日發表的〈中共發言人關於和平條件必須包括懲辦日本戰犯和國民黨戰犯的聲明〉中，說的傳神，他說：

這個所謂「政府」究竟還存不存在呢？它是存在於南京嗎？南京沒有行政機關。它是存在於廣州嗎？廣州沒有行政首腦。它是存在於上海嗎？上海既沒有行政機關，又沒有行政首腦。它是存在於奉化嗎？奉化只有一個宣布「退休」了的僞總統，別的什麼都沒有。因此鄭重地說起來，已經不應當把它看成一個政府，它至多只是一個假定的或象徵的政府了。

## 蔣介石阻撓釋放張學良、楊虎城

至於李下令釋放張學良、楊虎城之事，也碰到重重障礙。張、楊兩人在蔣與特務的直接掌控之下，根本無法實現自由。

自從一九四六年十一月二日，被蔣由重慶松林坡公館移到台灣後，張學良就一直被幽禁在新竹山區的井上溫泉。在李宗仁下令釋放張學良，並電飭台灣省主席陳誠解除張的監禁，但陳誠在二十五日回答記者提問時，搪塞說：「張學良先生究竟住在何處，關於將釋放的消息，我也是從報上看見的」。然而，後來陳誠在他的口述回憶文中卻坦承：

李代總統爲了要想藉和談以自重，特來電要我釋放張學良，並派程思遠來台面洽。那時我已先接獲俞濟時（時擔任總統府軍務局局長）來電，告我如何應付此事，我即以不知張學良何在，且省府向不過問此事爲言，把他搪塞過去。

程思遠於二月四日搭乘軍用機來台，帶李給陳誠的親筆函，要陳釋放張學良，同機載張回南京；結果無功而還。九日，程只帶著滯台的總統府秘書長翁文灝飛回南京。其實，在程來台的前二天，張學良已於二月二日深夜，被聽命於蔣的保密局特務悄悄帶離井上溫泉，從新竹搭飛機到岡山機場後，馬上載往高雄要塞囚禁於兵舍，並被禁止閱報。張被囚於高雄要塞長達一年之久，直到蔣國民黨政府在大陸慘敗遷撤台灣後，才於一九五〇年一月二十七日再度被送回井上溫泉幽禁。

楊虎城將軍。

當時被囚於重慶楊家山的楊虎城，其遭遇也

圖為被幽禁在新竹山中井上溫泉的張學良，正在寫日記。趙一荻正在修指甲。

1947年5月16日，張學良(右二)、趙一荻陪從東北來探訪的莫德惠(右一)，在幽禁處下方的球場打網球後留影。

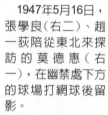

1936年1月5日，張學良（右二）、楊虎城（右一），以赴榆林視察部隊之名，聯繫地方實力派，圖謀聯合抗日。

與張學良一樣。李宗仁一面給重慶市市長楊森去電要他釋放楊虎城，一面派出專機，並派孫蔚如到重慶要迎接楊虎城。于右任也給在重慶西南軍政長官公署任職的劉宗寬去電，要他立即與楊森聯絡，妥爲處理。楊森的回答與陳誠一模一樣，推說他不知楊關在何處，這事不歸他管。實際上，楊森不但非常清楚楊虎城被囚於何處，甚至經常和楊見面；只是，不歸他管是眞，他也作不了主，必須要請示保密局局長毛人鳳；而毛也不敢擅自作主，掌握生殺大權的人仍然是蔣。根據蔣的態度，毛人鳳與保密局西南特區區長徐遠舉，決定暫將楊虎城遷移到貴州黔靈山麒麟洞。一九四九年二月初一，重慶保密局將楊虎城帶往貴州麒麟洞幽禁。

## 蔣在溪口遙控軍政大局

以上事例顯示了，李宗仁的命令不但出不了「都門」，亦出不了「府門」。李上任後的挫折並不僅此，更大的挫折還在下面幾方面：首先，一月二十四日，美軍顧問團停止了工作，包括駐台、粵人員也將於二十五日撤離，團長巴大維已離開南京赴滬，官員共計四百七十五人定二十七、二十八日從上海離開中國赴日本東京。其次是，剛剛「引退」的蔣介石，二十五日馬上在溪口召集了何應欽、顧祝同、湯恩伯等人開會，指示有關長江布防的計劃；而且蔣在溪口設置了直通國防部「重要軍話台」的電話，可以直接與參謀總長顧祝同通話，聽取軍事情勢的報告，指示軍事部署及將領的任命；也可直接指示黨中央和行政院的運作，溪口成了幕後中央政府。因此黨政軍大員絡繹不絕於奉化溪口。在李宗仁全力營造國共之間的和平空氣之時，背後卻是蔣預設的阻礙和談的政治障礙。

## 第二節　為了「反共」釋放「日本戰犯」岡村寧次

一月二十六日，國防部戰犯軍事法庭（庭長石美瑜），於下午四時宣判原日本「中國派遣軍總司令」（原侵華日軍統帥）岡村寧次無罪；次日，該判決「呈奉」核准，立即於二十八日奉令將岡村開釋（其實，岡村早在二個月前的十一月二十七日，就秘密中被禮遇出獄住在一處友人家）。二十九日（亦即舊曆年初一）拂曉，大家還在睡夢中，岡村連同其他二百五十九名日本戰犯，已被軍方悄悄載離上海江灣戰犯監獄直馳黃埔碼頭，登上了國防部安排的美籍輪船約翰・維克斯號，於三十日開往日本橫濱。

因為戰犯軍事法庭是在開庭前二天（二十四日），亦即蔣「引退」的第三天才將傳票送出，並沒有事先公布；且刻意選在一個僅容二十個旁聽席的小法庭中進行，而與八月二十三日第一次公開審理時，特設開放中外人士參加的千人大法庭有極端的不同，這顯示了審判是刻意在半秘密中進行的；再加上，從速審、速決、速釋、速遣送上回日輪船等異常情形來看，很難不讓人聯想背後有蔣的意志在起作用，而時任京滬杭警備總司令的湯恩伯當爲蔣意志的執行者。從抗戰勝利後即被蔣指派爲京滬方面受降、接收負責人湯恩伯，一直忠實地執行蔣「以德報怨」的接收政策，對日本侵略者十分禮遇，對侵華日軍總司令岡村寧次等戰犯更是敬若上賓，嚴加保護。這在岡村寧次的回憶錄中條記如縷。

## 一切從「反共剿匪」的見地出發

關於將岡村無罪釋放之事，湯恩伯日記更詳實記錄著：

民國三十七年對岡村寧次大將進行審判時，正值華北局勢惡化，共產黨對此審判也極爲注意。在國防部戰犯處理委員會審議本案時，行政院及司法部的代表委員均主張判處死刑或無期徒刑。我從反共的見地出發，主張宣判無罪，並要求主任委員、國防部副部長秦德純，特別是何應欽部長出席參加審議，結果我的意見獲得勝利，並經蔣總統批准。

湯恩伯承認是爲了「反共」，主張宣判岡村無罪，且得到國防部軍方的支持以及蔣的批准。這在岡村寧次的回憶錄中有更翔實的記載：

十一月二十八日，據悉，數日前由何應欽部長、秦德純副部長、曹士澂二廳副廳長、司法行政部長、國防部徐軍法局長以及石庭長等舉行會議討論對我的判決問題。會上何、曹主張無罪，但司法行政部長則主張參照輿論並與東京軍事法庭量刑一致，以判處無期徒刑爲宜。因此，議而未決，只好請示蔣總統。

十一月三十日，湯恩伯參謀龍佐良少將來訪，談話中有如下一段：約一周前，湯恩伯將軍面謁蔣總統，力陳岡村、松井太久郎在停戰時有功，應令松井立即歸國，對岡村應判無罪，蔣大致同意……。

湯所謂的「停戰時有功」，就是指日本無條件投降時岡村依蔣令使日軍「就地防共」有功，而今蔣引退「共匪謀我日亟」的危急之時，更須要「從反共見地出發」，「以德報怨」，無罪釋放岡村回國，以待來日「聯日制共」。由此可見，蔣及其追隨者一切都從「反共剿匪」的見地出發。

在這同時，報紙也報導：司法行政部自頒布釋放十年以下徒刑囚犯命令後，大批漢奸隨著出獄。相對於將日本大戰犯無罪釋放且讓漢奸大批出獄，蔣卻拒絕釋放張學良、楊虎城，爲怕人知更下令易地囚禁，毛人鳳到溪口向蔣請示如何處置張、楊時，蔣答曰：

如果張、楊當年聽我的話，不鬧西安事變，那我軍早就把共產黨消滅了，不會搞到今天這樣的局面。現在把他們放出去，楊就會去投靠共產黨，於我們不利……

抗戰勝利後，湯恩伯(中)、蔣經國(左)一起風光起進入上海，主持上海地區的日軍受降。

日本投降後，低頭步出南京「受降儀式」的岡村寧次。

日本戰犯岡村寧次——原日本「中國派遣軍總司令」(原日本侵華日軍總司令)。

1961年6月間，岡村寧次(左)來台灣訪問，「白團」在台的日本軍官都到機場迎接。

由此更突顯了蔣的一切作爲，一貫從「反共剿匪」的見地出發。

## 毛：你們必須立即逮捕岡村，不得違誤

岡村被無罪釋放之事，除了《大公報》有全版的報導和評論外，其他報紙雖有報導並沒有特別的評論，可能是正逢春節放假或有其他更大的政治新聞吸引了注意力；倒是台灣二十七日的《公論報》，卻用了「統率百萬侵華大軍岡村寧次竟然無罪」的醒目大標題，刊載了判決書的全文。然而，此事卻引起了中共極大的憤怒，大大破壞了國共和談的氣氛；李宗仁爲了爭取和平，雖下令重新逮捕岡村，但命令爲湯恩伯扣押不發，使岡村順利回日。

一月二十七日，李宗仁致電中共中央主席毛澤東，表示願意以毛所提和平八條件爲基礎進行和談；並請毛即指定和談代表與談判地點。這顯示李已覺悟到只有跨出蔣設定的和談五條件的限

制，以毛所提的「和平八條件」爲商談的基礎，才能夠打開和談的大門。

二十八日毛澤東以中共中央發言人名義，對於南京政府無罪釋放岡村一事以及李的和談電文，發表了聲明。首先，該聲明認爲無罪釋放岡村，是「出賣民族利益，勾結日本法西斯軍閥的犯罪行爲」，並嚴重警告：「你們必須立即將岡村寧次重新逮捕監禁，不得違誤。此事與你們現在要求和我們進行談判一事，有密切關係。」因爲釋放岡村是一項爲了「勾引日本反動派來華和你們一道屠殺中國人民」的陰謀。其次，該聲明釋出善意說：「談是一定要談的，誰要中途翻了不肯談，那是決不許可的，因此你們的代表一定得準備來，但是我們還得一些時間做準備工作。」隨著話鋒一轉，說現在還沒來得及商量和公布八條件中第一條的正式戰犯名單，「但是，你們也並不是沒有事做」，除了逮捕日本戰犯岡村寧次之外，「你們必須動手逮捕一批內戰戰犯」，「特別重要的是蔣介石……毋使逃逸」。但該聲明羅列的該先逮捕的內戰戰犯名單，卻獨缺了原被列入第一批四十三名戰犯的李宗仁和孫科現南京政府領袖的名字，顯見這時毛有意拉李宗仁一把。

針對中共的聲明，南京政府發言人於一月三十一日回答說：「關於岡村一案，是一個司法問題，這完全與和談無關，更不能作爲和談的先決條件。」

岡村所搭輪船於二月三日到達日本橫濱的次日，中共中央發表了對於岡村寧次以及數名被麥克阿瑟總部擅自釋放的侵華罪魁，保留追回重審權的聲明。

## 第三節　敲「和平之門」

進入二月，各方的和平運動開始熱鬧起來。

### 形形色色的「和平運動」

二月一日，由親國民黨團體「全國和平促進會」、「各大學教授國策研究會」合組的「南京人民和平代表團」八人，搭專機由南京飛北平；但因中共不接受，不得不降落青島，一直等到六日，與中共約法三章，記者不得同行，方得飛北平。

李宗仁於一月三十一日到上海拜訪孫夫人宋慶齡，並與上海名流顏惠慶、章士釗、江庸等交換有關和談意見，初步徵詢參與和平代表團的意願。後由李私人代表甘介侯奔走聯絡組織「上海人民和平代表團」，代表團名單一變再變，最後決定人選爲顏惠慶、章士釗、江庸等三人，邵力子則是以私人名義參加，這四人代表著上海的資產階級。包括秘書和工作人員在內共十九人的「上海人民和平代表團」，於「南京人民和平代表團」返京次日，二月十三日上午，在上海各界熱烈歡送聲中，帶著全國人民的和平願望和李宗仁給毛澤東的一封信，由上海龍華機場直飛北平，準備去敲和平之門。代表團雖以民間、私人名義出發，卻是李和平工作的一大進展，有助於其以「和平」爲號召的政權的穩定。

其實，李一上任就悄悄派了親信黃啓漢、劉仲華到北平從事和談的聯絡工作；甚至派了密友監委李明揚徒步跋涉五十五哩到江蘇淮陰的解放軍司令部去，勸說在和談期間不要攻打京滬。

同時，民間形形色色的和平運動也十分活躍，花樣繁多，各種和平運動後面代表著不同的利益和要求。《展望》雜誌上一篇〈眞假和平〉的時評，就把各種和平運動予以分類：（一）達官顯貴的和平：爲挽救頽勢和緊急的軍勢，發動和平攻勢，拖延局勢，爭取機會，準備再戰，以「以和備戰」、「光榮和平」爲口號。（二）豪紳富室的和平；想藉「和平」盾牌，保衛既得權益的安全，主張「就地停戰，即時停戰」。（三）和平販子的和平。（四）慈悲善士的和平。（五）高等華人的和平。當然該文主張「人民和平」，是以人民爲主體的和平，以實現廣大勞苦人民福利爲目標的和平；雖然，上述五類和平也以「人民和平代表團」爲名。

## 差不多要喊「救命」了！

各地方民意機關參議會也紛紛展開各種和平運動，但各吹各的調；上海市參議會呼籲發起的「全國和平促進會」算最大規模。該會於二月十二日在上海參議會會場開幕，有各地代表四十餘單位，共四十九人參加，儀式隆重；在開幕典禮完成奏樂時，放出一百五十隻象徵和平的鴿子，有一隻鴿子卻留在籠裡不肯飛，有人說：「鴿子也在和平之途躊躇不前了。」會議主席滬參議會副議長徐守屓疾呼：

> 我們不但要喊「和平」，差不多要喊「救命」了！

會議在十四日閉幕，發表了宣言，其主旨不外：（一）雙方立即停戰和談，即罷兵談和。（二）

在不變更中華民國國體的大原則下，進行政治民主化、經濟社會化、軍隊國家化的改革。

在這之前的二月六日，七省市人民和平促進會聯合會（包括鄂、湘、贛、桂、豫、皖、漢等七省市），也在武昌湖北省參議會舉行開幕典禮，於九日閉幕。會中通過（一）組織和平代表團分赴平京呼籲。（二）請李代總統徹底實施七項措施。（三）電請行政院剋日遷回首都，主持政務等等。會上雖然有人提出通電全國各省市參議會，一致主張李代總統依憲法繼任總統以利和談一案，但未獲通過。

這兩個「和平促進會」都擁護現體制的改良，都主張立即停戰和談，應屬於五種和平的前二類；只不過前者傾向蔣陣營，而後者很明顯屬於李、白的桂陣營。各擁其主，各吹各的和平調。

## 「求和」、「備戰」交加中的李孫鬥爭

這時，爲了立法院復會應在南京或在廣州召開的問題，立委之間也分成南京派與廣州派，爭議不斷。《展望》指出了更嚴重的事實：「代總統要取消戒嚴令，而京滬各地的警備司令卻公開發表談話，認爲不能取消。代總統下令國庫的黃金不准南遷，事實上，庫藏早已一空如洗了。代總統要釋放政治犯……不但未釋放，反而速其短命，而同時新的黑名單反而更甚囂塵上。」其他如報刊不但不解禁，還有一家報刊被搗毀禁止。南京有一個團體主張「局部和平」，卻遭衛戍總司令部以戒嚴法橫加禁止。在政治上，黨內黨外、府院之間、中央與地方之間、地方與地方之間已分崩離析至此，然而經濟問題又更爲嚴重；自金圓幣改革失敗以後，通貨膨脹達到天文數字，只要聽到政府提經濟改革，大家就認爲又是一次「大欺騙、大膨脹、大掠奪」，有雜誌指出這樣的事實：

作爲經濟統一象徵的幣制問題來說，已呈現四分五裂的局面：在台灣金圓券不受歡迎而拒絕入境，在西北地區，準備製造銀幣，並發行小額地方券，充作輔幣；在昆明，銀元已准許合法流通……湖南決定發行省幣，廣東則決定發行商庫券，這是舊中國政治軍事走向沒落崩潰的必然結果，象徵著舊的解體。

司徒雷登在二月二十、二十三日兩次給華盛頓的報告，綜合分析了李孫政爭的實態。他明白指出：中國政治的分崩離析，是因爲「代總統與其部下形成一集團，委員長（指蔣）與其支持者，以及由行政院院長領導之廣東派形成另一集團」，這二大集團的不斷爭鬥；而「在李宗仁與孫科領導之『廣東派』爭取政權中，李處於根本軟弱之地位，因彼並不控制大部分之軍隊，缺乏財源與不能得到委員長及C. C.政客所控制之大部分國民黨官僚之依順」。然而，司徒雷登也認爲：由於李宗仁「善於利用他人視彼爲和平主要希望之支持」，「現彼又成爲全國厭戰渴望和平者之象徵」，「彼更企圖以請求美援，設計經濟與政治改革之具體方法以充實彼之地位」，如果李在和談方面有實際進展，或者能夠延緩解放軍過江，將可運用這些已動員之輿論成爲支持的力量。司徒雷登也特別指出各方面對李宗仁支持的狀況：最近「立法院決定在南京而不在廣州召開會議」，「監察院現在此之集合與支持李氏之決議案」，「行政院聯合辦事處宣告將在南京辦公」，「以及何應欽之抵京」，「京滬重要報紙之支持」，「京滬銀行、商業界與大部分不發言不問大事，但願戰事不破壞家舍之人民對李之擁護」，等等新的變化，顯示李的支持大增。然而司徒雷登所沒有提到的事實卻是：在李的「和談」、「民主改革」聲中，孫院長的「備戰」始能「言和」的言論和行動也不斷進行；備戰急如星火，飛機出動，「徐州、濟南、北京各地正在和談聲中落了炸彈；而京滬各地特別刑庭雖云取消，但代之而起的卻是軍事法庭……殺氣騰騰，戰爭氣息反倒愈來愈濃厚了。」

當時有評論形容李宗仁的這種處境恰似：當李宗仁倡言要去敲對方的門，而事實上對方正要敞開大門，而背後自己的大門卻碰的一聲關了起來，且落了閂，孫科躲在門裡大罵山門。

## 李以「和平・革新」爭取支持

在送出他籌組的「上海人民和平代表團」前後，李宗仁也開始動手處理內部問題；通過解決府院政爭的問題，拉攏各方實力派，「團結謀求全國和平的力量」，以穩固地位。首先，他發動了總統的權力一連調換了許多軍政首長，如把陸軍總司令余漢謀免職，任命海南特區行政長官張發奎爲陸軍總司令，派李品仙爲桂林綏靖公署主任，改組廣東省政府和湖北省政府等等。二月十五日他發表廣播公告，說短期內最迫切的任務有二：一爲「謀取和平」，另一爲「革新政治」，且表示決心「整肅官常和軍紀」。顯然，他意圖以「和平・革新」爲號召來團結人心爭取支持，且以此來整肅官常軍紀；不言而喻，這很大部分是針對在廣東的孫科行政院。

他一面與司徒雷登密商，另一方面拉攏立、監院以及京滬資產家的支持。並先電邀華中剿總白崇禧和西北剿總張治中兩大主和實力集團，來南京「共謀和平」。十九日，李宗仁與飛南京的白崇禧以及何應欽舉行了秘密會議後，二十日早帶著親信飛廣州，進行五天的廣州、桂林、長沙和武漢的「南巡團結」之旅。在廣州他與孫科及南遷行政院各部會首長會商，並力勸孫科回京；也與粵瓊的地方實力人物薛岳、余漢謀、張發奎、陳濟棠密談，取得他們的支持；參加了國民黨中常會、中政會舉行的聯席會議，討論和議問題。接著，飛桂林、長沙、漢口進行鞏固桂系地盤，受到當地民眾的熱烈歡迎。

## 「上海和平代表團」帶來興奮消息

這時上海和平代表團從北平飛石家莊會見毛澤東、周恩來，廣泛交換了通郵、通航以及和談代表人選、和談地點等問題；二十四日經過二天非正式會談，達成了包括迅速召集新政協成立民主聯合政府的八點秘密協定，這個協定只交給李宗仁。二十五日，李得知中共願同他進行和談的消息後，從長沙飛回南京，馬上會晤司徒雷登，隨即召集張治中、白崇禧、何應欽等政要開會商討對策，由於北平傳來邵力子率領的和代團已有重要收穫，和談已獲端倪，南京的政治氣氛已漸趨好轉，各顯要亦將於和代團返南京時趕到南京。二十七日，和代團返抵南京，受到各界熱烈的歡迎，在機場發表了書面談話謂：「深覺和談前途雖困難尚多，而希望甚大」。二十八日，《台灣新生報》以「京中冠蓋雲集，今開國是會議」爲標題，報導了李於當日早十時召開國是會議，和代團成員將與會報告北平之行經過，與會者除當天由廣州飛回南京的孫科外，還有白崇禧、張治中、張群等在京政要。由於和代團帶回之「令人興奮消息」，已將政府內部的悲觀氣氛去除不少。各方都爭相邀宴和代團四人，以探知北平和談的虛實，連司徒雷登也於當天拜訪邵力子。惟二天後和代團成員紛紛回上海時，僅邵力子因聽聞同樣主和的陳儀在上海被扣，深恐回上海同遭遇而留在南京。

## 主和派壓過主戰派

1949年2月，周恩來在西柏坡與傅作義（右三）以及「上海和平代表團」成員顏惠慶（左一）、邵力子（左二）等人合影。

二月二十八日，立法院終於在南京復會，孫科也返回南京，顯示府院分裂的政爭已息。從近日南京又復「冠蓋滿京華」的現象來看，李宗仁已成功地以「主和」打倒了「主戰派」，有效團結了各地各方有實力的主和派，用「主和」穩固了他在南京政府的主導地位。就如毛澤東所指出的：南京政府在和談中的推動力量有三方面——桂系軍閥、國民黨主和派和上海資產階級。李宗仁在國共和戰的緊要關頭，成了這三股力量，再加上司徒雷登的政治總代表，一直到四月二十日和談破裂爲止。然而，這並非說李已完全掌握了實權；雖然孫科的行政院遷回了南京，但C.C.派掌握的國民黨中央仍在廣州；雖然李終於成了有行政院的代理總統，但軍、政、黨、金、特的實權仍在奉化「蔣總統」的手中，主從上下很清楚。而且，這也非意味著李的「主和派」完全戰勝了孫的主戰派，倒不如說李團結了孫。其實兩者路線同多異少，孫是「備戰謀和」，而李是「停戰求和」，只不過在和或戰上輕重緩急不同而已；兩者都同是國民黨內的不同派系，本質上都爲了保全其既有權益而謀和；和只是手段並非目的，一旦局勢損害了其根本權益時，兩者都馬上變成主戰派，敵愾同仇。

## 蔣提出「和平的條件和限度」

三月一日，李宗仁在官邸召集商討促進全面和談的會議，並指定孫科、張群、張治中等十人負責擬定和談草案；三月四日，李又分別電召各地方軍政首長，進京共商國是，分別商討和談問題。三月四日，張治中帶著李私函與吳忠信同到溪口，與蔣介石同遊山水長談了八天。主要目的是「勸蔣出國，以便李放手做去，促進和平」。張行前也與李宗仁和張群、吳忠信等幾個人商量過，也作了一個準備；不意消息洩露，蔣一見張治中便氣憤地說：「他們逼我下台是可以的，要逼我亡命是不行」，一下把張的嘴巴封住了；其實，這其間吳鐵城也派人來溪口轉告希望蔣出洋，有報紙更是以「蔣不出國則救國無望」之標題刊出。在大家迫切希望順利促成和談以解決生死存亡困境之時，連蔣的親信心腹都認爲蔣已是「和平的障礙」，也不得不提起勇氣極盡委婉地勸蔣出國，後來蔣態度有點轉緩地表示：可以自動住到國內任何地方，即便到國外也可以，絕對不能出之於逼迫。

除了勸蔣出國之外，張治中到溪口的另一目的，就是和蔣商討「和平的條件和限度」以及和談代表的人選問題；另外，還廣泛的論了黨、外交、內閣改組等問題。蔣提出關於「和平的條件和限度」的意見是：

一、確保長江以南若干省份的完整，由國民黨領導。

二、使雙方在未來政府中保持同等的發言地位。

三、關於軍隊改編問題，確定雙方比例，自行整編。

其實，這就是蔣版的「劃江而治」，臨時的「一國兩府」，與李宗仁在二月二十五日擬定的「和談三原則」大同小異。

# 第五章
# 「劃江而治」夢碎——國共和談之二

## 第一節　「南京政府和平代表團」赴北平

### 何應欽組閣並組成「南京政府和平代表團」

遷回南京的孫科自知非下台不可，雖然釋出善意要廢除「征兵、征糧」制度；也邀宴立委表示：「謀取和平及革新政治是政府當前的兩大課題……政府過去實施戡亂，但今天則需要謀取和平，甚至不惜犧牲一切，什麼改變都可以接受」，希望立委繼續支持他，試圖挽回下台的命運。最後孫內閣不得不於三月七日向李提出總辭，次日經立法院同意。

李馬上請何應欽組閣，但由於蔣的反對，何躊躇不已；經一波三折終得到蔣的同意後，於三月十二日得到立院批准。由於時局維艱，許多人不願入閣，再加上蔣的干涉，何的組閣也幾經波折後，於二十一日才組閣完成，二十四日正式就職視事。新內閣上任的第一件緊急任務便是「和談」問題，其次是政治改革、制止通貨膨脹和江防工作。在首次政務會議上決定派張治中，邵力子、章士釗、黃紹

「南京和平代表團」團長張治中(左一)，在1945年10月國共簽定「雙十協定」後，與陳誠(右一)到重慶機場送別毛澤東。

竑、李蒸爲和談代表（後又加入劉斐），並推張治中爲首席代表，成立了「南京政府和平代表團」。

關於如何進行和談，代表團成員在何應欽主持下召開了幾次會議，經研究決定：

一、爲會商和談的便利，建議國民黨中常會、中政會改在南京召開。

二、爲指導和談進行事宜，請李代總統、何院長，並由中常會、中政會聯席會議公推委員三人，共同組織「和談指導委員會」。

三、和談不另訂方案，只就中共所提八項作基礎加以研究，酌定原則性限度，由和談代表負責進行。

## 和談九腹案

最後，把「原則性限度」九條變成一個腹案，作爲到北平商議的依據，這九條腹案要旨如下：

一、關於戰爭責任問題，不應再提。（亦即關於「戰犯」問題）。
二、同意重訂「憲法」。
三、關於「法統」問題，可併前項一起協商。
四、雙方軍隊應分期分年各就駐在區域自行整編，俾達軍隊國家化之目的。
五、原則同意「沒收官僚資本」。
六、原則同意「改革土地制度」。
七、關於「廢除賣國條約」一事，如有損害國家主權領土者，應予修改或廢止。
八、同意召開政治協商會議，並由該會產生聯合政府，惟雙方應有同等名額參加。
九、雙方應在正式商談開始前，就地停戰，並參酌國防部所擬停戰意見書進行商談。

這九條腹案，當然比前蔣、李所提的「和談最低限度」更向前跨了一大步，也有了更多的讓步，算是迄今國民黨的最開明版；惟就以「戰犯免議」、「軍隊自行整編」以及「就地停戰」這三項核心問題來看，它仍然反映了國民黨政府求和派和求戰派的共同利益。

這九條腹案當然受到國民黨內頑固派的反對和阻梗；如全國和平促進會、留穗立委聯誼會、國代上海聯誼會等等；特別是國民黨中執委及中政委「談話會」的決議，其內容最有代表性。

它要求和代團的和談詳情，應隨時報告黨中央；談判結果，應對黨完成法定程序。換言之，即是要由國民黨中央來指導和平談判。而且預先設下了和談「堅持原則」爲：1. 國體不容變更。2. 人民自由生活方式必須保障。3. 憲法修改必須依法定程序。4. 土地改革應首先實行，但反對以暴力實施……等等。這種和談堅持原則，無異於蔣「元旦文告」的五條件，且比其後的蔣版還要頑固、退後。

## 中共正式發表和談代表成員，四月一日起北平談判

三月二十六日，中共正式發表派周恩來、林伯渠、林彪、葉劍英、李維漢爲和談代表（四月一日加派聶榮臻），周恩來爲首席代表；以八項和平條件爲基礎，自四月一日起在北平開始談判。這個消息一發表，國民黨統治地區的沉悶空氣爲之一振。

三月二十九日，張治中到溪口特別向蔣報告了和談研究的大致情形以及和談腹案。雖然張治中說：蔣表示：「我沒有什麼意見」，但蔣經國三月二十五日的日記，卻記道：

關於政府派出代表團進行「和談」問題，父親在日記說：「可決定其爲十足的投降之代表，……無異於協同共匪消滅國軍之基礎耳」……。

三月二十八日的日記，記道：

張治中以其即將赴平，特于昨日電呈父親，要前來溪口，當面報告政府所定的和談腹案。父親說：「他來不來無所謂。」

今天他竟然來到溪口了。父親對他的態度非常冷淡。

1949年4月1日，「南京和平代表團」飛抵北平。圖為代表團成員張治中(前左三)、邵力子(前左五)。

由此可見，蔣對和代團以及和談腹案甚爲不悅。且視之爲「十足的投降之代表」。

三月三十一日，李宗仁在總統府舉行茶會招待留京國民黨中常委，聽取張治中溪口之行的報告，並成立「和談指導委員會」十一名，包括李宗仁、何應欽、于右任、居正、張群、吳鐵城、孫科、吳忠信、童冠賢、朱家驊、徐永昌，並指定李宗仁爲召集人。

## 「南京和代團」出發到北平

四月一日上午，張治中爲團長的「南京政府和平代表團」一行二十餘人，在明故宮機場的熱烈送行中搭乘中央航空公司的空中行宮號飛北平；下午三點抵北平，下榻東交民巷的六國飯店；飯店張貼著「歡迎眞和平，反對假和平」標語，代表了中共對政府和平代表團的態度。另外，在和代團出發之時，南京各大專學生六千人也舉行了遊行示威，要求政府接受和平八條件以實現眞正的和平，要求釋放被捕學生、重新審判日本戰犯等等，卻遭到軍警特的鎭壓，發生了「四・一慘案」。

當晚，中共代表周恩來、林彪等六人宴請了南京和代團同人；飯後周首先質問張治中：「爲什麼離開南京前要到溪口去見蔣？」大爲不滿地說：「這種由蔣導演的假和平，我們是不能接受的！」張治中還爲此動了感情，解釋了必到溪口去的種種理由，這大大影響了商談初期的情緒。從二日到十二日，完全由雙方代表個別交換意見，最後由毛澤東分別約見各代表談話，雙方代表首先就戰犯問題和渡江問題進行了具體的會談。原本預定四月五日開始舉行正式和談，但是由於李宗仁等堅持「停戰議和」，亦即必須先簽訂停戰協定，再商談和平條件，因此被迫推延到十二日。四月五日，中共委託李濟深領導的「中國國民黨革命委員會」（簡稱「民革」）中央常委朱蘊山、李民欣等人帶信，並由負責李、白與中共之間聯絡的劉仲容陪同，秘密飛到南京去見李宗仁。傳達信息謂：無論和或戰，解放軍都要過江，並限南京政府在十二日之前答覆；還帶來了李濟深極重要的口訊，就是只要李宗仁把總統印帶在身邊，無論在那裡簽署和談協議都可以，將來他就可以憑此做中央人民政府的副主席。

## 國民黨的和談五原則

四月六日，在廣州的國民黨召開了中常會，行政院院長何應欽列席報告了和談經過，會中針對蔣在二日所提：「和談必須先訂停戰協定」，和「中共軍隊何日渡江，則何日停止」的二點指示，通過了「和談原則五項」。其要旨如下：

一、和談開始時，雙方下令停戰，部隊各守原防；在和談期間，如實行渡江，即表示無謀和誠

中共代表團首席代表周恩來在國共和談席上發言。

中共代表團和國民黨政府代表團(南京和平代表團)進行交談的情形。

意，政府應即召回代表，並宣告和談破裂之責任屬共黨。

二、對於向以國際合作，維護世界和平爲目的之外交政策應予維持。

三、對於人民之自由權利及生命財產，應依法予以保障。

四、雙方軍隊應在平等條約之下，各就防區，自行整編。

五、政府之組織形式及其生命財產，以確能保證上列第二、三、四各項原則之實施爲條件。

由此可見，國民黨對和談八條件中的懲辦戰犯、廢憲法、廢法統以及成立聯合政府等並非十分堅持，反而對廢除賣國條約、沒收官僚資本、改革土地制度以及改編軍隊四項毫不讓步，堅持親美、非共、保有軍隊的立場；更重要的是，把停戰和劃江而治，放在第一目標。由此可見，對於蔣「總裁」領導的國民黨來說，「和談」只是手段，「停戰以及劃江而治」才是最高目標；中共會不會停戰？中共會不會渡江？才是他們最關切的問題。其實，這不僅是蔣及其追隨者所關切焦慮的，同時，也是李宗仁、白崇禧等掌和談大旗的桂系究竟要和要戰的關鍵點。

## 第二節　問題在中共過不過江

四月六日，白崇禧從漢口飛抵南京，問剛從北平陪朱蘊山到南京的劉仲容：「中共對渡江有什麼決策？」，劉仲容說：「中共方面態度堅決，認爲政治要過江，軍事也要過江」，白崇禧回說：「他們一定要過江，那戰就非打下去不可，還要談什麼？」這顯示中共過不過江，已成了國共間和或戰的焦點。其實，在和談期間中共軍委與白、李的桂系軍隊一直秘密地保持談判與合作事宜，中共一直努力爭取與桂系合作，和平解決內戰。

## 李：縱有湯鑊之刑欣然受之

一直到四月十二日爲止，由於雙方的良性互動，中共對於和平解決問題一直抱著審愼樂觀的看法。

四月七日，李宗仁爲了表示謀和的誠意，致電毛澤東，電文說：

凡所謂歷史錯誤足以妨礙和平所謂戰犯也者，縱有湯鑊之刑，宗仁一身欣然受之而不辭。至立國大計，決遵孫總理之不朽遺囑，與貴黨攜手，並與各民主人士共負努力建設新中國之使命。況復世界風雲日益詭譎，國共合作尤爲迫切。

翌（八）日，毛澤東電覆李宗仁，針對李所提問題進行了答覆，電文要旨如下：

貴方既然同意以八項條件爲談判基礎，則根據此八項原則以求具體實現，自不難獲得正確之解決。戰犯問題，亦是如此。總以是否有利於中國人民解放事業之推進，是否有利於用和平方法解決國內問題爲標準，在此標準下，我們準備採取寬大的政策，本日與張文白先生晤談時，即曾以此意告之。

同日，毛澤東對張治中等和談代表，發表談話，其要點有五：

一、戰犯在條約中不舉其名，但仍要有追究責任的字樣。

二、簽約時須李宗仁、何應欽、于右任、居正、童冠賢、吳忠信等皆到北平參加。

三、改編軍隊，可緩談。

四、共軍必須過江，其時期在簽字後實行，或經過若干時日後再過江。

五、聯合政府之成立，必須有相當時間，甚至須經四、五個月之久；在此期間，南京政府仍可維持現狀，行使職權，免致社會秩序紊亂。

## 中共：不是「和平渡江」就是「戰鬥渡江」

這種緩和的和談氣氛也反映在軍事前線。

四月十日，中共中央軍委就北平和談形勢和渡江戰鬥問題致電總前委中，提及：

> 我們和南京和平代表的談判已有進展，可能簽訂一個全面和平協定，簽字時間大約在卯刪左右，如果此項簽訂成功，則原先準備的戰鬥渡江即改爲和平渡江，因此渡江時間勢必推遲半個月或一個月。

這時各大報也都以「國共意見已漸趨接近」、「和談前途又充滿樂觀」、「停止軍事進攻已獲協議」等的醒目字眼，作爲標題，一時人心大振，以爲和平美夢已近。

## 李宗仁、張治中再度逼蔣出國

但是，這時的南京政府，特別是以李、白桂系爲中心的領導人，其打算卻與千萬生民的不一樣。自朱蘊山、劉仲容等南來後，他們知道解放軍不論和或戰一定要渡江（亦即，不是和平渡江就是戰鬥渡江），倘若如此，則原先以「謀和來守江」、「劃江而治」的和談目的盡失，因此對和局已不抱任何奢望了。若要戰，蔣又在幕後控制黨政軍大權，李則「沒人、沒兵、沒錢」，怎麼戰？而今李只有向蔣攤牌，逼蔣出國交出實權；如果蔣不出國，李宗仁就必須急流勇退，讓蔣重新出來當家作主，使權責一致，負擔危局責任。此刻，面對和談可能破局，也就是「劃江而治」的美夢可能破局的新局面，李、蔣鬥爭已提前開打。

四月十日，李寫一信給蔣謂：

> 萬一和談破裂，則實難肩此重任，故決心「引退」以謝國人。

此信託居正、閻錫山帶到溪口，且代爲向蔣面達要蔣「復行視事」，不然就出國。恰好，這時在北平爲和談折衝，「忍辱受氣，一言難盡」的張治中，痛感「蔣留居國內，實爲和平的最大障礙」，遂於四月十三日寫信給蔣，痛陳利害，要蔣出國。張治中在信中痛陳：國民黨已是「腐朽集團」「早已解體」、「已瀕於總崩潰前夕」，而「共方蓬勃氣象之盛，新興力量之厚……具有充分力量以徹底消滅我方」，因此，「凡欲重振旗鼓爲作最後之掙扎者，皆爲缺乏自知，不合現實之一種幻想！此非怯懦自卑之言……」，「唯有斷然暫時出國，擺脫一切牽掛爲最有利，當時亦曾面陳鈞座，未蒙示可。」

蔣經國在《存亡之秋》的當日日記記道：「張治中這個電報，完全是替共匪說話的」。至於，關於李逼蔣攤牌的來信之事，蔣經國日記記道：「父親認爲此比軍事進攻，更覺可怕。」在蔣眼中，站在「徹底和平」立場的張治中的要求是「替共匪說話」；而李逼蔣攤牌的作爲，是「比軍事進攻」更可怕。由此可知，蔣早已堅定「欲重振旗鼓爲作最後之掙扎者」，從一開始「和平」早已不是他的願望了。然而，從歷史的結果來看，張治中此信言中了「最後掙扎者」的結局，他說：

> 而仍信擁護領袖失敗者之言，留居國內，再起再戰，則非至本黨徹底消滅、鈞座亦徹底失敗不止。

## 第三節　國共雙方「和代團」正式談判

四月十一日，李宗仁派飛機送朱蘊山、劉仲容等回平。兩人沒有帶去李宗仁關於和談問題的明確回答。

四月十三日，毛澤東函告周恩來：今日下午雙方代表團應舉行一次正式會議。在此會議上正式宣布從今（十三）日起，結束非正式談判階段，進入正式談判階段，其時間爲十三日至十七日，共五天。另向張治中表示，四月十七日必須解決問題。十八日以後，不論談判成敗，人民解放軍必須渡江。

## 提出「國內和平協定草案」和修正

這天早上，中共代表團提出了一份〈國內和平協定草案〉，共八條二十四款。並通知當晚九點舉行正式會議。當張治中看了〈草案〉後，他坦白承認：

第一個感覺是全篇充滿了降書和罪狀的語氣，第二個感覺是「完了！和是不可能的。」實在說，這個草案在國民黨頑固分子來看，不啻是「招降書」、「判決狀」，和他們那種「劃江而治」、「平等的和平」的主觀幻想固然相差十萬八千里，即就我想像中的條款來說，也實在覺得「苛刻」些。

在沈重的心情中，他耐心地和代表團的成員逐條研究，並討論今晚應該採取的態度。會場是在一棟寬敞、華貴而又幽靜的封建遺物——中南海勤政殿中舉行，布置簡樸，但空氣則顯得異常嚴肅。首先由中共首席代表對〈草案〉作了一個概括的說明，然後由張治中逐一提出不能接受的部分，並表示願就〈草案〉再加研究，提出修正案。張治中在會上向中共代表團表達了：

今後國家的責任，是落到了你們的肩膀上，國民黨的政權當然是完了，今後的國民黨或者再經過一番改造，做中共一個黨友。

第二天，南京和代團對〈草案〉繼續研究討論，提了四十多條的修正案，使〈草案〉詞句力求緩和，避免刺眼的詞句，同時對軍隊改編、聯合政府兩項有若干的修正。當晚把修正案交給周恩來，並作了一次長談；各代表復與中共代表分別交談，希望能夠找到一線解決的希望。十五日晚七點，中共送來了最後修正的〈國內和平協定〉，其中「就地停戰」與「劃江而治」兩點遭到中共方面的拒絕，但對戰犯問題與聯合政府問題也作了讓步。第二次會議於當晚九點在原地舉行。

## 對「國內和平協定」的說明

會上周恩來先對接受修正之點加以說明，並就解放軍渡江問題進行了鄭重的說明，它包括下列要點：

第一，人民解放軍沒有宣布過停戰。我們認爲和平談判的本身，就可以產生一個不再有內戰的中國，所以我們說在協定簽字之後，永遠不再有內戰，而不是說在協定簽字之前，就可以宣布停戰。我們只能約束到本月二十日爲止，到那時還不能獲得協議簽字，那我們就只有渡江，不能再拖延到二十日以後了。

第二，爲了保證協定簽字後有效實施，我們必須渡江接收長江上下游十個縣的地區，使得想率部叛亂破壞協定的部隊，不能不有所顧慮。

張治中簡單發表了意見和感想，並問了周，是否如果南京方面在二十日前不簽字，解放軍必定過江，如果簽了字，渡江日期可以商量？周答曰是。張又在講話中抒發了國共之爭是「兄弟之爭」的感想，但周不以爲然，因而對張的看法進行了反駁，他說：

尤其最近兩年又九個半月的蔣介石的朝廷來說，這就不是兄弟之爭，而是革命與反革命之爭！孫中山先生當年革命的時候，對清那拉氏進行的鬥爭，就不是兄弟之爭；對曹、吳的聲討，就不是兄弟之爭，而都是革命與反革命之爭，對於這一點，中國共產黨不得不表示它的嚴肅性。

會議結束後，代表團經過鄭重的研究，一致認爲儘管條件過高些，如果能了然於「敗戰求和」、「天下爲公」的道理，不囿於一派一系的私利，那麼就毅然接受。於是決定在翌（十六）日，派黃紹竑代表和屈武顧問帶了文件回南京去，勸告李、何接受「國內和平協定」。

四月十七日，中共中央軍委電解放軍總前委指出：

四月十五日談判已告一段落，十六日至二十日是給南京方面考慮決定是否簽字時間。在此時間內，我軍應將一切必須攻占的北岸及江心敵據點全部攻占，二十日以後我軍何時渡江，完全由我方選擇，不受任何約束。因爲南京是否同意於二十日簽字，決定於美國及蔣介石的態度，因此把握不大。南京方面認爲我們渡江有很大困難，他們不相信我軍能夠大舉渡江。

## 第四節 「劃江而治」夢碎

十六日，黃紹竑攜〈國內和平協定〉飛返南京。下午李宗仁在官邸開了一個報告會，參加的僅李宗仁、何應欽、白崇禧，由黃紹竑將和談經過和協定內容作了簡單的說明。

### 在陰森的復活節中李求助美英

四月十七日，是西方的復活節，司徒雷登形容這一天的氣候像大局一樣陰沉。當晚司徒雷登約好了李宗仁到他家，英、澳大使也應約前來。李帶來了〈國內和平協定〉的譯文，在茶會上發表了講話，希望美、英、澳三國大使發表聯合聲明，對國共和談表示深切的關心，冀圖藉外國的干涉阻止解放軍渡江，但三國大使都謹慎地迴避。事後司徒雷登說道：「我們自然不能向他提出任何意見，只能對他們表達深切的同情而已」，他惋惜道：「復活節就在這種陰森的情形下渡過。」但這卻使李宗仁「意識到西方已決定袖手旁觀，眼看中國政府垮台」。其實，在前三天（十四日），當李從張治中北平來電的和談報告中，得知〈國內和平協定草案〉的內容後，次（十五）日就去找司徒雷登，希望美國總統或國務卿出面，發表「如共軍渡江，美國將視此爲對美國安全之威脅」的談話，以阻止解放軍渡江；但如往常一樣，司徒雷登採取了袖手的態度。

同（十七日）晚，李宗仁約黃紹竑、白崇禧、黃旭初、李品仙、程思遠等桂系重要人物在官邸會議。黃紹竑開門見山地勸說李簽署「協定」的好處，並力言廣西與蔣決裂的必要性，因爲蔣還可以依

華中軍政長官白崇禧是桂系的實力人物，左右桂系的動向。

靠台灣苟延殘喘，而桂系沒有這種條件，事到如今應謀自全之道。但白崇禧反對簽署和平協定，與黃發生了激烈的爭辯。李表示：「我是爲和平而上台的，如果求和不成，那就應該去職，以謝國人」。

李宗仁也於當（十七）日電請中共展延簽約的日期，但無回應。

## 蔣：真是無條件的投降處分書

蔣介石在這天（十七日）看完了〈國內和平協定〉後，認爲這「眞是無條件的投降處分之條件」，「黃紹竑、邵力子等居然接受轉達，是誠無恥之極者所爲。」

四月十八日，在廣州的國民黨中執會發表了聲明：重申「和平談判，應以五項原則爲依據」，強烈反對「和平協定」。李宗仁在尋求美國奧援不成，向中共提出展期簽約也不成的情況下，自己又無擔當無果斷，只有決定將「和平協定」交「和談指導委員會」去討論；這就是說：他個人已傾向拒簽，又不願意負拒簽和議的政治責任，只好把球踢給國民黨的保守派去。

## 白崇禧反對打破「劃江而治」的和平

看完〈國內和平協定〉的白崇禧說：「條件可以商量，只是，『過江』不能接受。如果要打的話，蔣必須走開，否則軍隊無法調動，軍費不能撥用，必然失敗。」白十分清楚地表明了「協定」可商量，過江絕不接受的態度；仍然堅持二月十五日的「和平三原則」：只同意平等共存的條件下討論八條，亦即在「劃江而治」的前提下的和平。但中共與南京和平代表共同商定的「和平協定」，是連同「過江」的和平條件，也就是打破「劃江而治」的和平，這白當然不能接受。自此白崇禧同李宗仁一樣，便一路走「打」的路，直到一個逃到台灣一個逃到美國。

另一方面，白在背後積極運作促蔣的「復行視事」或「出國」之事。四月十八日一大早，白便去找司徒雷登，告之：李宗仁「擬向蔣建議，現和平已不可能，非委員長恢復全權，即須彼離開中國，將彼之所有權力及國家財富交予李宗仁……以斷然之決定，終止彼自身所造成目前混亂之形勢」。要美國促成此事。

後來的結果證實，這些運作一件都沒有成功。

四月十九日，李宗仁在國防部在上下午分別舉行了二次緊急會議。出席者除了「和平指導委員會」十一人外，還有黨、政、軍中樞首長以及華中白崇禧、西北馬鴻逵、山西太原閻錫山等地方軍政首長。會議在秘密中持續進行了六小時，基本上決定拒絕中共的「實際等於投降」的「和平協定」，拒絕理由有三，因爲：（一）中共在長江南岸建立橋頭堡。（二）政府軍隊交給中共整編。（三）成立中共控制的聯合政府。

## 南京政府拒簽「和平協定」

四月二十日，是南京政府回覆中共是否簽約的最後期限；和戰與否已瀕於最後決定時刻，也是決定全國人民一百四十天「和平美夢」是否成真或破碎之日。當天上午，「和談指導委員會」十一委員繼續開會。會後，派張群、吳忠信赴溪口，吳鐵城、黃紹竑赴廣州，分別向蔣介石及國民黨中執委報告連日在南京研商對策之經過，以及已決定之內容。此刻，南京市已聞砲聲，江浦方面發生激烈戰鬥。

當晚廣州國民黨中常會舉行了臨時會議，聽取了吳鐵城、黃紹竑的報告後，討論通過對中共和平協定發表聲明，並即電達南京李宗仁、何應欽。該聲明指中共和平協定直是對「政府為殘酷之處分與宰割」，應依照國民黨於十八日所提之「五原則」商議修正，並「立即頒發停戰命令」。李宗仁與何應欽於二十一日凌晨聯名致電在平的政府和談代表團，說明南京政府對於和談之態度，並就中共所提之和平協定提出答覆，希即將電文傳達中共方面。該電文指「所謂和平協定，實際為欲政府承認中共以武力征服中國」，但仍希望中共方面「對此協定之基本精神與內容，重新予以考慮」，「亟盼能即日成立臨時停戰協定。」

## 中共軍委主席毛澤東發布〈向全國進軍〉的命令

接到李、何電文的在平南京政府和代團，立即將電文抄送中共，請他們再加考慮，但這已是次（二十一）日上午九時的事。不久，街上到處喧嚷著「號外！號外！」之聲，解放軍已經渡江成功。中共軍委會主席毛澤東及人民解放軍總司令朱德已向解放軍發布了〈向全國進軍〉的命令，命令解放軍「奮勇前進，徹底、乾淨、全部地殲滅中國境內一切敢於抵抗的國民黨反動派，解放全國人民，保衛中國政府主權的獨立與完整」。從四月二十日到六月下旬，渡江的百萬解放軍如秋風掃落葉，不到一個月時間，連續攻陷了南京（四月二十三日）、杭州（五月三日）、武漢（五月十六）、上海（五月二十七日）等戰略城市，以及蘇、浙、皖、閩、贛、鄂等省的大都分地區。

四月二十一日，解放軍從江陰成功渡江，與前日在蕪湖渡江的解放軍形成鉗形攻勢，如入無人之境進逼南京。李宗仁召集何應欽、白崇禧、顧祝同等高級將領會商今後戰略，皆一致認爲南京無法再守。白崇禧則對防守武漢及西南半壁河山堅具信心，主張放棄京、滬兩地，把湯恩伯主力移到浙贛線東南地區，與白的華中部隊成犄角，以固守湘、贛。防止共軍入西南。對白崇禧的再戰計劃，李、何、顧都極同意。雖然在北平的政府和代團急電李宗仁，勸李暫時不要離開南京，更不可去廣州，萬一南京危困速飛北平，「共圖轉圜突變之方」；更何況，毛發表的〈向全國進軍〉的命令也給李宗留了一條後路，該命令表示：「在人民解放軍包圍南京之後，如果南京李宗仁政府尚未逃散，並願意於國內和平協定上簽字，我們願意給該政府以簽字的機會」，仍寄望李可以簽城下之盟。無奈，此時湯恩伯按蔣之意將南京軍隊撤往上海，南京已成空城。以和談爲政治資本上台的李宗仁，在和戰最後關頭無兵又無人狀況下，只有放棄最後一次徹底實踐和平的機會，再度向蔣介石靠攏，繼續走內戰的路。

這證明了李宗仁「和談」的局限性，「和談」只是爲了換取劃江而治的謀略；一旦劃江而治的美夢破裂，就視「和談」爲敝履，繼續爲擁半壁江山而立的美夢作戰。

## 「和平之門」緊閉了！

四月二十二日晨，放棄了最後和平機會的李宗仁，應蔣介石的邀約，與黨、政、軍首長分乘三架專機飛往杭州，在筧橋航校與蔣舉行了「杭州會議」，會商往後內戰時局問題。李向蔣表示：「和平方針既告失敗，請蔣總裁復職」，蔣說：「你繼續領導下去，我支持你到底」，並再三表示「不論你要怎樣做，我總歸支持你」。原本打算與蔣攤牌的李宗仁，自認因無法「破除情面的弱點」，最後還是爲蔣「誠摯萬分」的態度所支過；雖然深知蔣「久染洋場惡習的個性……嘴裡說得再好聽，做起來他還是不會放手的。」當天早上，解放軍從江陰浦口渡江，湯恩伯將軍警撤往上海，南京市已成無人地帶。當晚李飛回南京，南京已是砲聲隆隆，槍聲不絕，軍民爭相逃難，一片狼藉。二十三日，南京政府遷廣州，李卻搭機離開南京後巡飛桂林，當日夜，中華民國首都南京爲解放軍所占領。二十四日，行政院在廣州舉行會議，決議撤銷和談代表團，並停止解放區之間的郵電匯兌業務。五月十六日，在廣州的國民黨中央政治會議議決，如有再倡籲和平，或妄發求和言論者，應視同叛逆處分。自此「和平論者」已不容於國民黨政府，一直到的台灣兩蔣時代依然如故。

還在北平的南京和談代表團成員，於四月二十三日晚共同商討回南京還是留北平的問題，大家反復討論，認爲這樣回去，倘作犧牲，毫無意義；要認清形勢，辨明是非，應中共的挽留，待新局勢來臨，再爲和平努力。最後，一致通過了全體團員留北平不返的決定。直到五月十日，和平代表團才宣告結束。

眼看和談破裂、內戰再起，台灣《公論報》社論連續二次沉痛地表示：

> 從今年元旦蔣總統發表和平解決國事的文告，到本月二十一日中共發布全國進攻的命令，全國人民做了一百四十天的和平美夢終於給長江兩岸的砲聲粉碎了，而和談也從此宣告壽終正寢，再接再厲的內戰否定了和平，更傷透了人民的心。

渡江解放軍突擊隊員越出船頭登陸的一剎那。

解放軍東集團渡江的情形。

1949年4月23日，渡江解放軍占領了國民政府首都南京的總統府。

1949年4月22日，蔣介石在杭州筧橋航校召集了黨、政、軍首長會議(杭州會議)。右一為何應欽、右二為張群、中間背面禿髮者為李宗仁。

自二十一日起，內戰重啓，全國人民所期的「奇蹟」，從此幻滅。中國的命運，再投入歷史的鍋爐而作殘酷的熬鍊。……現在和平之門緊閉了，人民心情的哀痛沉重，委實難以言喻。

# 第六章 解放軍過江和上海戰役

## 第一節　「百萬雄師過大江」、「宜將剩勇追窮寇」

四月上旬，當南京政府和談代表團與中共代表團在北京進行和平談判的時候，李宗仁、白崇禧集團的密使劉仲容、黃啓漢早已在南京、漢口、北平之間穿梭傳話。當李、白知悉中共「政治上可以過江、軍事上也要過江」的堅決態度時，他們對和談已不抱樂觀看法，並認爲：過不過江是所有問題的核心，如果中共堅持，那麼和談決裂就不可避免，結果只有再戰。再加上蔣介石的強硬態度，那個時候，李宗仁對和談成功已不具信心，只是在政治上還必須繼續演下去。

### 解放軍的渡江作戰計劃

在淮海戰役將結束之時，中共中央軍委爲下一波向全國進軍之需要，進行了解放軍的統一整編；把原西北、中原、華東、東北野戰軍，分別編爲第一、第二、第三、第四野戰軍，並取消縱隊編號，改為軍。決定集中第二、第三野戰軍和第四野戰軍的一部分，共約一百二十萬大軍，在劉伯承（第二野戰軍司令員）、鄧小平（第二野戰軍）、陳毅（第三野戰軍司令員）、粟裕（第三野戰軍副司令員）、譚震林（第三野戰軍副政委）組成的「渡江戰役總前委」領導下，挺進長江下游北岸，準備突破由國民黨京滬杭警備總司令湯恩伯所布署的江防。四月三日，中共中央軍委批準了總前委的「京滬杭戰役實施綱要」，決定西起九江的湖口東到江陰的五百多公里的長江戰線上，布署西、中、東三個突擊集團。首先第三野戰軍組成的中集團從蕪湖南京段發動突破；再由第三野戰軍第八、第十兵團組成的東集團，從鎮江、江陰渡江；而第二野戰軍組成的西集團，則由安慶東西段渡江，沿浙贛線前進，保障三野側翼，並防止美國的軍事干涉。

## 蔣介石的江防布署

蔣介石在「引退」後第四天，一月二十五日，就在溪口召集了何應欽、顧祝同、湯恩伯等人，指示關於長江布防的問題。他決定把長江中下游防線劃分為兩大部分；湖口以西歸華中軍政長官白崇禧指揮，總兵力四十個師約二十五萬人；湖口以東歸京滬杭警備總司令湯恩伯指揮，總兵力有七十五師（二十五個軍）約四十五萬人。關於作戰戰略，蔣指示：以長江防線為外圍，以滬杭三角地帶為重點，以淞滬為核心，採取持久防禦方針，最後堅守淞滬，與台灣遙相呼應。湯恩伯遵照蔣意旨進行了京滬杭戰役的兵力布署，其重點是：把主力十二個軍置於南京以下的京滬沿線，以保衛大上海為重心，而將戰鬥力較弱的六個軍布署在南京以上的皖南線上。這造成了江防東重西輕，縱深空虛的不利態勢。對於湯的江防布署，國防部作戰廳廳長蔡文治則持完全相反的意見。他認為江防重點應在南京以上而非南京以下，主力應置於皖南的蕪湖、荻港附近，爾後隨戰況可退守浙贛路沿線，這樣既可防解放軍向縱深發展，還能配合華中部隊作最後勝負之決戰。為此，蔡與湯曾在顧祝同召開的二次作戰會議上，撕破臉大吵起來。這是因爲上海不但是國民黨的政治、經濟、金融中心，江浙財團的根據地，西方帝國主義的勢力範圍，而且，倘解放軍渡江，爲了將這裡的黃金、白銀以及戰略物資緊急搶運台灣，一定要集中兵力，死守上海，使其不落解放軍之手。這就是湯奉蔣之命把重兵放在上海，死守上海的重要原因。

## 百萬解放軍輕渡長江「天塹」

四月二十日，和談破裂的當晚，解放軍中集團由皖南荻港兩側的太陽洲、黑沙洲、白馬洲，在大砲猛烈轟擊的掩護下突破江防，一時萬船齊發，千帆競渡。一夜之間，中集團的一半兵力已渡過長江，一舉突破了湯恩伯經營了三個半月的長江防線，國民黨守軍紛紛向東南方撤逃。二十一日凌晨，國民黨所倚重的有江防門戶之稱的江陰要塞，在地下黨與東集團先頭渡江部隊的合作下，逮捕了要塞司令戴戎光，全體要塞守備隊起義，把砲口轉向國民黨軍。當天下午，在東集團軍第十兵團準備渡江之前，英艦「紫石英」號、「黑天鵝」號突然駛向戰區來。經警告不但不予理會，且把砲口轉向解放軍陣地；於是雙方展開了激烈的砲戰。「紫石英」號中彈擱淺在鎮江附近江面，「黑天鵝」號則逃離戰場。當晚，東集團軍在江陰以西的申港、天生港一帶成功渡江，在國民黨軍「不是反擊的反擊」中，第二天就插到了京滬鐵路線，速迅占領了無錫、蘇州和常熟。解放軍西集團軍，也同時在貴池、彭澤等地渡江，國民黨第八兵團的劉汝明部隊無力阻遏，全軍向皖南及贛東撤退。二十二日，由各處

在解放軍準備渡江之前，突駛向戰區的英國軍艦「紫石英」號，遭解放軍砲擊中彈，擱淺在鎮江附近的江面。

解放軍占領南京，坦克車入城。

渡江的解放軍已達三十萬人，並迅速向縱深挺進，國民黨軍大多不戰而潰。首都南京陷入解放軍的鉗形攻勢之中，倉皇失措的湯恩伯匆忙決定江防全線撤退；令鎮江以東各軍向上海撤退，鎮江以西南京蕪湖一帶各軍向浙贛線撤退。隔日，國民黨政府海軍第二艦隊司令林導率領二十五艘艦船「起義」，同日又有二十三艘「投誠」。一星期後，由這些船艦成立了解放軍第一支海軍部隊。

二十三日一早，南京政府代理總統李宗仁逃離南京飛往桂林，行政院院長何應欽逃往上海。國民黨南京守衛部隊及憲兵，則沿京杭公路逃跑。南京市民爲安全計，自動聯合各界組織了「南京治安維持委員會」，電請金陵外圍解放軍，對南京予以和平接收。午夜十二時，半年前在濟南戰役中「起義」的原國民黨吳化文部隊，現在成爲人民解放軍的第三十五軍，在軍長吳化文率領下，乘坐下關電廠工人準備的汽船「京電號」，從浦口到下關渡江。翌（二十四）日凌晨三時，南京總統府大門被打開，解放軍如潮水般歡呼地衝了進去，象徵國民黨政府二十二年統治的青天白日旗徐徐落下。但同時，中共中央軍委也指示：「請劉伯承等注意保護南京的孫中山陵墓，對守陵人請以照顧」。人在北平的毛澤東，感極而發地，爲此刻揮就了一首〈七律．人民解放軍占領南京〉：

鍾山風雨起蒼黃，
百萬雄師過大江。
虎踞龍蟠今勝昔，
天翻地覆慨而慷。
宜將剩勇追窮寇，

毛澤東在北平喜看南京「解放」。感極而發揮就〈七律・人民解放軍占領南京〉。

不可沽名學霸王。
天若有情天亦老，
人間正道是滄桑。

雖然後來李宗仁在回憶錄中指摘，江防在兩日內全面潰退，南京倉促棄守，乃是蔣「開門揖盜」，有意讓南京垮台。實際上，南京垮台對蔣的打擊並不小。蔣經國在《危急存亡之秋》日記上，記載了蔣父子在四月二十四日解放軍入南京之日的情形。他敘述了沉痛的心情：

南京業經棄守，太原亦於本日淪陷……。內外形勢已臨絕望邊緣，前途充滿暗影，精神之抑鬱與內心之沉痛，不可言狀；正「山雨欲來風滿樓」之情景也。

他與任何一個追隨蔣的國民黨高官軍民一樣，驚恐萬狀，不可言喻。當天下午他就把妻兒送往台灣。因爲渡江後的百萬解放軍，如疾風掃落葉般，不到兩週就攻克了杭州逼近溪口。中午，蔣囑咐其子說：「把船準備好，明天我們要走了」。蔣準備駛往上海，指揮「保衛大上海」以及搶運剩餘的金、銀、物資到台灣，進行下一階段的「反共大業」。他萬萬沒想到，從此再也回不了家鄉溪口了。

## 解放軍追擊前進

渡過長江天塹的三路解放軍，在「追擊前進」的指令下，切斷京滬線，揮軍向東南方的蘇、浙、皖進擊。勢如破竹地占蘇州，攻嘉興，圍杭州，把上海孤立起來，準備圍攻上海；並且切斷了浙贛線，以隔絕國府軍與東南、華中的聯繫。解放軍在不到一星期之內，除了攻占南京之外，先後占領了鎮江、蕪湖、青陽、武進、無錫、蘇州、吳興等城鎮。五月三日，解放軍在毫無抵抗的情況下進入杭州，當時杭州城內除浙江省主席周嵒率少數人爲後衛尚未退走外，軍警及省政府已向寧波撤退，僅有臨時組織的民警維持治安。接著，從五月七日到十五日，又占領了嘉興、紹興、溫州、上饒、金華、衢州、鄱陽、臨川、武夷等城鎮。溫州是因國民黨守軍「起義」，故「和平接收」。中共中央軍委也曾特別指示，在進占奉化時不要破壞蔣介石的住宅、祠堂及其他建築，在占領紹興、寧波等處時，要注意保護寧波幫大小資本家的房屋財產，「以利我們拉住這些資本家在上海和我們合作，或者減少他們的搗蛋行爲」。解放軍除了在浙贛前線外，在贛東前線、皖南前線到閩北前線都取得重大勝利，占領了江蘇、浙江、安徽、江西、福建的廣大城鄉和地區，東迄杭州西止東鄉五百餘公里鐵路線被解放軍掌握。

除了上海附近之外全線崩潰的國民黨江防大軍，其潰逃情形如下：駐守江陰、鎮江間的五十四軍和五十一軍的部分部隊，僥倖繞過太湖西南邊，成功逃往上海。劉汝明率領的第八兵團，則未經激烈戰鬥便撤守散逃浙贛沿線，然後直逃到閩西、龍岩才恢復聯絡。其他由南京東西地段逃向杭州的各部隊，在解放軍的追擊下，狼奔豬突，潰不成軍，絕大部分被殲滅。湯恩伯雖曾命令退到浙贛沿線各兵團統歸李延年指揮，試圖在浙贛線以北建立第二道防線，無奈南逃部隊，有的只剩司令部，有的七零八落，有的拚命往福建閩西方向逃跑，根本無法重建。五月十五日，國民黨華中軍政公署副長官兼河南省主席張軫，在武漢以南的賀勝橋一帶「起義」，接著五月十六日，解放軍占領了武漢。李宗仁形容這次江防潰敗情形爲：

這次江南的潰敗，可以說是空前的。我軍有時一日夜退二百里，共軍追擊的速度有時一日夜達二百華里以上，四處設伏，邀擊包圍我軍，雙方並無激烈戰鬥，我軍便俯首投降。

## 第二節　李宗仁再赴廣州「主持國計大政」

在四月二十日拒簽和平協議又想施緩兵之計的李宗仁，沒想到千里江防一夕潰決，「劃江而治」的美夢那麼快就破滅，只好倉促逃離南京飛回老窩桂林。據李宗仁的說法，其所以臨時決定飛回桂林，是因爲「看透了蔣先生如不肯放手讓我做去，則不論政府遷往何處，局勢決無挽回餘地。」他回想道：「南京三個月慘痛的教訓對我太深刻了。」並且抱怨：「在蔣先生幕後控制之下，政治無法改革，軍隊無法調遣，人事無法整頓，軍費無從支付，經濟完全崩潰，守江謀和的計劃無法實施。結果，開門揖盜，天塹長江，一夕而失。凡此種種，均系蔣先生有意出此，讓我早日垮台」。

其實，李宗仁臨時決定不飛廣州而回桂林，以及這種種的抱怨，都不脫國民黨內部的蔣桂之爭的範圍；仍然是桂系從四月十日開始，預見了中共將過江的新局面，而與蔣公開攤牌，逼蔣出國交出實權的鬥爭的延續。

回到桂林的李宗仁，受到地方父老的熱烈歡迎。廣西省軍政領袖連續數晚聚於李私邸，開時局座談會，都認爲國民黨政權已至末日，積重難返，遲早必然崩潰，希望李與中共作有條件的和談，爭取廣西的局部和平。同時，在北平的和平代表團成員邵力子、章士釗也馳電李宗仁，希望他「在桂林開府，屹立不動，繼續以和平大義相號召」；亦即，希望他在西南繼續以代總統名義與中共和平談判。但是，桂系軍事領袖白崇禧、夏威、李品仙和廣西省主席黃旭初，一致反對「投降」，「白崇禧尤其聲色俱厲，痛責投降論者」。同時，在廣州的行政院長何應欽也函電飛馳，敦請李赴廣州坐鎮。五月

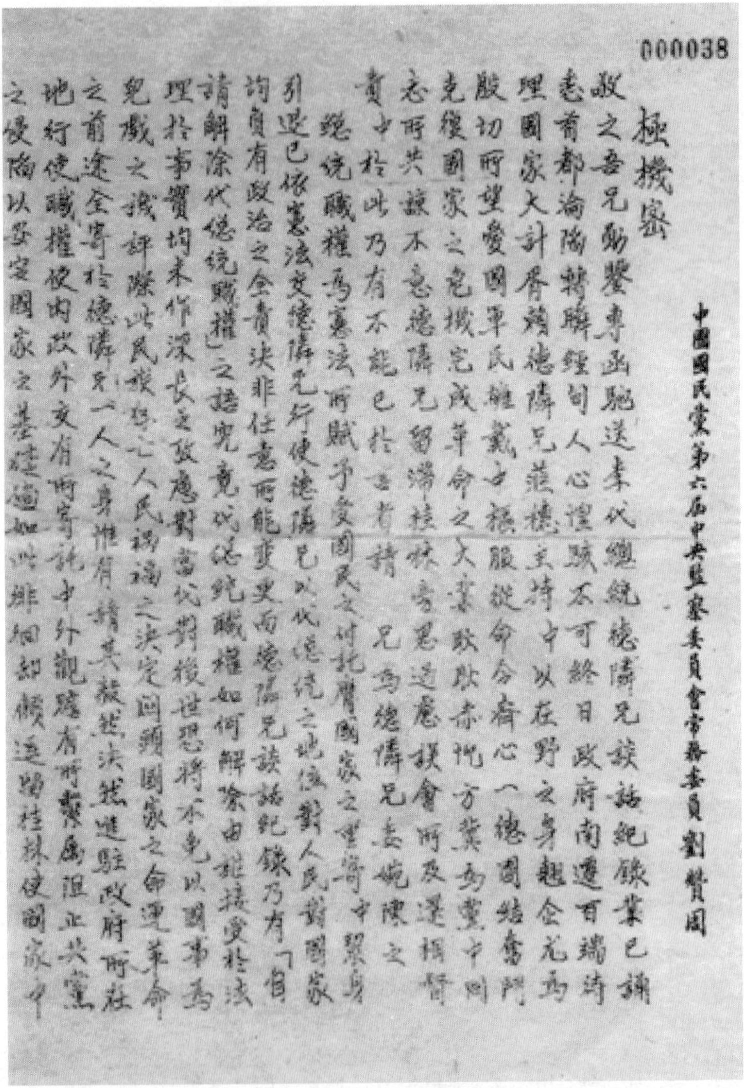

000038

中國國民黨第六屆中央監察委員會常務委員劉贊周

極機密

敬之吾兄勳鑒專函馳送來代總統德鄰兄談話紀錄業已誦
悉首都淪陷轉瞬經旬人心渙散不可終日政府南遷百端待
理國家大計胥賴德鄰兄蒞穗主持中以在野之身翹企尤為
殷切所望愛國軍民擁戴中樞服從命令齊心一德團結奮鬥
克復國家之危機完成革命之大業耿耿赤忱方冀為黨中同
志所共諒不意德鄰兄留滯桂林旁思遠慮殊會所及還稍督
責中於此乃有不能已於言者請 兄為德鄰兄委婉陳之
總統職權為憲法所賦予受國民之付託膺國家之重寄中聚身
引退已依憲法交德鄰兄行使總統職權以代總統之地位對人民對國家
均負有政治之全責決非任意所能變更而德鄰兄談話紀錄乃有「自
請解除代總統職權」之語究竟代總統職權如何解除由誰接受於法
理於事實均未作深長之考慮對當代對後世恐將不免以國事為
兒戲之譏辟際此民族存亡人民禍福之決定關頭國家之命運革命
之前途全寄於德鄰兄一人之身惟有請其毅然決然進駐政府所在
地行使職權使內政外交有所寄託中外觀聽有所繫屬阻止共黨
之侵陷以安定國家之基礎適如此徘徊卻顧逗留桂林使國家中

蔣介石與行政院長何應欽論李宗仁桂林談話書。原本封面。(中國國民黨黨史館提供)

二日廣州推居正、閻錫山、李文範、白崇禧四人飛桂林，催促李赴廣州主持政務。李召集桂系將領會商，擬讓居正等交給蔣備忘錄一份，提出赴廣州主政的六條件，其大要為：國防部有完整之軍事指揮權，代總統有充分的人事權，移存台灣的金銀、外幣、軍械須一律交出，黨政分際國民黨不得干涉政務、控制政府，並擬請蔣出國考察爭取外援等。其實，蔣最害怕的便是此刻李在桂林另立政府，聯合廣東實力派，進行反蔣或與中共繼續和談的活動。只要李回到原位，什麼條件，他都會滿口答應的。故蔣速請何應欽轉達李宗仁，用模稜兩可的文字答應了李的前五項要求。請他「即蒞臨廣州，領導政府」；並表示其本人無復職之意，但絕不出國。提出從未兌現的誓言說：「惟有遁世遠引，對於政治一切不復聞問」，以明志。

對於蔣的回答，李也自承「深知蔣先生往往自食其言」，「希望蔣先生交出大權……可能是望梅止渴」；但他也決定「赴湯蹈火」，而於五月七日偕閻錫山、朱家驊、陳濟棠從桂林飛廣州主持「國計大政」，並「為防止中國赤化，作最後五分鐘的努力」。李到了廣州後，隨即發表談話，聲稱中共「破壞和談，一意孤行，政府只有作戰到底」；另又號召官民，應「上下一心」，「完成安邦定亂重任」。

## 第三節　解放軍接管上海的周密準備

解放軍的渡江戰役，比原先預定的進度提前許多，致使軍事進度與城市接管和相關政治經濟的準備工作銜接不上。如果依解放軍的如虹氣勢，渡江後應該馬上發動上海戰役，為什麼遲到五月十二日

1948年的上海街景。

才發動呢？其原因在政治上經濟上，甚至國際上，要作充分準備。四月三十日，渡江戰役總前委給中央軍委的覆電中稱：「根據南京經驗，在我黨我軍未做適當的準備時，倉促進入大城市必然陷於非常被動的地位。就軍事上說，杭州、上海很快就可拿下，就政治上說，我們許多重要準備工作都未做好，加以上海、杭州幹部尚在長江北岸。人民幣因火車擁擠不能及時運到。煤的問題因缺乏運輸工具則更難克服。糧食在南京無大問題，估計杭州也無大問題，上海還不知有無存糧。而在部隊困難亦多，政策及入城守則尚未深入教育，進城後一定會發生許多問題……我們考慮，以盡可能推遲半月到一月入上海爲好。」

## 不但善於破壞舊世界，也善於建設新世界

上海不但是中國的最大城市，中國經貿、金融、生產以及文化的中心；而且也是國際有數的大都市，歷史上就是帝國主義在中國利益的基地和中心，關係複雜，政經關係盤根錯節。因此，占領上海，不單止於軍事上奪取，而且要完整保存這城市不受破壞，也要順利接收管理好這個城市。不但要與國民黨軍隊作戰，更要防止帝國主義的武裝干涉或破壞。因此在正式發動上海戰役之前，中共做了十分周密的準備。其目標有三：（一）如何防止蔣軍的掠奪、搬撤、破壞，完整保存上海城市。（二）如何順利接收、管理上海。（三）如何防止帝國主義的干涉。

毛澤東在一九四九年三月五日召開的中共第七屆中常委第二次全體會議上的報告中，對於未來新的城市工作作了綱領性的說明，他說：

> 從一九二七年到現在，我們的工作重點是在鄉村，在鄉村聚集力量，用鄉村包圍城市，然後取得城市……從現在起，黨的工作重心由鄉村移到了城市。……同時即開始著手我們的建設事業，一步一步地學會管理城市，恢復和發展城市中的生產事業……我們能夠學會我們原來不懂的東西，我們不但善於破壞一個舊世界，我們還將善於建設一個新世界。

渡江後進駐南京附近丹陽的「總前委」，分成由陳毅、鄧小平負責的接管上海的籌備工作，和由粟裕、張震負責的上海戰役的領導工作。在發動上海戰役之前，「總前委」緊張地進行了近一個月的準備工作。對於接管上海工作的重要性，毛澤東也說了：共產黨在軍事上有能力進入上海，但如果我們不能管理好上海，不能讓上海的人民有飯吃，有衣穿，我們共產黨進了上海也會被趕走的！如果我們在上海搞好了，中國的事情就一定搞得好，那麼，中國就一定是中國共產黨的了！

於是，大批的糧食、煤炭和棉花，從山東、江蘇等解放區源源渡江南運，一車車嶄新的人民幣也運來丹陽。同時，在丹陽也集中了各式各樣的專才，譬如：從香港召集來的香港工委會（地下堂）常委潘漢年、夏衍（名劇作家）、許滌新（名經濟學家），還有上海來的資本家盧緒章、銀行家龔飲冰等人。中共中央想借重他們長期在香港、上海工作的寶貴經驗，貢獻給上海的接管工作，使接管工作順利完成。另外，由中共華東局黨校學員所組成的接管大城市工作隊，也於年初就隨大軍南下，到達丹陽時已有八千人。進入五月，匯集到丹陽參加上海接管工作的幹部已達二萬人。早在二月，中共華東局社會部就決定調集情報、材料幹部六十多人，先行南下駐紮蘇北，進行南京、上海城市資料的搜集、調研和彙編工作，單單上海部分就完成了三十卷百萬餘字的資料大全；包括國民黨黨、政、軍、特、文化、外事等鉅細靡遺的資料，這對順利接管上海工作起了很大的作用。

## 如何對待帝國主義

對於如何對待西方帝國主義在中國的勢力，特別在國際都市上海，這是一個重要問題，毛澤東在前面三月五日的報告中也有原則性的指示：

我們可以採取和應當採取有步驟地徹底地摧毀帝國主義在中國的控制權的方針。……剩下的帝國主義的經濟事業和文化事業，可以讓它暫時存在，由我們加以監督和管制……對於普通外僑，則保護其合法利益，不加侵犯。

四月二十八日，中共中央軍委關於奪取上海等事宜致電總前委時指示：我方對英美僑民（及一切外國僑民），及各國大使公使、領事等外交人員，首先是英美外交人員，應著重教育部隊予以保護。現美國當面託人請求和我方建立外交關係，英國亦極力想和我們做生意。而且，中央軍委也致電負責上海作戰的粟裕：須事先嚴戒部隊，到吳淞後避免和外國軍艦發生衝突，沒得到中央命令，不得向外國軍艦發砲。

## 第四節　蔣指導上海作戰並搶運物資

在蔣引退前被任命爲京滬杭警備總司令的湯恩伯，上任後就開始在上海築構大量的鋼筋水泥碉堡群，想憑著這些永久性的設防要塞，使上海要塞化、堡壘化，進行頑強的抵抗。湯恩伯把從江防撤走到上海的四個軍，連同其原駐守淞滬的陸海空力量，重新布置，總共有八個軍二十四個師二十萬人。準備以此進行「保衛大上海」。

## 蔣說：要和上海共存亡

南京陷落後的第二天，四月二十五日，蔣氏父子離開溪口到象山口岸登上「太康」艦，駛往上海。二十六日到達上海黃埔江的復興島，一直到解放軍發動上海戰役前的五月六日，大約十日間，蔣從幕後走到台前指導上海作戰，並布署撤運上海的金銀、物資到台灣。二十六日，他分別接見了國防部長徐永昌、參謀總長顧祝同、空軍總司令周至柔、海軍總司令桂永清、聯勤總司令郭懺、京滬杭警備總司令湯恩伯、淞滬警備司令陳大慶、上海防守司令石覺、保密局局長毛人鳳、上海代理市長陳良以及谷正綱等，聽取報告，並指示機宜。次日，遷居上海市內勵志社，「整天處理有關保衛上海的許多問題，時或召集地方人士（如滬市參議會議長潘公展等）會商，時或召集黃埔軍校各屆學生訓話，幾無一刻休息」。這之後，他在湯恩伯司令部內，連續召見三批守備上海部隊的團長以上軍官訓話。他首先說到國際形勢，指出不出三個月的時間，第三世界大戰一定爆發，只要堅守上海三個月，美國就會援助我們，那將是最終埋葬共產主義的最後一戰。並說：他將留在上海不走，要和官兵共艱苦，要和上海共存亡。二十八日，上海各大報（台灣各大報亦同）都以頭版刊登了〈蔣總裁告全國同胞書〉（還配上蔣著戎裝的巨幅肖像），呼籲全國人民「速奮起解除共黨暴政、決抵抗三年求最後勝利，決站在反侵略的尖端，擔任反共鬥爭先鋒，只要我們盡其在我，國際上一定是吾道不孤」。當天，蔣「親巡上海市街，一般市民及陸海空軍將士，精神為之振奮，上海之混亂局勢亦稍趨安定」，其子蔣經國如此記述道。

上海調防的國民黨軍。

蔣介石乘太康艦離溪口赴滬。

蔣介石與湯恩伯合影。

5月間上海戰役前夕，蔣介石親赴上海，對守備上海的團長以上軍官訓話。（中國國民黨黨史館提供）

## 滬上百態

在南京剛陷落，解放軍尚未發動上海戰役之前的數周間，社會實態就如《台灣新生報》在四月二十六日的報導標題一樣：台灣是「松山機場銀翼蔽空、政府官員紛紛來台」；而上海則是「戰亂威脅下，滬上百態」、「新『五多』：難民多、銀元多、結婚多、看戲人多、大米多」。其報導內容是：

> 大批難民刻在大雨中由各鄉鎮遷至上海，汽車、板車、步行在街道上皆可見到，但外灘軍運頻繁，交通常爲阻塞。航空公司、輪船公司訂票者多，希圖離滬，北站秩序混亂，開往杭州火車異常擁擠，金融市場已呈停頓狀態，銀行頭寸甚緊，美鈔仍跌，一般均認銀元爲共軍進入最易交換之貨幣，故需要者甚多。來自鄉間難民，多攜米換取銀元，因之米價慘跌，其他實物看漲。市內飯館、戲院、場場客滿，有人懷疑外國影片將告絕跡，跳舞亦將爲共軍禁止，且結婚者驟增……。

從這幅「滬上百態」可以看出：周邊鄉鎮難民紛紛湧進來，而上海有辦法的人都爭先恐後地想飛出去，市民早已預爲共軍入城作準備，銀元需要大增，爭相在共軍進城之前消費，看電影、吃飯、跳舞、結婚……。雖然，蔣竭聲呼籲「抵抗三年求最後勝利」，陳良代市長也聲稱：上海防務在增強中，上海不致完全隔絕。同在四月二十六日，以保密局爲首的上海各特務單位，遵照蔣指示，開始大肆逮捕各大學「職業學生」，並在上海大街小巷貼滿「緊急治安條例」——造謠惑眾者處死刑，鼓動

湯恩伯在上海外灘築構防禦工事。

在上海北站的火車上，擠滿了逃難的人群。

上海戰役前夕的上海街景。

學潮者處死刑……。

## 蔣搶運物資，「遁世遠引」

這期間，蔣令湯恩伯會同上海市代市長陳良和行政院物資局局長江杓，將上海所存黃金、白銀和各種重要物資搶運台灣；並命湯在未運完之前應集中全部兵力，死守上海至少一個月。於是，把所有招商局及民生公司等的輪船，除留一部分軍用外，悉交物資局調用。黃金白銀以及機器設備、車輛、紙張、棉紗、布疋等物資絕大多數運往台灣，交給陳誠保管。護運工作交由上海交警總局負責。

在布署完畢後，蔣於五月七日搭乘四千噸的「江靜輪」離開上海。對外稱「遁世遠引」，歷訪舟山列島古剎名勝，倘佯山海之間，實乃觀察上海戰役進展，並思考下一步的「反共大業」。開始布署以舟山群島為基地，對寧滬杭三角地帶進行封鎖轟炸，以舟山為反攻大陸的跳板。一直到次年五月蔣撤守舟山為止，舟山曾扮演了這個重要角色。十五日，蔣經國飛上海，知「上海已陷於匪軍包圍之中，匪勢在必得上海」，且湯恩伯告之：「浦東方面沒有把握，社會秩序是否將變為紊亂，亦未可逆料，但只有盡心力而為之」，意謂：上海已無法久守。

五月十七日，蔣結束了十天的「遁世遠引」，下午一點半從定海飛澎湖，四點五十分飛抵馬公。蔣經國無限感慨記道：

> 此時中樞無主，江南半壁，業已風聲鶴唳，草木皆兵，父親決計去台，重振革命大業。

此刻，從年初即流傳的蔣將撤守台灣，以台灣爲復興基地徐圖再起的傳言，已成爲眞實。台灣也從國共內戰的後方，成爲前方；雖然，一直到年末只剩下二百人的行政院才倉促從成都遷台，但實際上台灣已隨著「總裁」的來台，而成爲國民黨黨、政、軍、經的中心。

## 第五節　「軍政全勝」的解放軍上海戰役

五月十二日，解放軍發動了上海戰役。

爲保全上海的完整和資產，解放軍主要作戰方針是：一方面以鉗形攻勢緊縮包圍圈，由滬北（以大場及江灣兩大機場爲目標）、滬西南（以虹橋及龍華兩大機場爲目標）作袋狀包圍，首先占領吳淞、高橋（浦東），然後攻占上海市內；另一方面，則以猛烈砲火，在上海四圍摧毀國民黨軍的堡壘和主力。兵力布署決定由第三野戰軍第九、第十兵團作主攻，以十兵團爲西路軍，沿京滬線進擊，擔任攻占吳淞的任務；九兵團爲東路軍沿滬杭線進擊，擔任攻占浦東的任務。第二野戰軍則集結浙贛線，防備美國可能的軍事干涉。

### 激烈的上海戰役

五月十二日，展開了爭奪上海外圍陣地的激烈戰鬥。十兵團由常熟出發，由太倉、昆山，渡過瀏河，攻下嘉定，一路向上海西北方向進擊；但十四日到了劉行、月浦、獅子林一帶爲永久性要塞陣所阻，遇到了國民黨軍設下的無數子母堡壘群的強烈火力。十兵團司令員葉飛只好採取「近迫作業攻堅戰術」，一個碉堡一個碉堡地逐一攻擊，戰況激烈，解放軍受到相當的損失。湯恩伯還爲此大肆宣揚「大捷」，頒發勳章舉行慶功大會，想藉此鼓舞士氣作最後一搏。然而戰至二十日國民黨漸感不支，節節敗退。滬西南的第九兵團，於十三日占奉賢、淞江，十四日克南匯，十五日又奪川沙、周浦。此時，國民黨軍隊先後放棄了外圍陣地。五月十七日以後，浦東方面的戰鬥愈形激烈，反覆衝殺爭奪。五月二十日，解放軍占領高橋主陣地。二十一日，上海對外航空聯絡中斷，蔣軍出海道路亦遭受威脅，爲保障退路安全，湯以交警總隊接替七十五軍蘇州河之陣地，抽出七十五軍增強高橋方面之防禦。迄二十三日，解放軍攻占了虹橋、徐家匯、龍華機場，國民黨軍被迫退據市區至吳淞口的狹長地帶；同日解放軍乘交警總隊接防不久之弱點，一舉攻入蘇州河以南市區，湯恩伯大爲震驚，把司令部搬上軍艦，上海防守司令石覺也把指揮所遷到吳淞口要塞砲台上，作逃跑準備。

五月二十四日，解放軍對上海市區由南而北發起總攻擊，爲了保護上海市區，一律禁用火砲，給攻擊帶來困難。二十五日，解放軍突破蘇州河防線，攻克浦東、高橋。二十六日，攻克大場、江灣、吳淞及蘇州河以北市區。二十七日，全部占領上海。湯恩伯下令總撤退，命令要旨說：上海時機緊迫，船隻缺乏，部隊中重武器、馬匹、車輛加以徹底破壞或投黃埔江，所有雜勤人員一律留置現場，盡量撤退戰鬥人員。這造成丟棄部隊，爭相逃竄的狼狽慘象。湯恩伯倉皇率眾由海上向舟山群島方向逃跑；有些嫡系部隊則撤逃台灣。留下的國民黨京滬警備司令部副司令劉昌義則率眾投降，接受改編，加入解放軍。

解放軍騎兵隊進入上海市。

上海姑娘把自製的紙花掛在解放軍的搶上。

## 解放軍軍政全勝

二十八日，中共成立了上海人民政府，由陳毅擔任市長，曾山、潘漢年任副市長。上海市很快就恢復了社會秩序，這得利於二方面：

第一：四月二十五日，人民解放軍總部宣布「約法八章」：保護全體人民的生命財產、保護民族工商農牧業、保護外國僑民生命財產安全、保護一切公私學校、醫院及其他一切公益事業等等。接著在五月十六日，中共中央發布了「入城部隊遵守城市紀律」的指示：除再度規定保護市民、外僑生命財產，不許侵犯不加侮辱外，且規定軍人坐車、看戲要付錢買票、不得接受人民慰勞、不得借住民房、不准上街亂跑、整頓軍容提倡禮節……等等。大大減低了市民的不安和軍民紛擾。

第二：上海地下黨發揮了極大的政治功能。原本上海就是中國共產黨的誕生之地，一直是中國的革命青年的嚮往和集散之地；在抗日戰爭時期以及戰後的國民黨統治時期，也一直是中國革命的燈塔，因此上海地下黨有很強大的力量。北平和平接收後，中共黨中央確定，由於解放軍力量強大，已占絕對優勢，因此上海戰役不需要採取內部武裝起義，而是要發動群眾，反對國民黨破壞、反對屠殺、反對遷移、保護工廠、保護學校機關、配合解放軍維持社會秩序、迅速恢復生產、接管城市。並普遍組織護廠隊、糾察隊、消防隊，還組織了秘密的人民保安隊和宣傳隊。當解放軍進入市區，就有許多帶著紅臂章的年青人民保安隊來取得聯繫，報告敵情、做嚮導、幫助運傷員、協助清查俘兵繳獲武器等。譬如，上海電廠一直沒有受到破壞，「市區激戰數晝夜，始終燈火通明，這對穩定民心起了很大作用，眞堪奇跡」，負責主攻的第十兵團司令員葉飛如此感動地說道，他總結地說：「上海戰役可說是解放戰爭最大的一次城市攻堅戰，確是取得了軍政全勝」。

## 美國人怎樣看上海「解放」

至於美國人如何看這個英美在中國的利益中心——上海的易手呢？五月二十九日的美國《巴爾摩鐵太陽報》（今稱《巴爾的摩太陽報》），對剛易手的上海做了眞實的報導和評論：

中國最大和最現代化的城市，以及通往西方世界的門戶——上海，已經棄守；當時並沒有多少混亂和橫暴情形，較諸大多數人所恐懼的要少得多。……共產黨雖已統治上海，美國記者仍從那個城市發出消息，且顯然並未受到檢查。這是一個值得注意的現實。上海的商業活動自然完全停止，但還沒有出現一種有步驟的反對外商企業的運動，這種運動在以後幾年似也不致出現，因爲一個致力工業化工作的共黨中國，將比過去的中國更依賴著與西方的貿易。

就其他的種種外國人所主辦的事業而論，更少干涉的跡象。有人以爲中國共產主義與莫斯科所教育的共產主義有重大的不同。這種想法是愚蠢的。但是中國的共產主義，仍然是少數人的主義，對於中國的大眾，共產主義有很多種意義，對於若干人，它是罪惡的淵藪，對於別人它好像是烏托邦，人們在這當中，可以不受地主和稅吏的壓迫，享受較好的生活，能夠溫飽，不會再有戰爭。……

我們一定要記住：共黨征服中國，並不就是共產主義征服中國——第一種征服已成定論，第二種還只開始，且較第一種困難得多，不再理會中國，只會促進第二種的征服。

五月二十六日的《基督教科學箴言報》，以「上海易手」爲題，發表社論稱：

> 在上海勝利的代價對於共黨並不大，他們不久得發現，迄今爲止他們的征服中最大的支出，不是成本而是維持費，他們所面臨的經濟和行政問題很可畏，即便他們有大批受過訓練的行政人員可以應付。因此，他們將不得不依靠不少中國官員和外國經理人，這班官員和經理人，一向在管理這個世界第四最大城市的複雜機構。
>
> 爲了這個原因，在上海投資約有三億美元的美國人，和投資約十億美元的英國人，認爲共黨的占領上海，是一種足以自慰的事情。西方商人相信，共黨將不得不和他們做生意，雖則在起先的時候，英國人或許比美國人更優待一些，因爲英國人更精明的預見到並準備共產的勝利。

# 第七章
# 陳誠主台與台灣的「復興基地化」

## 第一節　陳誠來台養疴臨危受命主台

### 最後的幻麗火花——台灣省博覽會

一九四八年十月二十五日，是台灣光復三周年。這天早上依例舉行了盛大的光復節慶祝大會，會後舉行了閱兵典禮，由國防部部長何應欽親自主持。其實，這時中國北方大地正烽火漫天，東北遼瀋戰役已近尾聲，而平津戰役正緊鑼密鼓開打中，台灣雖然離戰火遙遠，但煙硝味早已傳進台灣，一般市民正苦於米、酒、鹽、布……等日常用品的漲風中。在這風雨前夕，光復節的下午，花了五億元籌備已久的「台灣省博覽會」，在省主席魏道明夫人鄭毓秀的剪綵下隆重光彩地開幕。會場設在剛整修完工的省府大樓（原日人總督府，亦稱介壽館，即今「總統府」），及其前方臨時搭建的展館，堪稱「規模宏大」。展覽內容分省內和省外兩大部分，單單省內就有三百五十二單位參展，共提供了十四萬餘件的展品。當天，中央政府來的貴賓除國防部長何應欽外，工商部長陳啓天也特別來台參加，可

1948年10月25日開幕的「台灣省博覽會」會場全景。

台灣省博覽會會徽。

說貴賓雲集。其中，來台養痾的陳誠，穿一身有些陳舊的灰色袍子，頭髮有些灰白，新病初癒的樣子來到了會場。一直到十一月十九日，博覽會總共發售了三十一萬張的入場券，參觀民眾擠得水泄不通。單以遊藝部門來說，就包括話劇、音樂、舞蹈、電影、歌仔戲、皮猴戲、京劇、歌謠等各種形式的表演藝術；有台灣本地的，也有省外渡海而來的，不但是中國戰後以來藝術界的大集合，更是各種表演藝術的大匯流。

由蔡繼琨領導指揮的省交響樂團，從十月二十五日開始，連續數晚，在中山堂演出貝多芬第九交響曲；包括樂團、合唱團團員在內，共有四百人參加演出，場面浩大，據說當時在遠東還是第一次。另外，在台北公園音樂台，上演了歌仔戲，由大橋頭復興社演出「復興祖國」。富麗堂皇的展出，恰似魏道明似的炫耀。有記者誇稱：「博覽會正是一隻號角，向明天的台灣及世界宣示：從安定中求繁榮」，這正是魏主席治台的口號。在雄壯的第九交響曲樂聲中，台北夜空燃放了五彩焰火。就像在中國大地漫天的烽火中，綻放的最後一次幻麗的火花。

當台省博覽會的嘉年華會盛大舉行之時，三大戰役的遼瀋戰正在東北的大地燃燒。

## 台灣第三

一九四八年十二月底，淮海戰役（徐蚌會戰）勝負已定，京滬局勢緊張。台灣立即成了達官貴人的「救生艇」，紛紛避難來台；其中有許多曾擔任過各省主席的，也有當過中央部長的，更有近二百位的國大、立監委。一時台北市天空機聲隆隆，港口壅塞不堪。謠諑紛傳，據說「蔣總統的行李，也運來了三百件，還有三輛可以避槍彈的裝甲轎車」。早在十一月二十三日《公論報》就報導過：「本省被視爲『世外桃源』，上海人大批來台，戶籍異動工作漸繁忙」。十二月二十四日，該報也報導了：「大批官員大批寄居，草山市況日趨繁榮，買屋買地之風瀰漫草山，私人別墅有十多處在建築」。該報十二月二日的社論，以〈台灣第三〉爲題，對這些現象表達深深的憂慮，它說：

> 「美國第一，香港第二，台灣第三」這一句話已成了大局劇烈變動後的流行語。逃「難」者，無論是屬於政治性的、經濟性的或社會性的，總之，只要能逃，逃得動，都大有未雨綢繆的樣子，以財力所及，向美國，向香港，向本省逃。……台灣居然成爲中國法律所能達到的區域中的「世外桃源」，光復之初，當不會想到她竟能在這一點「盡忠」祖國吧！

該社論擔心，因爲「游資湧入，市場安定被破壞了，物價飛漲，威脅大眾生活」；將來本省「負擔更重」，「時代的波濤可能把本省拖入漩渦的中心，而損害她原有的風氣與安定」。對於這些變化與負擔」，該社論認爲「如其說是幸運，毋寧認作一種危機」；最後它以這句雙關語結尾：「台灣『第三』，願台灣確能成爲『第三』。」

《公論報》的憂杞，也是大多數台灣民眾的憂心，譬如在這之後楊逵發表的〈和平宣言〉，也表露了相同的想法。然而，時代還是一步步將台灣拖入內戰漩渦的中心。

## 來台養痾的陳誠

一九四八年十月六日，前參謀總長陳誠偕夫人及公子三人，從上海搭乘中航公司天王號飛機抵台北，先住在陽明山（時稱「草山」）的海軍招待所，療養剛於六月動完手術的胃疾。此時，東北的遼瀋戰役正鏖戰中。

去年（一九四七）九月，一向受蔣倚重的陳誠，以參謀總長之尊兼任東北行轅主任，駐節瀋陽直接負責東北軍政大計。雖曾採雷厲風行的手段，欲整頓關係複雜的東北軍政關係，然尚未得到「民心」，卻首先失去了「軍心」；甚且兵力布署未定，便遇到解放軍的六次攻勢，東北大部分爲解放軍所占，僅瀋陽、長春、永吉陷入孤立。這一連串東北局勢的愈趨惡化，使陳誠出師未捷，不能不稱病自請處分，而於今年（一九四八）三月抱病由瀋陽回南京。在滬上養痾期間，東北出身的國大代表，追究陳在東北失敗之責，紛紛提案要求將陳「撤查嚴辦」；更有一位東北代表當場掉淚沉痛地說：「蒙蔽主席者頭痛說腳痛，以致局勢弄得這樣糟……昔日諸葛亮揮淚斬馬稷，現在東北只剩三個據點了，在東北『吃糧』的部隊有六七十萬人，作戰者只有三十多萬人，其餘的兵到那裡去了？蔣主席應該仿效諸葛亮的辦法」。除此之外，此時國共內戰形勢發生了根本變化，中共開始發動戰略攻勢，隨之濟南陷落，錦州告急，「滬市人心原很敏感，至是謠諑日多，人心浮動」。陳爲了易地療養，「乃決定舉家遷台，以作暫安之計」。

雖然遷台養痾，但他仍然具有雄厚的軍政實力。因他獨蒙蔣的青睞，且得到保定軍校同學和非黃埔系少將軍官的支持，後又結合C. C.派黨團力量，故仍屹立不倒。十二月底，陳誠遷居台北市城中區原陳儀官邸居住，台北市市長和議長親贈台北市榮譽市民證。

## 陳誠臨急受命主台

在謀和聲中，蔣介石準備「引退」，開始布署下一階段的「剿匪大業」。其第一步棋，便是把內戰資產逐步遷移台灣，建設台灣成復興基地。而誰能代理他在台灣執行這工作呢？十二月二十九日，晚九點多，蔣經由省主席魏道明轉一封手啓電報，任命陳誠爲台灣省主席；據陳誠的回憶文，這項任命「不獨是完全出諸總統（蔣）個人臨時的決定，且曾遭遇阻礙」。於是，陳匆匆與魏道明會商後，於元月五日先行交接視事；接事時僅帶一隨行人員，所有省各廳處人員均無變動，以求安定。

在複雜又危急的政局中，陳誠治台的基本考量和原則，不出下面數端：

首先，他目睹了南京政府的頹勢，以及黨軍政方面種種卑劣的表現，深感「前途的沒有希望，而感到非重新來過，從頭做起，將不足以挽救危亡」；且這時「京中各種現象，已漸推移至台」，除了高級人員之家屬、立監委與國大代表紛紛遷撤台灣之外，各種投機資金和上海奢靡之風亦大肆來台。他深恐這些「京中現象」，會「再在這裡造成複雜的局面」；再加上他再三強調：「中共雖沒有海空軍，不能飛越來台，而共產思想則無遠弗屆，並不是海洋所能阻止的」。因此，爲了在台灣重新來過，從頭做起，「防止京中現象」和共產黨思想，越海峽而來，便成了其重要的治台目標。譬如於三月一日實施的「台灣省准許入境軍公人員及旅客暫行辦法」，便是重要施政之一。

其次，是有關如何對待台灣省民，採取怎樣的政治經濟措施的問題。他坦承：「台灣光復雖已三年，但一切基礎都沒有樹立，地方對中央，每多疑懼，人民視政府無非剝削，台二二八事變迄今，此陳誠與蔣介石合影。

陳誠與魏道明新舊台灣省主席，交接後在省府大門前合影。

種隔閡始終未除」。雖然二二八後不久，時任國防部長的白崇禧曾來台處理事件，並應允「台人治台、縣市長民選」，但陳誠認爲這「不免有口惠之嫌」；且省參議會在陳誠主台期間，也不斷提出實行縣市長民選的意見，一直未獲他的採納，僅在其主台末期的十一月一日，通過了「省實施縣市地方自治通則」，但並未實施陳誠就離職。在台省地方政治上他雖採取了消極的作爲，惟在經濟上卻展現了積極的作爲。在產業政策上他不與民爭利，認爲各種公營事業過多，重覆與浪費，政府控制過廣，易引起民怨，因此從速進行了調整；他提出「增加生產，合理分配」的口號，特別在「合理分配」這一點，他強力地推動了「三七五減租」的土地改革，最爲眾人稱道；雖然其出發點乃在於厚植經濟力量，建設復興基地，徐圖反攻，戰勝共產黨。他自承：

> 我深深感覺到要與共產黨鬥爭，不能單靠軍事，必須政治經濟雙管齊下，在思想主義上去戰勝共產黨……這種認識與瞭解，無形中也成了我釐訂施政方針時的重要依據。……所以我的治台方針，以切合人民需要，實現本黨主義爲究竟義。

## 第二節　陳誠治台方針——人民至上・民生第一

一月五日，陳誠與魏道明在省府二樓舉行了新舊任的交接儀式。典禮後，魏道明即搭機飛滬轉京，晉謁蔣介石；陳誠舉行了記者招待會，宣布今後的施政重心，其要旨包括下列幾點：

一、本省今後一切措施，當以「人民至上，民生第一」爲依歸，人民亦應履行憲法義務，以「國家至上，民族第一」為鵠的。

二、古諺：「不患寡而患不均」，今日社會的普遍現象，則是既患寡，又患不均，我們今後不獨要求「生產的增加」，更要求「分配的合理」。

三、今日台灣所最需要的，就是政府與人民共患難，同生死的精神，使台灣成為一個復興中華民族的堡壘。

當記者詢及蔣發布了〈元旦文告〉後全國吹起「和平運動」的問題時，陳答以：「尋求和平，必須有充分的準備，能戰而後能和，也唯有充分的準備，才可達到和平的目的」。他表示「投降式和平」，或者「聯合政府」絕不能接受，「聯邦政府」則尚須研究。由此可知其「一國兩府」的傾向。對於「和平」的態度，陳當然不可能與蔣不同，而「備戰謀和」是其共同的態度。

## 人民至上？人民至苦？人民至弱？

《公論報》一月十日的社論〈論人民至上〉，以帶著三分反諷的論法，回應了陳誠的施政方針。它說：「三民主義本來條條都是人民為主，憲法上更明白規定中華民國為人民所有、人民所治、人民所享，但實際上人民並沒有成為主人翁」；甚且抗戰勝利後，「竟兵連禍結，大打特打」，「人民一致認為武力不能解決國事，而偏偏有人相信武力萬能」，而「廣大戰區內的人民，固然是死者填滿溝壑，生者流離轉徙，戰區以外的人民……動盪不安，艱苦掙扎，試問那一個人民要戰？而戰爭的結果，卻是『人民至苦』」。因此，「陳主席在台灣喊出『人民至上』的口號，真是『空谷足音』。」

其實，該社論也是在「蔣總統」發表「求和」的〈元旦文告〉後，全國「和平運動」正起的時刻，積極呼籲用人民的力量制止戰爭，人民應該自己起來，「表現力量，實現願望」。然而，它也意有所指地，感慨地說：

> 我們站在人民的立場，自我檢討，人民沒有力量，或者說，沒有能夠發揮他們的力量，「人民至上」變成「人民至弱」，以至弄到只有被劫持，遭踐踏的份兒，這也是無可諱言的事實。

該論截去了陳誠的「人民至上」口號連在一起的「國家至上」，只專論了「人民至上」，實有以子之矛攻子之盾的意味。最後它把「人民至上」轉移到更大的問題去：

> 所以我們認爲「人民至上」的原則，不僅適用於台灣，並且適用於解決國事，也只有靠這一原則，國事才能眞正解決。

從陳誠上任不久台灣就已陷入惡性通貨膨脹的風暴，物價、米價飆漲數倍，人民生活日見惡化，如報上形容的「都市在嘆息、農村在呻吟」等情形來看，要眞正做到「人民至上，民生第一」，倒眞要接受嚴格的考驗。

## 疏運大量撤台物資

陳誠是蔣介石引退前布署的重要棋子，執行蔣的意志，當然是陳治台的首要任務。因此，如何使蔣引退之前開始大量撤運來台的物資順利上岸、儲存、保管、運用，是他的首要工作。當時，劇增的運台物資除國民黨政府各遷台單位的東西外，還有上海商人、企業運台的貨物、機器，日本賠償機器以及美援物資等等，使基隆、高雄兩港壅塞不堪，卸載困難。如一月二十四日《大公報》報導：「高雄基隆到船多，物資堆積如山」。一月二十二日《公論報》報導：「基隆港二十一日進口船隻突增多，巨輪九艘五萬多噸，創基港歷來每日進口記錄」。因此，陳誠上任第二天就召集各有關單位組成「台灣軍公商物資儲運督導委員會」，先行疏運物資。並從速疏濬港口、增加起重設備、修復倉庫，責成港務局負責人員達成每日進口貨物五千噸的目標。

在國民黨中央各軍政單位、人員、物資紛紛遷台之際，陳誠又被指派負責指揮監督中央駐台各軍政機構人員，以及統一指揮駐台海陸空軍。六月一日，當上海失守，又一波大量物資搶運來台之時，陳復被任命為「中央在台物資處理委員會」主委。因此，陳誠除了掌有指揮監督遷台人員、物資的權力之外，復掌握處理物資的大權。

## 擔任「台灣省警備總司令」與「台灣省黨部主委」

蔣在引退前數天的一月十八日，又緊急任命陳誠兼任台灣省警備總司令。一月二十六日，原「台灣省警備司令部」擴大為「台灣省警備總司令部」，陳誠任總司令，彭孟緝擔任副總司令。二月一

1949年2月1日，成立「台灣省警備總司令部」，陳誠兼任總司令。圖為「警總」成立時合影。

日，在台北市上海街警備旅大禮堂舉行了台省警備總司令部，和台省軍管區司令部（原爲師管區）的聯合成立典禮，以及陳誠、彭孟緝的就職典禮。陳誠除任警備總司令外，又兼任了台灣省軍管區司令。

五月一日，陳誠正式接任國民黨台灣省黨部主委。至此，他獨掌了台灣省黨、政、軍大權，不但掌握「省政」、「黨務」與「治安」，並且掌控著前述中央遷台機關、人員、物資的指揮、調度大權。其實權已大大超過了光復初曾被譏爲「總督制復活」的行政長官陳儀的權限。從一九四九年初國共內戰三大戰役將結束之前，一直到年末，國民黨政府中央倉皇從成都退逃台灣，近一年的期間，陳誠配合內戰的變局，運用了這絕大的權力把台灣「改造」成反共復興的「基地」。奠定了國府遷撤台灣後的基礎。其重要施政包括：

一、先後實施了嚴格的「入出境管理」制度，以及戶口檢查制度。

二、宣布實施「戒嚴」。

三、推行土地改革重要一環的「三七五減租」。

四、新台幣改革以及經貿轉型。

五、從「四六事件」開始的白色恐怖。

這些施政，是陳誠從國民黨政府還剩下「半壁江南」之時，一直到棄守「西南」遷撤台灣的激烈內戰期間實施的。其根本動機當然是爲了達成防共、反共、建設復興基地的三目的，可說是名副其實的「反共內戰體制」。也是一九五〇年以後，國民黨政府在台灣長達四十年的「內戰體制」的骨幹和基礎。

## 第三節　先後實施「入出境管理」制度

早在一九四八年三月一日，台灣省警備司令部，就公布實施了「出入境旅客登記暫行辦法」。到了一九四九年，台省警備總司令部成立，陳誠即對迄今實施的「出入境旅客登記辦法」成效不彰，主張應予改進強化。二月十二日就與省政府聯名公布了「台灣省入境軍公人員及旅客暫行辦法」。十九日省警總召集各相關單位舉行關於執行該辦法的會議，並決定三月一日如期嚴格實施。實施當天，就有許多由廣州來台旅客，因未帶入境許可證，下機後均被阻留；經警總會商准予交保免驗證入境，但下不爲例。前福建省主席李良榮，一日自廈門乘中央航空公司班機來台，未攜入境證，亦曾一度被阻於機場，嗣由檢驗人員向省當局請示後，李始獲入境。三月十日的《公論報》報導：「入境旅客銳減。九日，中興輪自滬抵基，搭客僅一百九十二人，爲該輪歷次來台旅客創最少新記錄，且除七十名有證准許入境，餘均不准上岸，可能原船遣返。」但是，三月十一日《新生報》的報導卻是：備有入境證者，實數僅十四人而已，其他一百七十多人，均不得上岸入境。不管何者正確，兩報的報導都反映了「入境管理」的確大大起了阻隔大陸民眾來台的效果。

實際上台灣的出入境管理，早在魏道明主台的一九四八年三月起，就實施了「台灣省出入境旅客登記暫行辦法」；只不過其實際內容和規定十分寬鬆，不似這次的嚴苛。隨著內戰局勢的劇變，大量大陸軍民來台，陳誠認爲：「國軍在大陸上，既已成爲頹勢，短期內不獨無法挽回，最後且非盡行撤退來台不可」，因此，「只剩下台灣這一條救生艇，……非實施入境限制，不足以保障這條救生艇」。而實施入境管理的最大作用在：「防止共諜的潛入，使中共的滲透戰術無法施展於台島，同時預防人口的過分增加，以減輕台民的負擔」。這個辦法，「實無異是台灣在政治上經濟上的一個重要防波堤」。

## 「入境管理」的擁護與反對

這個入境管理辦法，引起了兩極反應。

贊成的，主要是省籍民意代表及各民間團體；反對的，集中在部分外省籍立委。三月一日，台灣省各縣市參議會正副議長，乘北上參加行政會議之便，共同發表了支持入境管理的意見，其內容如下：

三月一日起入台軍公人員及旅客注意

臺灣警備總司令部
臺灣省政府　公告

臺灣省入境旅客申請書

省警總於1949年3月1日起實施台灣省入境管制。圖為登報公告的內容。

近來因爲大陸上動盪不安，就有大批人士到台灣來，本來是應該歡迎的……不過因爲人口激增的結果，發生了糧食和住房的恐慌，這兩種恐慌，很容易引起社會秩序的混亂，同時人口的激增也很容易刺激一般物價的波動，例如米之生產地的台灣，現時米價比大陸的米價爲高……所以這次政府對進入台灣的人口加以限制，不但是台灣民眾的希望，亦即現在旅居台灣各省人士之要求……。

其他如：三月二十五日，省市各級人民團體紛紛電總統府、行政院、立法院、監察院稱：「爲謀本省社會安定，請維護入境暫行辦法」。連台省鐵路工會、台南市總工會、省教育會、藝術建設協會、文化協進會、新竹市黨部……等，也都各別通電擁護該限制入境辦法。

四月五日，在南京召開的立院第十一次會議，整個上午都在熱烈爭辯連謀、丘漢平等立委提議的「爲『台灣省入境軍公人員及旅客暫行辦法』違反憲法、剝奪人民居住遷徒行動自由、阻塞交通、割裂統一，請咨請行政院廢止而便商旅案」。最先由丘漢平說明：「本人要補充的是台灣乃中國領土的一部分，決不能有此特殊的現象」。台籍立委黃國書說：「這個辦法是台灣人民的公意，最近台灣人口劇增，食住都成問題」。蔡培火說：「台灣省的這個辦法對國家民族是有益的，我們不能只談空論，那是有害的」。結果該案進行表決，贊成付委審查的占大多數，主席宣布交付內政及地方自治委員會審查。

對於立委的反彈，陳誠省方馬上有了對應，作了一定程度的讓步。四月六日的《公論報》刊載了：「來台旅客申請入境，審核尺度較前放寬，來台有住所、親友或職業者多可獲准」；且立、監委國大代表都可以憑證自由出入，不需辦理入境手續，而其眷屬來台，只要有眷屬證明文件也不必要入境證。

陳誠本人亦承認，該入境管理辦法沒有任何法律依據，完全是一個行政上的臨時措施。但時局劇變下，遂被立法院無形擱置，繼續延用。

五月二十日，繼南京失陷後，上海防守崩潰，台灣省奉命宣布戒嚴。五月二十四日，配合本省戒嚴，依據戒嚴令，台省警總頒布了「台灣省出境軍公人員及旅客登記辦法」，並於五月二十八日起開始實施出境管理。該辦法規定：出境人員以有照身分證填具申請書，經核備及查驗後，方準購票登上飛機、輪船出境。本來只管入不管出的境管制度，現在出入都在管制之列。

這個出入境管理制度，隨著台灣內戰體制的結構化、固定化，一直實施了近四十年之久，是台灣反共戒嚴體制的重要基礎。

## 第四節　實施戶口總檢查與清除「政治垃圾」、「經濟蝗蟲」

訂定了爲「肅諜防奸」以及嚇阻大陸軍民大量來台的「入境管理」制度後，陳誠又對島內實施了戶口總檢查制度，「以防奸宄藏匿，確立社會治安」。實際上，魏道明主台的一九四八年五月三十日，曾經舉行了全省同時身分證總檢查，但從未舉辦過全省戶口總檢查。四月十二日，台灣省政府電令：定五月一日起，實施各縣市戶口總檢查，並公布了「各縣市戶口總檢查要點」、「實施計畫」以及「講習會講習辦法」等鉅細靡遺的各種規定，開始全力進行準備。四月二十六日省政府與警總聯名公告了：「本省戶口總檢查時，居民如未申報戶口，無國民身分證或無臨時戶口登記證者，一律扣留訊辦。」

五月一日凌晨零時起，全省同步展開戶口總檢查，台北市就動員了軍憲警和戶籍人員四三五六人分設十個檢查大隊，三百四十個分隊，徹底進行戶口檢查。路上交通完全斷絕，除見軍警一步一崗三步一哨外，不見任何行人。檢查一直進行到中午十二點，在三聲汽笛長鳴後結束。五月一日《公論報》有關戶檢的花絮報導：

——財神爺財政部長劉政芸，三十日下午搭中航飛機來台，一到松山機場，因入境手續沒辦好，連身分證也給扣留了下來。又聽說本省在舉行户口總檢查，情知不妙，馬上打電話向城裡討「救兵」。

——也許這幾天大家工作過於忙碌，竟將户檢工作人員的證明書，上面的「中華民國」誤印爲「中民華國」。

——各特種酒家，九時就關門了，「江山樓」邊的人肉市場也趁早打烊，圓環、萬華的流氓們都消聲匿跡。

——省府日昨密令各縣市政府，在户口總檢查時間內，同時注意囤積物資及囤積糧食的情事，如有發現，檢查人員可以隨時逮捕。

據五月十四日《新生報》報導：本省十三縣市在戶口總檢查中，檢舉違法人數近六萬人，遭驅逐

飛抵松山機場的國府軍飛機。

出境者七十八人，送職訓總隊者六十七人；而經統計，台北市人口有四十三萬九千餘人。五月二十八日《公論報》報導：五一戶檢結果，經省警務處戶口股整理，全省人口合計：七百二十六萬六千八百八十三人（較去年增加二十一萬餘人）；全省戶口合計有：一百二十四萬五千一百八十戶。

陳誠在台灣實施戶口總檢查的時機，與四月間國共和談的進展與破局、解放軍渡江、首都南京失陷、上海危急等內戰變局是緊緊相扣的。特別在四月二十三日南京撤守後，數日間台北市上空終日機聲隆隆，徹夜不絕，二十四日一天之內飛台的飛機架次，至少五十架以上。要人眷屬紛紛避台，松山機場頓形忙碌，機場工作人員徹夜未眠。來台要人譬如有：居正、朱家驊、吳忠信、俞鴻鈞、雷震、王世杰……等等；也有如閻錫山的母親、部屬、眷屬共二十幾人，則搭民航大隊（陳納德機隊）專機來台。台灣市面上，金鈔、物價全面騰升，黃金猛漲，台銀外匯暫停掛牌。

## 取締「地下錢莊」

因應大陸變局，陳誠除了實施五一總戶檢外，還雷厲風行地實施了幾方面的政治經濟措施：

一、發動「四六事件」，大肆逮捕台大師院學生和文藝界人士，整肅學生運動和文藝運動。

二、四月二十日夜，大規模取締地下錢莊。首先取締了有「地下錢莊之王」號稱的「七洋貿易」，接著又取締了十九家地下錢莊。七洋貿易其資產高達八百億元，相當於台幣發行總額的五分之一，它又控制著無數的中小地下錢莊或地下據點，犬牙交錯盤根錯節；實際上已成當時台灣金融的主宰者，其影響力大大超過銀行。造成這種畸形現象的根本原因，全在於台幣的惡性膨脹，在物價上漲率大大超過通貨膨脹率的情形下，在人們保值心理的作用下，紛紛將錢投入地下錢莊，從事投機生意，賺取高利。其資金來源，除了少數的金融界有力者，從銀行取得低利貸款，從事地下錢莊的高利貸之外，絕大多數來自一般小有產者和小市民的存款。據統計，當時四十多萬的台北市人口中，跟地下錢莊有來往者，竟達十萬人之眾。小市民們或縮衣節食，或變賣金飾資產，把錢放到地下錢莊（當時，一般商家都成了地下錢莊據點），去博取高利，只求保值。因此，此次大規模取締地下錢莊，使整個台北市的市民惶駭焦急，求訴無門，一時懸樑跳水、仰藥自殺者紛出。實際上，只要台幣惡性膨脹不止，物價飛漲不止，地下錢莊就很難戢止。

三、四月十四日，省府頒布「私有耕地租用辦法」，正式實施「三七五減租」。四月二十二日，省府電飭各縣市，如期完成「三七五減租」。

## 嚴辦「第十縱隊」

在五一總戶檢的前一日，陳誠以省警備總司令的身分，召集了黨政軍各機關首長、各學校各民眾團體代表兩百多人，在中山堂光復廳舉行了座談會。陳誠的致詞，完全表露了他上任以來的基本施政理念。

關於中共的革命，他說：「共匪是共產國際的第五縱隊，其目的在占據中國奴役人民，以爲共產國際的安全圈，進而以中國爲基地，威脅世界和平。」關於如何對應現在國民黨的敗局，他說：「我們面對著國家的危亡，與個人的生死，我們唯有嚴密革命組織，剔除一些投機反革命分子，成爲萬眾一體的革命力量，才可以爭取最後的勝利。」

在實施「三七五」減租方面，他闡述了：「我們不應專門保護地主的利益，尤應顧到大多數農民的利益，才能合乎要求，我們最近一切合理的措施，均是以國家與人民的利益爲依歸。」對於「四六」逮捕學生事件，他更激動地說：

> 對於本省共匪爪牙的職業學生，決心嚴予懲辦，……前次本省整頓學風，已懲辦了不少「第十縱隊」的分子，乃最近復有少數教職員，反爲「第十縱隊」作保人，……不是不明大義，即是別有用心，其實包容共匪第五縱隊的行爲，是自殺的行爲。

關於「入境管理」措施，他說明道：「一般人顧慮人口增加，生活上不易負擔，其實革命同志與技術人員，我們在任何困苦情況下，均應盡量羅致，至於反革命與投機分子，自不許進入我們革命的基地」。至於，關於取締地下錢莊之事，他以深惡痛絕的口吻說道：「近聞有少數奸商受第五縱隊之利用與慫恿，大事囤積物資，操縱物價，影響人民生活，心理之不安，我們必定嚴加取締，七洋公司之破獲，即爲我們與惡勢力及投機分子鬥爭之開始，亦即我們肅奸政策的實施。」

由此致詞內容可知，陳誠把學生運動和地下錢莊都轉嫁爲共匪爪牙或受共匪的利用與慫恿，以合理化其在台灣的「反共肅奸」鬥爭；並藉此宣揚共匪對台灣的威脅，以進一步擴大其威權。其一切爲「反共」的歇斯底理心態已表露無遺。

## 清除「政治垃圾」，撲滅「經濟蝗蟲」

與此同時，《中央日報》（三月二十一日台灣版創刊）和《新生報》的部分言論，已開始出現反共主義或極端主義的傾向。譬如，五月初就出現了「清除政治垃圾、撲滅經濟蝗蟲」的論調。這種論調挑明說：「今日避難來台的達官顯宦之中，政治垃圾確是不少」；被歸爲「政治垃圾」者，包括某些委員、國代、貪官污吏、不肖軍人、官僚、投機家、土豪劣紳等。該論並揚言要向這些「政治垃圾」進行總攻擊，並主張組成人民團體逼使「政治垃圾」滾出台灣。該論接著說：「『政治垃圾』固應清除，『經濟蝗蟲』更應捕殺撲滅」，而它所謂的「經濟蝗蟲」，是包括「做金鈔買賣，和其他各種非法營利的投機家」，以及囤積居奇的「奸商」；至於如何撲滅經濟蝗蟲，該論建議：加強經濟統制、獎勵人民告密，一經捕獲「首犯正法，資財沒收」。

這種論調，連五月十八日在廣州召開的國民黨中央執監委會上，也引起議調。陳誠忙著解釋說，所謂「政治垃圾」問題屬該報言論，並非台省當局之意見。

## 第五節　京滬陷落與台灣實施「戒嚴」

五月十九日，解放軍已攻進上海市區。蔣介石擬定的「堅守淞滬，與台灣相呼應」的上海防禦戰略，即便有湯恩伯設置的龐大碉堡群防禦工事，以及二十萬的大軍，仍然在解放軍的凌厲攻勢下，不到十天就土崩瓦解；國府軍棄甲曳兵爭相脫逃。對台灣來說，上海失陷比南京的失陷更爲嚴重；因爲上海不管在經濟、貿易、金融、交通、文化等各方面，一直是台灣與大陸關係的重要窗口；可以說上海是台灣與大陸關係的重要命脈。上海失陷對台灣各方面都是很大的打擊。另一方面，蔣介石的上海防禦戰略的一個重點，就是一旦上海危急，大量的庫藏金銀、機器物資、以及嫡系部隊要撤運台灣，因此，上海撤守，必定有大量軍民、物資湧入台灣。台灣勢必陷於緊張的狀態。

五月十七日，蔣介石似乎忘了二星期前在上海向守軍的訓話，「要和官兵共艱苦，要和上海共存亡」的承諾，匆匆飛往馬公，住進了陳誠預先替他準備好的八座行館之一的賓館。五月二十六日，蔣飛高雄壽山，這意謂著此後蔣將以台灣爲中心。六月三日，蔣經國日記記道：「父親認爲自後應以台灣防務爲中心」。

在這樣的局勢下，五月十九日，台省政府與台省警備總司令部聯名布告自五月二十日零時起，全省戒嚴。戒嚴期間規定，除基隆、高雄、馬公三港口在警總監護之下，仍予開放外，其餘各港一律封鎖，嚴禁出入；基高二市實施宵禁。嚴禁聚眾集會、罷工、罷課及遊行請願；民眾外出皆須隨身攜帶

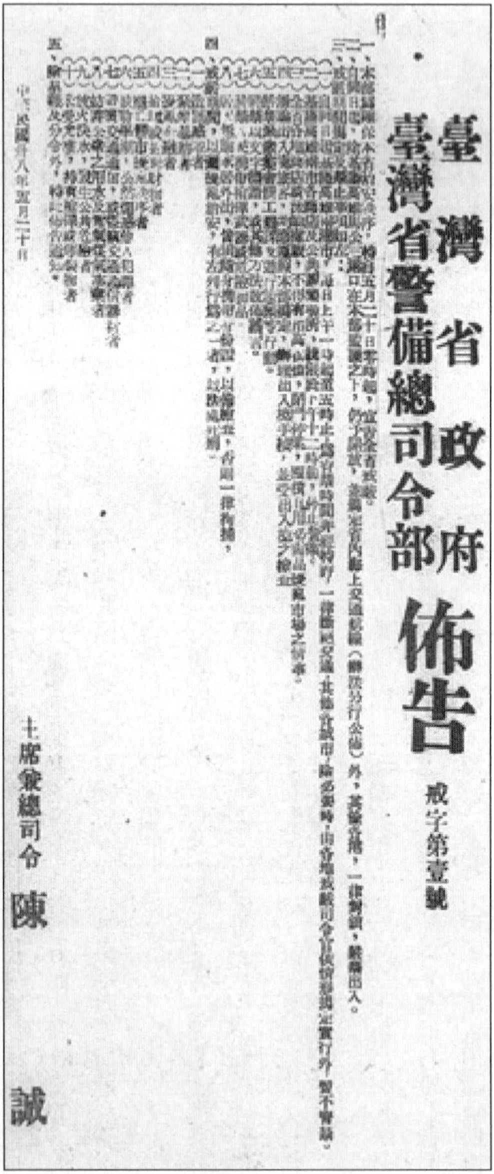


在1949年5月19日的《公論報》上刊登的全省戒嚴布告。

遭禁刊的《台灣內幕》雜誌。圖為其在報上刊登的雜誌廣告及目錄。

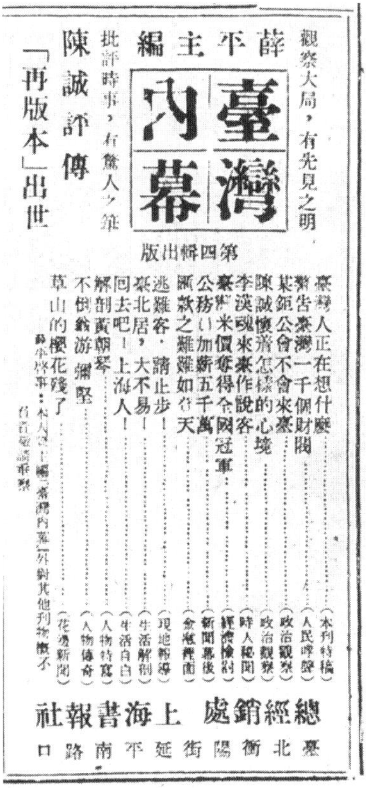

1949年5月20日，台灣實施戒嚴後，軍事氣氛日漸濃厚。

身分證，以備檢查，否則一律拘捕。企圖擾亂治安者，一律處以死刑。

五月二十四日，在廣州的立法院通過了「懲治叛亂條例」。六月二十一日由總統公布實施。這個條例無法在大陸有效實施，倒是與戒嚴法一起在台灣成爲長期扼殺人民的惡法。

五月二十四日，警總又依戒嚴法頒布「出境登記辦法」，自五月二十八日起實施出境管理制度。

五月二十七日，警總又頒布了「戒嚴期間防止非法集會、結社、遊行請願、罷課、罷工、罷業等規定實施辦法」以及「戒嚴期間新聞、雜誌、圖書管理辦法」，全面禁絕了憲法賦予人民的基本權利。在新聞雜誌的管制方面，該辦法詳細規定：「凡詆毀政府或首長之記載，違背三民主義，挑撥政府與人民感情，散布失敗投機之言論，及失意之報導，意圖惑亂人民視聽，妨害戡亂軍事進行，及影響社會人心秩序者，均在查禁之列」。依此辦法新聞、雜誌、圖書，除了完全配合國策、歌功頌德之外，別無內容可記。除了文字傳播的控制之外，亦對無線電廣播的聲音傳播方面進行了嚴控；七月警總頒布了「戒嚴時期無線電台管制辦法」，以及「戒嚴時期無線電器材管制辦法」。十一月底，由警總改組的「省保安司令部」，「爲杜絕收聽匪廣播，免使動搖人心，影響士氣」，決定對收音機進行登記。十一月二日，省府連續兩天在各大報公布了數百種的所謂「反動書籍」的書名，並開始查禁「反動書籍」，這就是台灣「禁書」的開端。報導稱：

> 省府鑑於本省已成反共復國重要基地，爲實施反共教育，掃除反動思想起見，昨日特規定並訓令各縣市政府和各學校，凡在書店出售和各級學校各社教機關圖書室，陳列的反動書刊，一律予以查禁封存，各書店並應辦理保結不再經售這種書籍。

一九五〇年三月一日，蔣介石復行視事；同月十五日，陳誠任行政院長。四月十四日，立法院修正通過「懲治叛亂條例」；六月十四日，蔣介石命令公布「戡亂時期檢肅匪諜條例」。

# 第八章 台灣的土地問題與「三七五」減租

## 第一節　中國的土地問題與改革

### 中國的土地問題——半封建半殖民社會的骨幹

台灣的土地問題，雖然有地方歷史所造成的特殊性，但其基本問題與全中國的土地問題並無二致。中國土地問題的本質，也在土地併呑集中的現象十分嚴重，絕大多數農民在高額佃租的剝削下，終年勞動仍不得溫飽。據統計，中國農村人口中，僅占百分之十的地主和富農，卻占有全耕地面積的百分之六十；另一方面，全農村人口中百分之九十的中小農，卻僅保有全耕地的百分之四十。而且高額的地租率，要占土地生產物的百分之五十以上。據調查統計，全中國的農業所得，地租占百分之四十五，是全國綜合所得的百分之三十五，且絕大部分為大地主所有；其中，占百分之二左右的大地主，卻占有全國所得的百分之二十。這種封建的土地關係，同時也是中國傳統商業資本、高利貸資本以及近代買辦資本的基礎，它們共同吸吮著遠超過產業利潤率的高額地租率，安坐在剝削大多數小農、佃農勞動力的租佃制度上面，營造了深厚的封建宗法制度，形成了中國半封建社會的骨幹。它們不願意把財富投到工業生產去，因此也阻礙了中國的工業化和現代化。

這種封建土地關係，不但是中國社會不平等的根源，中國的工業化、現代化、民主化的障礙，更是中華民族半殖民地化、被侵略、被壓迫，窮困落後的總根源。因此，這種落後的封建土地關係的改革，亦即徹底的土地革命，是中國民主革命的根本任務。那一個政黨可以完成這個艱鉅的任務，它就會得到大多數中國民眾的支持；也就可以完成中國的現代化、民主化，使中國統一、富強起來。

## 孫文的土地改革

關於中國的土地改革問題，孫文先生早在民生主義講話中，即已提出了「平均地權」的主張，實行「減租」以及「耕者有其田」的政策。而且，「減租」政策早已列為中國國民黨的政綱，並於民國十六年在廣東首倡「二五減租」，兩湖、浙江等省繼之；惟都因阻力太大，成效不彰。其後在民國十九年頒布了「土地法」，該法第一百七十七條規定：「地租不能超過耕地正產物收穫總量的千分之三百七十五。約定地租超過千分之三百七十五者，應減為千分之三百七十五」。此即「三七五」地租的根源；此外，該法亦明文規定：「出租人不得預收地租，並不得收取押租」，其他一切額外需索，亦不准收取。而且，佃農在主產物之外的副產物（如蔬果、雞鴨等），全歸佃農所有，地主不得奪取。

抗戰勝利後，土地法曾於一九四六年四月大幅修正，刪除了原有的「三七五」地租的內容，而改以「地價的百分之八」為地租上限，這使「土地法」原有的立意精神大大地倒退。原本就從未認眞實施過的「三七五」地租，改為地價計算地租後，更難於推動。究其因，蔣領導的中國國民黨，其權力基礎很大部分在地主、買辦階級；其維護自身階級利益，抗拒土地改革的力量，自然使該黨「耕者有其田」的政綱，以及「三七五」減租的土地法淪爲具文，無法實施。

## 中國共產黨的土地革命

辛亥革命以降的中國資產階級革命運動，一向在求政治問題的解決，而沒有實際進行土地改革和社會革命，因此，都得不到眞正的成功。在國共內戰中，中國共產黨得以迅速「壯大」，擊敗擁有數倍以上「國力」的國民黨政府，其原因很多；但決定性因素在於中共進行了土地改革，使占中國人口百分之八十的「耕者無其田」的農民，成了「耕者有其田」，因此取得了「人民」的支持。毛澤東在一九四六年五月四日召開的中共中央關於土地問題的會議上的發言，就曾指出：

> 國民黨比我們有許多長處，但有一大弱點，即不能解決土地問題，民不聊生，這一切正是我們的長處。

該次會議通過了〈中共中央關於土地問題的指示〉，通稱「五四指示」。指示提出的基本土地政策是：「在廣大群眾要求下，我黨應堅決擁護群眾從反奸、清算、減息、退租、退息等鬥爭中，從地主手中獲得土地，實現耕者有其田」。到一九四七年下半年，全解放區約三分二的地區，基本上解決了土地問題。土地改革運動的發展，使大多數佃農「翻身」獲得了土地，實現了「耕者有其田」，大大提高了農業生產，且農民爲保衛土地改革中獲得的成果，積極保鄉衛土，紛紛加入解放軍或全力支

「解放區」農民在牆上書寫〈中國土地法大綱〉。

援解放軍。這使中國共產黨得到了「民心」，取得了革命的正義性，成了名副其實的土地「解放」者。

一九四七年十月十日，中共歷經了兩個月的全國土地會議，總結了土地改革經驗後，頒布了〈中國土地法大綱〉。該大綱明確規定：「廢除封建性及半封建性剝削的土地制度，實行耕者有其田的制度」。該大綱公布後，各地區中共中央局或黨委，都分別召開了土地會議，制定了適合當地實際情況的土地法大綱施行細則或補充條例，調動大批幹部組成土改工作隊（團），深入各地農村，幫助農民展開土地改革。到了一九四八年底，在一億五千萬人口的土地上，使約一億農民獲得了土地，這是中國有史以來第一次翻天覆地的土地革命。

## 國民黨統治區的土地改革

中國共產黨的土地改革運動，在國民黨政府的統治區，也引起了有關中國土地問題的討論熱潮。首先提出這個問題的是，標榜「第三勢力」的「中國社會經濟研究會」；該會主張土地國有的理論。其後，又有「土地改革協會」的一些土地問題專家和土地行政人員如蕭錚、湯蕙蓀等，提出了「土地改革方案」。其他如費孝通等，也在大公報、經濟評論等報章雜誌上發表了文章討論這問題。連美國國務卿馬歇爾，也在美國眾議院外交委員會上，公開表示希望國民黨政府，對於中國土地問題、農民問題採取實際行動。其中，土地改革協會提出的「土地改革方案」，主張「全國農耕土地自即日起歸現耕農民所有」，惟「佃農須按土地現值的七倍，分十四年清償地價給地主後，取得所有權」。這個方案，與「農復會」在大陸數省，以及後來在台灣實施的「耕者有其田」十分相近。

一九四八年三月二十九日，美國國會通過了「一九四八援華法案」，金額高達四億美元。該法案列入了中美合作共同復興中國農村的專條，規定該美援款內撥出10％爲中國農村復興方案之經費。美國政府之目的，在解決中國不安定的農村入手，以扼止中國共產黨的「壯大」，因此中美兩國政府於該年八月五日，換文設立「中國農村復興聯合委員會」（通稱「農復會」），並於十月一日在南京成立。農復會爲中美兩國政府聯合設置之機構，由中方三人（蔣夢麟、晏陽初、沈宗瀚），美方二人（穆懿爾、貝克）共同組成委員會，由蔣夢麟任主委。

1947年中共「土地法大綱」公布後，「解放區」農民紛紛起來進行「耕者有其田」運動。

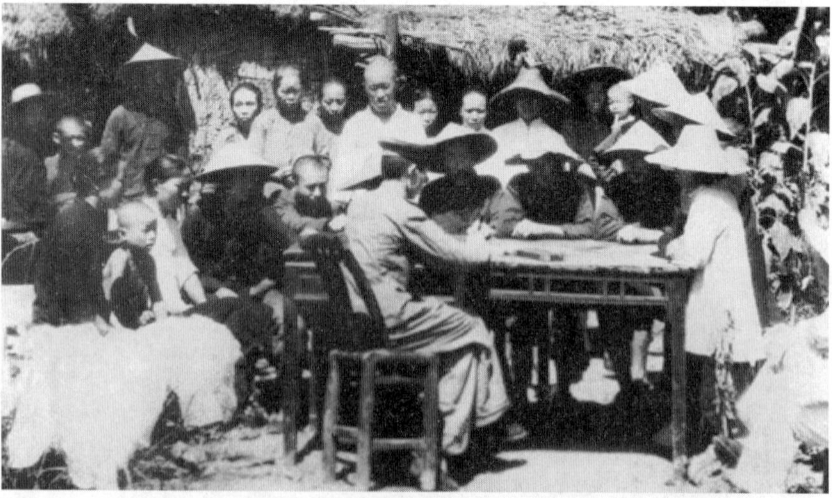

解放軍部隊和地方幹部一起，幫助農民解決土地改革中的具體問題。

農復會首任主任委員蔣夢麟先生。

農復會委員會議情形。

該會自成立迄一九四九年八月一日由廣州遷台為止，在中國大陸的福建、四川、廣西，依地方實情推行了溫和的土地改革；其內容包括減租、限田與扶植自耕農。

一、在福建閩西地區推行「扶植自耕農」。該地區內不自耕之土地由政府征收分配給佃農，征收地價為最近三年平均地租額之二倍半。

二、在四川省內一二八個縣治地區，推行減租和換訂租約。將四川原有之地租率，由百分之五十到八十，減少到百分之二十五。

三、在廣西省內推行「減租」與「限田」政策。減租工作，將佃耕地租額減至正產物年收穫總量之千分之三百七十五。並選三十個縣實施「限田」政策，將耕地分三級各設最高面積限度，超限土地，一律由政府登記征收，出售於現耕農。

在農復會於上述各地推行土地改革的同時，台灣省也展開了減租工作，其減租內容不但類似，且台灣的減租工作，也得到了農復會在台分會的協助。只不過，因內戰的快速進展，農復會在大陸的工作，在當年十月以前就不得不中斷，而由中共的「耕者有其田」取代了。遷台農復會則繼續協助推行一九五一年的「公地放領」，以及一九五三年的「耕者有其田」一系列的土地改革工作。

## 第二節　台灣的土地問題與「三七五」減租

### 台灣的土地問題——一個嚴重的考驗

一九四九年一月五日，《公論報》以〈台灣的貧富不均〉為題，對「台灣社會中層的崩潰，下層的赤貧化，而只有少數上層集中財富所有」的嚴重危機，表示憂慮並提出了警訊。該論將造成這種貧富不均現象的原因，歸結於「土地所有非常集中」的問題；接著又論列了日產接收、通貨膨脹以及財政等問題。該論特別提及：占總農戶數百分之六十的農民，只占有總耕地面積的百分之十五，而占總農戶數不及百分之三的地主，卻擁有總耕地面積的百分之五十以上，而且「在高額的佃租負擔下，一般農民的生活，也是很悲慘的」，這種土地問題，才是造成台灣貧富不均的根本原因。因此，該論認爲：「這種社會的危機，非予以迅速解除不可。」

二月十一日，該報社論又以〈台灣農民的苦況〉爲題，深入討論了占台灣人口最多數的農民所處的艱苦狀況。它一開頭便明白指出：

> 台灣的產業構成，最主要的是農業及其加工業，因此，在台灣社會裡，農民是物質財富的主要創造者，應該受到社會的尊敬和關切的。可是事實上如何呢？台灣的一般農民，目前是過著非人的悲慘生活。

其悲慘生活，已到了農民吃不到米，「許多人是啃著蕃薯和雜糧」，蔽身的衣服「襤褸不堪」，「一旦罹病，更是少有醫療的機會」。該社論又論述了許多造成農民悲慘生活的原因，最後它以這樣的一段話結尾：

> 和在中國其他各處一樣，台灣的問題，最重要的，是在如何改善農民生活及地位。以怎

樣的態度對待這個問題，是對政府的一個嚴重的考驗。

日據期以「米糖經濟」爲重心的台灣經濟結構，在光復後並沒有什麼大的改變；而且，以「租佃制」爲主的農村土地問題，也直接延續了下來。所不同者，僅爲原日本殖民者所占有的土地和產業，光復後完全由政府接收，改爲公有土地或公營事業。本來，以地主對佃農的剝削制度爲中心的台灣土地問題，在日據期已相當嚴重。光復後，解除了日本殖民者管制的地主，對佃農的直接壓迫更爲嚴厲；再加上，戰後快速的通貨膨脹以及飛漲的物價，還有地主稅捐的轉嫁等因素，使占絕大多數人口的台灣農民，在多重的壓迫下，已陷入饑寒交迫的邊緣。土地問題的改革已刻不容緩。

因此，光復後的台灣政治經濟社會問題，其重心仍在農村、農業，以及其所依存的土地問題和租佃制度。

## 台灣土地問題的實態

光復初期的台灣土地問題，其實際情況大約可由四個方面來看：

一、耕地少：台灣可耕地僅占全省總土地面積之23%左右。全省耕地面積共有八十四萬多甲，其中政府掌控的公有耕地有十八萬多甲，約占總耕地面積之21%左右，其餘約六十多萬甲爲私有耕地。而農業人口總數爲三百八十七萬餘人，占總人口的一半以上。因此，每一農業人口僅可分攤到〇・二一七甲。以總農戶六十六萬戶計，每一農戶僅可分到耕地一・二六甲。由此可見台灣農民耕地面積太小，勉強可算「小農經濟」，實際上應屬於「零細農經濟」。

二、台灣人口多：密度之高，世界上少有出其右者。一九四九年人口總數達七百三十九萬多人。人口年增率高達千分之三三・五。一九五八年，人口突破千萬，高達一千零三萬多人。

三、土地分配嚴重失調：這才是台灣土地問題的癥結。

1.台灣總戶數（約一百萬戶）的64%，僅占有全省總耕地面積之14%；而總戶數之2%，卻占有總耕地面積之36%。

2.在總農戶中：自耕農占32%，半自耕農占30%，佃農占38%。因此，半自耕農與佃農合計起來，必須租地耕種的農戶高達69%，而台灣的佃耕土地面積占耕地總面積的56%。可見得台灣總耕地的一半以上，以及近七成的農民，是在租佃制度下進行耕作的，這便是台灣土地問題的核心問題。

3.從耕地的經營規模來看：耕地五分以下的，占總農戶之25%；耕地一甲的，占20%，即台灣農戶的幾近一半（45%）其耕地面積僅有一甲以下。

4.關於土地的所有情況：擁有五分未滿耕地的農戶有42%，其占總耕地面積僅5.6%；而擁有百甲以上的大地主，其戶數僅有0.05%，其占總耕地面積竟高達13%。

從上面數據可以看出，台灣的土地占有非常集中，分配非常不公平。而且，農民的耕地規模非常零細，原本就很難維持一家溫飽；再加上絕大多數農民，是在租佃關係下耕作，在高額地租的榨取下，更是生計堪憂。

四、苛刻的租佃關係

高額地租率一般都在總收獲量的百分之五十以上；有些土地較肥沃的地區，租額甚至高達百分之六十或七十。此外，又有所謂的「鐵租」，即不顧天災人禍，年成豐歉，必須照約定租額繳付；又有

「副產物租」，即除正產物之外，佃農自身額外勤勞所得之副產物（如果、蔬、雞、豬等），亦須交付地主一定的成數。還有，就是有「預收地租」的陋規，納租多分兩期，一般第一期所納多於第二期；其他還有「押租金」、「磧地金（即保證金）」等許多額外需索。

至於租約，則多是口頭契約，少有書面依據，租期很短，一般只有一、二年；因而出現包租轉佃的現象，造成層層剝削。由於口頭契約以及租期不定，地主可任意「撤佃」、「吊佃」，爲所欲爲；佃農生活本就難以溫飽，又加上毫無租約的保障，經常生活在地主威權的陰影之下，實與現代農奴無異。

## 土地問題之外的問題

除了前述的土地問題之外，光復後的通貨膨脹物價飛漲，以及工農產品價格的剪刀差現象，再加上地主把政府的餘糧征購、隨賦征收等賦稅負擔轉嫁給農民，致使農民的負擔加劇，陷入極度貧困的狀態。農民每年的收成，除了納租付稅之外所剩無幾，大多數連僅堪裹腹的一年份糧食也不夠；許多農民不但沒有餘糧，反而缺糧而必須購買米糧或蕃薯雜糧以維生計，因而必須舉債度日。台灣農民普遍負債的現象，從日據時期即已如此，只不過光復後，此種現象不但沒有趨緩，反而日見嚴重。在這種情形下，農民只有向地主、商人、富農或亦官亦商的特殊人物借貸，因而陷入商業資本、高利貸資本盤剝的天羅地網中。農民不但受苛刻的租佃關係的壓迫，還淪爲高利貸資本榨取的對象。

另外，光復後農村又出現另一反常現象。由於光復後通貨及物價飛漲，造成城市暗息（地下錢莊利息）高於農村利息的現象，一些高利貸業者不但不願意貸放給農民，反刮盡了農村的錢，去作商品投機或集中到城市放高利貸，囤積居奇，此舉不但助長物價上漲，更加劇通貨膨脹，間接地使占人口大多數的農民，生計倍加困難。

爲解決這些土地問題或土地問題之外的問題，唯有進行土地改革。改革的途徑有二：在改進租佃制下，實行「減租」以增加農民收入，或者根本進行土地所有關係的改革，廢除「租佃制」，以實現「耕者有其田」。何者都關涉社會財富重分配的重大政治經濟變革，沒有革命的力量難竟其功。

## 前「三七五」減租

台灣光復後，行政長官公署也曾頒布了「三七五」減租的法令，但一直沒有堅決實行，連農民都很少知道有這一回事。「二二八」事件爆發後，換了美式作風的魏道明主政，就更沒有機會實施了。然而，屏東市卻是一個例外，早在一九四七年的第二期稻作起，屏東市就依「土地法」準備實施「三七五」地租了。在屏東市長何舉帆的推動，以及市參議會議長張吉甫的配合下，於一九四八年下半年由市府擬定了「三七五」法定佃租實施辦法，提經市參議會審議通過，並呈省府備案後就開始實施。經過半年的時間，克服了大大小小來自地主的阻撓，以及執行時所碰到的實際困難，到了一九四九年三月，該市按照「三七五」收租的比率已達百分之七十，其餘百分之三十仍舊繼續協調中。這個屏東市實施「三七五」減租的示範經驗，包括其法令，就直接成了陳誠擬定「三七五」減租的藍本。

陳誠於一九三九年任湖北省主席任內，曾大力推行「二五」減租。所謂二五減租與三七五減租名異實同，它先把收穫量的25%給佃農，剩餘的75%則由地主與佃農均分，結果地主所得還是千分之三百七十五。

二月四日，陳誠在慶祝農民節大會上，發表演講，第一次提到要實行「三七五減租」。其講詞大要如下：

> 要解決農民問題，最重要的是土地問題與土地增產問題。對於這兩個問題，我們決不採取暴力政策，剝削農民。我們應本中央所頒訂之土地政策去做，並首先以「三七五減租」爲著手勢力，而力求次第實現「耕者有其田」之目的，並力求增產。

講詞中，他也提及爲求增產，將盡力改善水利和肥料問題。同時，也警告糧食大戶和糧商，不要惜售糧食、囤積壟斷，這「非法律所許可」。

三月一日，陳誠召開了全省行政會議，在會議上，他再度強調本年度的施政重點，在經濟方面，以實施「三七五減租」以及「糧食增產」爲主要目標。陳誠廣泛徵詢各地方政府、民意代表、專家學者的意見，擬定了各種辦法、細則，提經省府會議通過。

## 頒布實施三七五減租

四月十四日，省政府公布了「私有耕地租用辦法」及「私有耕地租用辦法施行細則」、「省辦理私有耕地租約登記注意事項」等各種執行三七五減租的法令。陳誠還爲此而發布了「告全省同胞書」，他說：

本府爲了改善租地制度，安定農村社會，已決定推行「三七五」地租政策，並公布了「台灣省私有耕地租用辦法」，和相關法令，自本年第一期農作物收割繳租起，就要實行。

他解釋推行「三七五」地租的原因是：「過去本省私有租額太高，佃農負擔太重，生活非常困苦，對土地不能好好經營，使土地的生產力量日漸減低，生產萎縮」。而且，傳統租佃關係沒有訂立書面租約，「佃農沒有保障，少數地主常常居奇撤佃，任意提高地租，有些佃農無故抗租……所以地主和佃農間時常發生糾紛，引起農村不安」。「三七五」地租，簡單地說，就是：私有耕地地租租額不得超過正產物全收穫總量千分之三百七十五。正產物的種類，是照本省過去習慣上繳租的產品爲主。至於各地方不同田地的每年收穫總量有多少，應如何計算，是由各縣市「推行三七五地租委員會」，參照各地實情，及有關資料作公平的規定。

其他，有關業佃雙方的水租、戶稅、所得稅、餘糧收購、運費……等等的負擔，以及發生「撤佃」、「抗租」時該如何處置，都有詳細的規定。爲便利「三七五」地租的推行，省政府成立了「推行三七五地租督導委員會」負責減租之宣傳及督導工作。各縣市則分別成立「推行三七五地租委員會」，其任務爲督導、宣傳、調處糾紛、諮詢評定正產物收穫總量等。至各鄉鎮則成立分會，協助減租工作執行，業佃糾紛之初步調解等工作。

四月二十三日，省府電令各縣市，應切實推行三七五地租，「並督率所屬，共同努力，按照預定程序，積極辦理如期完成」。

農民舉手宣讀「佃農公約」的熱烈情形。

最早推行「三七五」減租的屏東市，舉行佃農大會及頒獎典禮。

## 展開「三七五」減租工作

四月二十五日，省政府分電各縣市政府推行「三七五」地租五項補充規定。其中規定「業佃雙方均應在限期內向耕地所在地鄉鎮區公所申請租約登記」，「在租約未換訂前，其有希圖取巧壓迫佃農淪爲雇農者，一經佃農檢舉，政府定予保障」。且「地主不得藉故撤佃，佃農不得無故抗租，如有不肖分子蓄意破壞從中阻撓者，定予依法嚴辦」，嚴重警告抗拒減租的地主。同一天，在省垣介壽館召開了三七五減租研習會，有各縣市有關地政人員數百人參加。研習會連續舉辦三天。該研習會原本預定在減租示範市屏東市舉行，惟陳誠極爲重視將親臨出席講話，故臨時改在省垣舉行，兼有宣示的意義。會後，各縣市分別召集基層幹部舉行講習會，予以短期訓練。

從五月到七月，三七五減租工作在全省各地如火如荼展開。工作重點包括：(1)限制租額，不得超過千分之三七五。(2)制止額外負擔，如押租金、預收地租等。(3)防止業佃糾紛，如撤佃等。(4)換訂租約。其中最重要且最繁重的工作，就是「換訂租約」，因爲這是業佃雙方履行三七五地租的唯一而有效的憑證。這工作從五月起在全省普遍展開，到六月中旬止，所有業佃租約均已登記換訂完成。在換訂租約完成的七月，也正是農村第一期稻作收成之時，「三七五減租」大大地改變了台灣農村社會的面貌。這個改變是空前的，同時也僅是將來一系列土地改革的前奏曲。

爲使換訂租約不流於形式，從七月起到九月則實施租約檢查。全省分五個區，每區由省派督導人員會同各縣市鄉鎮人員實地辦理。檢查租約有無不合規定之處，更著重於有無非法撤佃、收取黑市地租、預收地租、漏訂租約等違反減租政令的情事。

## 三七五減租的局限及其正面效果

實施減租後，租佃問題仍層出不窮，有地目等則劃定問題的糾紛，也出現黑市地租、預收地租，或者地主以威迫利誘使佃農退耕的問題。其他還有訂約糾紛、繳租糾紛等等不一而足。這些糾紛都由各縣市主辦機關依法辦理；有些無法解決者，甚至對簿公堂訴之司法，纏訟不休，佃農不堪其苦。及至一九五一年元月，立法院通過「耕地三七五減租條例」後，各縣市鄉鎮成立「租佃委員會」，專責調解調處租佃糾紛，這些問題始告解決。租佃糾紛不斷，正顯示了減租對解決土地問題的局限性，以及其過渡性，只有等待將來的「耕者有其田」，才能徹底解決土地問題。

另一方面，實施三七五減租後，也立即產生了下列正面效果：

一、農產增加、農民收益增加：因爲佃權有了保障，租額減少，激發了農民生產的熱情，大大提高了生產量。

二、佃農生活得以改善；就各縣市一般情形來看，一九四九年第一期稻作，佃農每甲所得就增加了五百六十五公斤。收入增加了，當然生活可以改善。原來靠負債過活的，可以不再告貸了；原來吃蕃薯度日的，現在可以吃飯了。

三、耕地地價下跌：減租以後，地主的收入大爲減少，多的減一半，少的也減少三分之一。使地主覺得擁有土地已漸無利可圖，減少了土地占有慾，於是逐漸把土地脫售，地價也因此大跌，平均下跌幅度達三分之一到二分之一。

四、佃農購地者急增：耕地地價下跌，不但給後來政府實施「耕者有其田」政策，提供了有利的

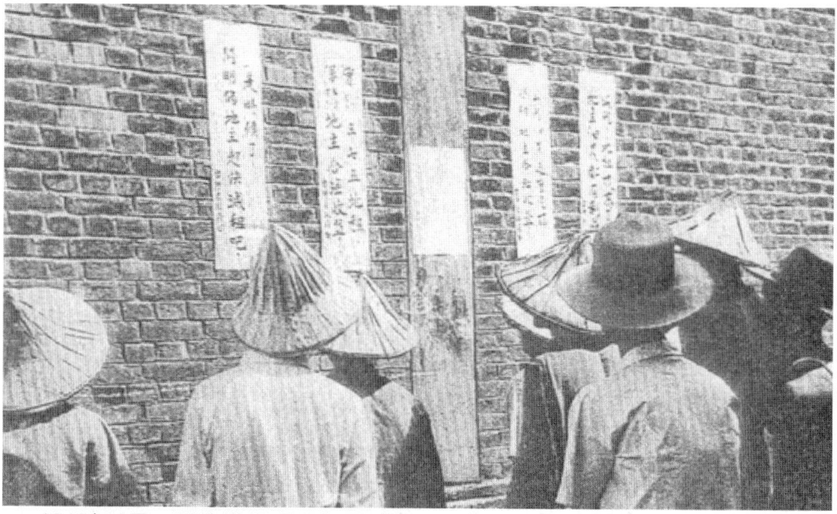

1949年4月，開始推行「三七五減租」，農民爭睹宣傳標語。左第一張標語是：「是時候了，開明的地主趕快減租吧！」

政府推行土地改革的工作人員，登門造訪農戶。

環境；也促使佃農易於購得耕地，早日成爲自耕農。

## 實施三七五減租與內戰變局的關係

促成陳誠下定決心，堅決實施三七五減租的原因，固然有其本人一貫的施政理念的作用，但是主要的原因仍然在國共內戰變局的影響。

一、爲建設反共復國基地：

陳受命主掌台灣，實受蔣之託付建設台灣爲反共復國基地。因此，台灣社會的安定和安全乃其主台的最高目標。他深知發展生產、合理分配、消除社會不平等現象，爲達到安定、安全，防止社會動亂、「共匪滲透」的重要手段；而土地問題的改革，正是一個既可消除貧富不均等社會不平等問題，更可達到糧食增產的重要基礎工作。

二、爲緊急對應內戰局勢的劇變：

從陳誠實施減租政策的時間進度來看，其正式頒布減租法令，並嚴令實施的時機，正好是國共和談將頻破裂以及南京失陷的前後。實施減租，有助於安定民心，收攬占人口多數農民心理，減低民眾對時局的恐慌，其時局對策的因素居多。

三、以「減租」來對抗中共「耕者有其田」的土地改革號召。

台灣宣導「耕者有其田」的隊伍。

## 弱體化的台灣地主階級

減租政策之所以能在短時間內順利實施，陳誠本人的堅決態度自屬原因之一，惟台灣地主階級政經力量的弱體化，更是重要的因素。台灣的地主階級，從日本戰爭總動員的經濟統制時期就已大幅弱化。光復後，經歷二二八事件，再加上大中戶餘糧收購、田賦徵實等政府的糧食、賦稅制度的沉重負擔，又更加弱體化，已沒有什麼政治經濟力量抗拒土地改革。況且，除了減租政策之外，陳誠同時也實施了出入境管理、戶口檢查、戒嚴等一系列對台灣社會的高壓軍警統治；在這樣的肅殺氣氛中已不容許任何一點反對聲音的存在。同時，挾著「耕者有其田」土改碩果的中共解放軍，已進逼京滬杭長江三角地帶；對於這種變局，台灣的地主士紳階級，亦深恐將威脅其基本利益，特別對於中共徹底的土改政策，更深覺不安，故對減租政策只有選擇妥協的態度。

六月十五日開幕的省參議會第七屆會議上，一定程度代表了台灣各地方地主士紳利益的省參議員，在民政質詢的議程中，也僅有陳文石、洪火煉、劉闊才三人，對三七五減租工作提出了簡單的質詢。其質詢內容包括：建議應增加自耕農耕地面積、佃農耕地面積亦須限制，以及盼望政府組織「業佃增產協會」等。表現了對三七五減租的合作態度。

# 第九章 「四・六」事件與反共狂潮

## 第一節 台北「三・二一事件」和南京「四・一慘案」

### 反饑餓、反迫害的校園

內戰戰火所造成的社會動盪不安，物價飛漲，物價匱乏，使全國民眾幾乎生活於饑餓邊緣。而沒有生計能力的在校學生所受的衝擊更大；學生為了解決自身經濟生活的困頓，爭取合理的待遇，一直是當時學潮的重要原因和動力。當時的駐華大使司徒雷登，在他的回憶錄中曾指出這種現象：

在一九四七年與一九四八年，通貨膨脹直線上升生活費用急劇增加的時候，學潮的增長不但起因於政治問題，而且越到後來越起因於經濟問題，為了伙食而引起的騷動，尤使學潮有了戲劇化的發展。

當時，台灣雖仍處於內戰的後方，經濟也相對安定；但全國經濟的惡化，也隨著台灣與大陸在經貿、財政、貨幣的緊密關係而衝擊台灣，同時威脅著台灣學生的生活。一九四八年春，師院學生就曾發起過提高公費待遇的「反饑餓」抗爭；其後，為了爭取合理的待遇，不時有各樣的抗議請願活動。

在四・六事件前一個多月的二月十七日，師院學生自治會召開了一次緊急會議，主要討論兩項問題：一、關於提高公費待遇和制服的問題，二、關於「許昇龍同學被便衣毆打」案。該案的起因是：師院學生許昇龍，在舊曆正月初二，被便衣警特誤認為流氓而遭毆打致傷，當時師院教授魏鏞曾目睹現場。為此案，該院代理院長謝東閔和警備總部政工處處長都列席參加會議。

會場外，校園裡的壁報欄上也貼滿了諸如「拳頭打到我們頭上來了」、「反饑餓！」等內容的標語口號。

關於許生被便衣毆打案，學生自治會提出了懲凶、賠償、道歉、保證以後不再發生類似事件等數項要求，警總政工處處長當場答應予以解決。至於關於公費待遇問題，學生也提出了每人每月配給食米三十斤、副食費提高到七十元，並趕快解決外省學生因省外匯兌停止而面臨的生活問題等，代理院長亦答應會努力解決。同時，自治會為了保證他們的各項要求得以實現，特別組織了「反饑餓反迫害處理委員會」，繼續監督諾言的兌現。其實也在同一天，台大學生自治會也因省外匯兌停止使省外學生陷入生活困境的問題，向校方提出了緊急貸款和配給足額食米給省外同學的要求。

由此可見，這時台灣學生面臨的兩大迫切問題，一是生活安定肚子吃得飽的問題，另一是軍警的迫害問題。這一點與全國各地的學生所面臨的問題一樣，而且「反饑餓、反迫害」也是他們共同的口號。另外，學生以自治會為中心，其組織化的程度已相當高，自主性和發言權也相當大；甚至出現了台大與師院聯合採取行動的徵兆。

這種台灣學生的新變化，特別在「三・二一」處理違警事件所引發的學生運動中完全展現了出來。

## 「三・二一」處理違警事件引發的學生運動

三月二十日晚九時許，一個台大學生和另外一位師院學生；因爲兩人共乘一輛腳踏車，被派出所警員看見上前取締，因而發生了肢體衝突，二人被帶到第四分局拘押，事件由此展開。十時多，師院學生得知消息，便集合了二百多位學生欲前往第四分局抗議，沿途唱歌；經過新生南路台大宿舍時，台大學生聞聲也集合加入，一時共有四、五百位學生趕往四分局，要求立即釋放被押學生，並要求總局長出面道歉。惟警察卻派一位督察長僞稱總局長欲敷衍了事，學生不滿覺得受騙，堅持要總局長親自出面。至次日凌晨三點多，事情未有結果，學生遂決定回宿舍休息，並把第四分局長和督察長一起帶回新生南路台大宿舍廣場，繼續談判。

翌（二十一）日上午八點，台大與師院學生齊集羅斯福路台大校本部集合。並選出台大王惠敏等十二名學生，和師院趙制陽等六名學生合組主席團，並派人擔任糾察隊，然後列隊浩浩蕩蕩出發到中山堂附近的台北市警總局。學生沿途高唱「團結就是力量」，高喊「警察無權打人！」「保障人身自由！」「反內戰！」「要和平！」等口號，並用粉筆在路過的車輛和警局的牆上寫上口號。途中並有許多聞訊趕來參加的學生，隊伍曾多達一千餘人。十一點多到達總局，由主席團代表學生同總局長交涉。學生提出懲凶、賠償、總局長公開和登報向受害同學道歉，並登報保證，以後不再發生類似事件等五條件。經折衝後，總局長應允接受條件；學生得到圓滿答覆後整隊返校。

突然發生千餘名大學生上街頭遊行抗議，並包圍警察局的事件，對於剛經歷過二二八事件，餘悸猶存的台灣社會民眾來說難免憂心不安。第三天，《公論報》以社論〈青年運動〉爲題，建議當局對於青年運動的合理要求應採取「同情的考慮」，而對於逾越理智的感情因素，「切不可嘗試用壓服或拆散群眾來處理這種運動」，以免「摧傷國族的元氣」，否則要求改革的爆炸力將更大。該社論也呼籲青年運動從事者，不可讓感情過分氾濫，「而招致不可控制的後果」。

然而，事件並不依《公論報》的建議和呼籲發展，而是朝相反的「不可控制的後果」的方向進行。

三月二十一日「違警事件」發生時，陳誠恰到南京述職不在台灣，故軍警並未有進一步動作。待三月二十四日陳誠到溪口謁見蔣介石並留宿一夜返台後，事件才有了進一步發展。三月二十九日恰是青年節，陳誠在紀念大會中的演講已透露出將對青年學生採取重大的政治行動；他激動地說：「如果有人對現狀不滿，覺得共產黨區域較此間安定者，我願撥付旅費，送其前往匪區……」，並指明：

「有人說有少數職業學生鼓動學生運動，出來反對政府……」

陳誠是蔣介石極親近的心腹，蔣下野前的重要政治布局之一，便是特命他獨掌台政，以鞏固對台灣的統治。在上任之初，陳誠就明言要使台灣成爲一個「復興中華民族的堡壘」，並特別強調與共黨之鬥爭，除軍事之外，政治、經濟的鬥爭更爲重要，「尤其思想，其傳播非海洋所能隔絕」；並解釋說：「余以爲今日台灣需要注意者，厥爲思想問題」。如此把思想鬥爭放在統治台灣重要位置的陳誠，當然不可能放過日愈茁壯的學生運動。

而渾然不覺的學生，在三月二十九日當晚，又在台大法學院操場舉行了慶祝青年節的營火晚會。除了台大、師院的學生之外，台北市中等學校的學生也都參加。晚會中，台大麥浪歌詠隊帶頭表演，除了唱大陸民歌之外，還帶唱大陸學運常唱的歌曲，當唱到「王大娘補缸」時，全場都盡情地扭起了秧歌。會中也成立了包括中等學校自治會在內的「台北市學生聯合會」，顯示台灣學生的自主化、組織化又有進一步的擴大。

## 南京「四・一慘案」

四月一日，爲了國共和談將正式在北平舉行，南京國府派出的以張治中、邵力子等六人的和談代表團，一早從南京飛北平。這時，南京各大專院校學生六千人，也一早齊集在南京總統府前遊行示威，提出各種針對時局的要求，包括：反徵兵、反徵糧、反美援、要求政府接受中共提出的和平八條件以實現眞正的和平、要求釋放被捕學生、重新審判日本戰犯、學生全面公費、改善學校員工待遇等等。總統府秘書長翁文灝，也出面就學生所提要求作出答覆。此時隊伍並沒有出現脫序現象，十點多遊行隊伍解散。然而，當遊行隊伍返校途中，卻遭到南京衛戍司令部指揮軍人和政工特務進行鎭壓，造成三人死亡，近兩百人受傷的慘劇，世稱「四・一慘案」。

全國人民高度矚目並熱烈期待的國共和談，在南京和平代表團出發的第一天卻發生了令人震驚的四・一慘案。這馬上引起了全國民眾的憤怒，並爆發了一連串的學生抗議浪潮。除了南京各大專學生聯合會決定無限期罷課，並舉行犧牲者追悼會外；上海的復旦、交大等校也紛紛發起罷課、罷教、要求懲凶、成立「四・一血案誌哀會」等抗議活動；遠在貴陽、漢口、廣州、福州的學生和教職員，也加入了抗議的行列，一時全國民情沸騰。

四月八日新華社關於四・一慘案的報導，以「南京政府必須表明態度，我軍渡江將予應得的懲罰」爲大標題，指責南京衛戍司令部，竟然誣稱這事件係「少數職業學生」受某方指使，進行「陰謀擾亂治安，阻礙和平」，並謊稱死傷者係學生與軍人互毆所致。四月四日的《人民日報》發表了〈南京慘案與和平談判〉的評論文，該文質問道：

> 南京慘案在此時彼地發生，使我們不能不質問南京的和平代表團：你們的政府，和在哪裡？平在哪裡？你們的團長張治中爲什麼來北平之前要到溪口去向第一號人民公敵蔣介石請示？爲什麼在你們的飛機剛在故都著陸的時候，南京的大殘殺就開始了呢？

實際上，在北平的國共和談，一開始，不管在談判桌上還是談判桌下，中共的和談代表便引「四・一慘案」質問國府代表團，使國府代表團爲之語塞；未談判便屈居下風，理不直當然就氣不壯了。四・一慘案不但使國府在和談中處於不利地位，且使國民黨統治區的學生及民眾進一步對國民政府徹底的失望，而倒向中國共產黨的新民主主義革命那一邊去。

當時的駐華大使司徒雷登，曾在事後回憶當時學生的政治傾向，他說：

> 一九四七年九月的估計，清華大學和燕京大學的學生中，有百分之九十到九十五的人不願中國赤化；可是一年之後，這個數字竟減爲百分之六十至七十，他們苦悶到竟至相信

共黨統治也不能比現狀更壞，以為至少還可以得到和平與較好的生活。

當然，這是司徒從美國立場和價值出發的評斷，自有其片面性；可是也反映了國共內戰中全國學生的一股傾向。何況，這番話是指一九四八年的情況；其後又歷經了乾坤逆轉的三大戰役，解放軍已兵陳金陵北岸的情況下，「四・一慘案」使更多本來「不願中國赤化」的學生徹底對國府絕望，轉而嚮往新民主主義革命陣營，因而加速了國府的崩潰。

## 和平日子來了，哈！

四月一日，當南京正發生四・一慘案時，台大文學院正在進行學生自治會的選舉活動。競選活動的各種議論中，一般學生都認為：「自治會要有眞正爭取和平的決心」；有人接著補充說：「所謂和平者，即大家能夠安心讀書和學習，而這個『爭取』和『安心』，有著多少年來的慘痛回味，使人感到太遙遠太惶惑了！」可見得「和平」是當時學生的最大願望，但對「和談」的時局也充滿了複雜的心情。

這種學生對和談的複雜心情的寫照，反映在下面的一則消息上。

四月一日，也就是國共和談的第一天，師院布告欄出現了用毛筆寫的「喜訊號外」：第一條是：新華社一日晨六時急電，「蔣總統已乘美齡號專機由溪口飛日本東京轉美國舊金山。中共政府決定本日中午十二時起停戰，以利和談」。

第二條是：中央社一日晨六時半急電，「行政院緊急會議通過下令各地國軍就地停戰」。

「號外」後面寫了幾個大字：「和平日子來了，哈！」一時聚集了許多同學的圍觀，爭讀這個「號外」；不料大家正看得高興時，斜裡殺出一個同學，手拿粉筆，在「號外」邊來一個「朱熹註」道：「愚人節，不要受騙！」一場空歡喜，圍觀的人帶著不沉重也不輕鬆的心情走開了。

這則刊登在四月二日《公論報》上「學府風光」欄上的報導，反映了當時學生日夜盼望的就是國共停戰，和平的日子到來，可以安心讀書，這麼一個簡單又複雜的願望。由此可知，爲什麼全國學生運動「要和平、反饑餓、反迫害」的口號，同時也是台灣學生的共同口號了。這種心情和願望，不但表現在楊逵的「和平宣言」中，也表現在國統區各地千千萬萬參與和平運動的人們的活動中。然而，國民黨內主戰的頑固派的想法，卻完全與這種心情與願望相反，這也就是爲什麼陳誠要發動四・六事件，逮捕學生和楊逵的重要原因。

## 第二節 「四・六事件」與反共狂潮

### 四月六日的大逮捕

早已準備以「整頓學風」之名整肅學生運動的陳誠當局，在南京四・一慘案發生後，又接到密報謂：台大、師院有少數學生爲響應南京四・一事件，正在秘密發動四月十日總罷課；且最近常在本省各地發現的《光明報》和《方向文叢》等帶有宣傳性質的刊物，亦係這一部分學生所秘密編印。不管這個密報眞假如何，南京四・一慘案的確震撼著台灣學生的心情。因此，陳誠從內戰戰局的變化、國共和談的進展、四・一慘案的發生，再加上最近學生各方面的急遽變化等綜合情勢的判斷，而決定提前展開大逮捕的行動。這次的政治性逮捕計畫，原本只局限在各別逮捕被列爲「少數職業學生」的範圍，以減少社會的衝擊；沒想到事機敗露，且遭到學生堅強的抵抗，以致演變成大規模的學生逮捕行動。

四月五日恰逢清明節，當天也是音樂節；省立交響樂團爲了慶祝音樂節，即日起連續三天在中山堂舉行盛大的音樂會。同時，台灣文化協進會主辦的第六屆「文化講座」，也從四月五日起在中山堂舉行連續十五次的講座；四月五日的第一場，聘請了台大教授郭廷以主講「劉銘傳與台灣」。在節慶和熱鬧的文化氣氛中，陳誠當局恐怖的逮捕行動，悄悄地展開了。

當天傍晚，首先逮捕的對象，是在「三・二一」遊行抗議活動中的師院學生代表趙制陽，以及師院前學生自治會會長周愼源。但在逮捕了周愼源行經青島西路台大宿舍前時，爲台大學生發覺而前往救援，周生伺機脫逃，致事機敗露。師院學生聞訊群情激憤，當晚集合宿舍召開緊急會議，決議採取無限期罷課，天亮後再上街頭抗議政府暴行。

秘密逮捕的事機敗露後，陳誠馬上在當晚邀集警總副總司令彭孟緝、師院代理院長謝東閔以及台大校長傅斯年到官邸密商，向校方提了出欲逮捕的二十八名學生黑名單，並著令學校迅速將這些學生拘案偵訊。晚十點，派出了大量武裝軍警兵分多路包圍學生宿舍，並在附近實施宵禁禁止出入。結果，在台大宿舍順利逮捕了三十幾位學生，而在師大宿舍則遭遇到學生激烈的抵抗，拒絕交出黑名單中的學生。學生齊集樓上用桌椅堵住樓梯堅決抵抗，齊唱「團結就是力量」鬥志激昂，然而空手抵不過武裝軍警，最後三百多位師院學生被捕，載往警備旅軍營集中，準備審訊過濾。

1949年4月7日的《公論報》，報導了前日「四・六」事件的消息。

中華民國三十八年四月七日

# 陳總司令發表談話
# 政府決心整頓學風
## 昨召集各有關機構首長舉行會議

在「四・六」事件中，下落不明的師院前學生自治會會長周慎源(右)。

## 整頓學風與懲辦「第十縱隊」

陳誠在五、六日兩天的逮捕行動中，皆親自坐鎮處理。六日，他以省警備總司令部總司令的身分發表了決心「整頓學風」的談話，他說：

> 台省學風向甚淳樸，惟近來台大及師院有少數外來學生，迭次張貼破壞秩序標語，散布鼓動風潮之傳單，甚至搗毀官署，私擅拘禁公務人員……本部為維護公共治安，保障大多數純潔青年學生起見……業將首謀者予以拘捕依法處理……

同時，他又以省主席身分，命令師院即日暫時停課，聽候整頓，所有學生一律須重新登記（師院一直到四月二十九日才復課）。次日，由省參議員、教育廳長等頭面人物組成了「師院整頓學風委員會」，指定該院訓導長劉眞任主委；並免除了謝東閔兼代院長之職，由劉眞暫代理院長。

直到四月十日，警總才對外宣布把被捕的二十七名學生，連同遭逮捕的《新生報》「橋」副刊編輯史習枚（歌雷）和《成功日報》記者黃佩璜一併移送台北地方法院檢查處。事實上，警總一直隱瞞實情；截至十日，至少仍有四十幾名的師院學生尚未被釋放。

至於，事件前後究竟有多少學生被捕且遭審訊、關押、判刑？由於當局的刻意隱瞞，各種報導前後不一致。經多方比對，大致的輪廓如下：

台大，有周自強、王耀華等十一名被逮捕、關押；而名列黑名單但逃脫者，有陳實、曹潛等十二名。

師院，有趙制陽、宋承治等十一名被捕且關押；而名列黑名單但逃脫者，有周愼源、鄭鴻溪（新任學生自治會會長）、朱商彝等三名。

其他，還有一名建國中學高中生張光直，以及成功中學高中生丘宏仁被捕遭關押。其後，還暗中陸續逮捕了不少學生。

這些被當局稱爲「少數外來職業學生」者，台大的部分，大多數是麥浪歌詠隊的成員；而師院的部分，有幾位是青年作家，有些是社團幹部，且其中有不少是本省籍學生，並非全都是如當局所稱的「外來」學生。

案發後，台大和師院的學生很快就組成了「四六事件營救委員會」，投入營救同學的工作。他們發行《營救快報》報導事件眞相，撰寫發布《告全國同胞書》等聲明文件，進行募款並慰問被捕同學，還派代表向當局進行交涉。然而，這些熱心投入營救工作的學生，許多人在後來的白色恐怖風暴中也遭到逮捕投獄的命運。與此相反的，從省參議會、省教育會到台北市家長聯合會等團體都發表附和當局的聲明；報紙輿論界，《新生報》、《中央日報》、《中華日報》等黨政機關報當然與當局同調，惟有民間的《公論報》，體恤學生說了：「對於拘捕的學生，必須依法處理，如果證據確實，觸犯刑律者，最好斟酌情形，予以自新之路。無辜之人，應從速恢復自由，毋擴大，少株連。」

在處理四・六事件中，陳誠當局一面用暴力手段逮捕學生，另一面則用懷柔的態度分次宴請了台大、師院的校長、院長和全體教授；並以省主席身分指示，要實施計畫教育，解決學生出路，配售生活必需品加發薪給以改善教職員生活等等。在社會對策上，他宣布把推行「三七五減租」列爲本年度

就讀於建國中學高中一年級時的張光直。

張光直就讀於建中高二時，在蘇薌雨家門前與父親張我軍合照。

的中心工作，且在四月二十日雷厲風行地全面掃蕩「地下錢莊」。也同在這一天，國共和談破裂，解放軍渡江，四月二十三日首都南京失守，大量軍政人員和物資南逃廣州、香港或東避台灣。爲了加緊對台灣社會的掌控，陳誠在五月一日實施了戶口大檢查。在實施大戶檢的前一天，陳誠召開了黨政軍各界的座談會，會上他以激昂的聲調指責被捕學生爲共匪的瓜牙，是「第五縱隊」的「第十縱隊」，他說：

> 故對於本省共匪瓜牙的職業學生，決心嚴予懲辦，共匪是共產國際的第五縱隊，而職業學生又爲共匪的第五縱隊，無以名之，名之「第十縱隊」，前次本省整頓學風已懲辦了不少「第十縱隊」的分子，乃最近復有少數教職員，反爲「第十縱隊」作保人……爲其說項，不是不明大義，即是別具用心。

這段威嚇式的講話已完全說明了四・六大逮捕的核心眞相，也預告了白色恐怖的狂風暴雨已籠罩台灣。

## 反共教育與思想禁錮

隨後，當局對校園的控制和學校教育的反共化也日漸嚴厲，特別到了五月二十七日上海失守後，這種趨勢更爲明顯，學校教育幾乎成了反共戰爭需要的一環。《新生報》六月二十八日的社論〈學校反共教育的實施〉，其強硬的反共主張就是一個典型的例子，該論說：

假如士兵在前方拚命，而後方還容忍中共第五縱隊和第十縱隊自由活動，成什麼話說呢？現在辦教育，就要有反共的堅強意志，……整肅學校人事還不夠，必須進一步把學校當局，教師和學生，組成一個堅強的反共戰鬥體，使每一學校都能成為一個反共的文化堡壘，能夠隨時隨地展開反共的文教鬥爭。

七月初，省府教育廳為了進一步「整頓學風」，特別頒訂了「各級學校訓導注意事項」，企圖通過進一步強化學校訓導系統，控制學生的思想和生活。該注意事項要求學校應嚴格執行訓育法及導師制的規定，切實指導學生之思想行為，規定學生寫週記，對學生壁報及課外讀物應嚴格指導和審核，並停止「學生自治會」，改行各班「級會」等等。該規定巨細靡遺地對學生的思想和生活進行管制。當時，面對台灣教育的這種禁錮化的危險趨勢，《公論報》曾著論間接予以批評。該論藉著對日本在台殖民教育的批判，暗喻當前教育的危機所在。論者說：過去日本教育底特徵，是「禁錮思想、限制知識，並無意養成公正自尊的服務精神和律己標準」，今天我們應該矯之以「心靈底解放、知識底擴充，和民主自尊風氣底養成」。惟在反共狂瀾的前面，這個教育良心的最後一聲吶喊，已經很微弱。

## 第一聲也是最後一聲的青春吶喊

實際上，像四・六事件這樣的學生逮捕事件，當時在全國各地本屬司空見慣之事，只不過在台灣卻是光復以來第一次，因而特別引起社會各方的關注。譬如，一九四八年八月十九日，在實施金圓券幣制改革的同一天，政府在全國各大都市進行了大規模拘傳「匪諜嫌疑」的學生，從北平二百五十人、南京一百七十九人、上海六十三人，一直到重慶、杭州，其他究竟還有多少人，沒人知道；而且國府逮捕學生的手法與台北四・六事件的手法如出一轍，如果再從政府所想肅清的，都是所謂「少數職業學生」的「第十縱隊」來看的話，「四・六事件」實乃國共內戰中國府對全國學生運動進行整肅的一環，只不過這已是最後的一環。而在台灣，它是光復後的第一聲也是最後一聲的青春吶喊。

抗戰勝利後，在國共內戰中，我國曾發生過五次大規模的學生運動。首先是，一九四五年的「一二・一」昆明西南聯大慘案；其次是，一九四六年十二月的「抗議美軍在華暴行運動」；第三次是，一九四七年的南京「五二〇」血案；第四次是，一九四八年六月的「反美扶日」運動；而一九四九年的南京四・一慘案，則是國府在大陸時期的最後一次學生運動。其中第二次的「抗議美軍暴行運動」，台灣的大中學生也響應發動了光復以後的第一次大規模學生遊行示威。但隔月便爆發了二二八事件，不但使初啼的台灣學生運動受到重大打擊，連台灣光復後逐漸復原的社會、政治、文化都受到嚴重的斲傷；其後，從一九四八年開始，文學、文化運動和學生運動在困難的環境中冒出新芽，但又在南京政府崩潰前夕，台灣日漸成國民黨政府反共復興基地的過程中，再度遭受整肅。

事件過後不久，《公論報》曾對這次遭四・六事件整肅的台灣學生運動，就其進步特質給予公允的評價；該報認爲運動有三方面的「進步趨勢」（當然這是指就台灣特殊的歷史條件來看），這三方面是：

一、過去頗引起人困惑的本省學生和外省學生的界限（亦即省籍問題），在學生中已不存在。

二、學生們所關心的事，已超出省界而轉移到全國的問題。

三、學生們的組織力量已到驚人的地步。

這個台灣光復後初生的青春嫩芽，在四・六事件中完全被摘除；自此，台灣的學生進入了一個長期「思想禁錮、限制知識、無意養成民主自尊風氣」的黑暗時代。

## 第三節　噤啞在「四・六」的文藝

迄今，對於「四・六」事件的論述或認識，都把它定位爲對校園學生運動的整肅事件，這基本上是對的；然而，卻並非事件的全貌。大家一直忽略了事件的另一個面向，或者說更深層次的問題。那另一個面向就是：「四・六」事件不止是對學生運動的整肅，同時也是對文學運動、文化運動的大整肅。這是大家一直沒有注意到的事實。其實，這是當時台灣省最高當局陳誠以整頓學風之名發動「四・六」事件的時候，另外一個暗中不欲人知的政治行動。因爲單從報紙的報導，很難知道其全貌。因此可以說，在「四・六」事件中噤啞的文藝，至今仍未得到應有的認識。

### 另一波對文化界的大逮捕

下面是「四・六」校園大搜捕事件的同時，另外一波分三次對文藝副刊編輯、記者、作家、報社大逮捕的經過。

首先，在四月七日《公論報》的小角落，刊載了這則消息：

> 《新生報》副刊總編輯史習枚（即「歌雷」），昨（六）日晨在懷寧街該報宿舍二樓，突被治安當局派便衣人員拘訊。又《成功日報》記者董佩璜，也於同日早上被捕。

這條消息僅出現在當時堪稱民主報紙的《公論報》上，其他報紙一概未報導。

事件過了近一星期的四月十二日，在《公論報》的同一角落又刊載了如下過期的消息：「據《大公報》十一日訊，台中軍憲當局於七日下午二時許，拘捕《新生報》台中辦事處主任兼台中市新聞記者公會理事長鍾平山，和台灣知名作家楊逵等二人。於七日下午三時乘慢車，由大批軍憲把他們送往台北。」從這報導我們可以知道，楊逵被捕是在「四・六」的第二天。

四・六事件逾一個月後，在五月十一日的《新生報》小專欄「藝文短波」上，出現了一則簡短的消息，內容是：「台中《力行報》常刊載不正確之新聞，言論荒謬，台省警備總司令部九日飭令停刊。」從這則短訊只可以知道台中的《力行報》被查封勒令停刊，其他一概不知。其實，背後有一次大逮捕行動。根據後來的歷史證言，在五月九日，《力行報》社長一位在台中警總擔任警衛團第二團團長的朋友，打了一通電話給他說有事請他來指揮部一下，到了指揮部朋友避不見面，卻有人拿出一張警總公文說：「《力行報》有問題，你不能回去了！」下午《力行報》就被關了，後來他被帶到台中警察局，裡面都是《力行報》被捕的同事。這事件除了當事者外無人知曉，事隔五十年後經文史調查才知道事實的眞相。對於這件事，楊逵在〈二二八事件前後〉的口述文中也曾提到：他在四・六事件被抓時，「《力行報》從社長到工友統統被抓去」，但一直無人知道其具體的內容。

另外，與這三次逮捕行動有關連的，就是在四月六日清晨，一位建國中學三年級學生張光直（後來成爲著名人類學家，曾任中研院副院長，他是作家張我軍的二公子）也在睡夢中被捕了。因爲他的名字被列入台大、師院學生的黑名單中，所以當時大家並未查覺。爲什麼在專對台大、師院學生的四月六日大逮捕中，又另外要單獨去帶走一位高中生呢？這只有認識到「四・六」事件除了是對台灣學生運動的整肅之外，另外還是對當時的台灣文學、文藝運動的大整肅這事實，才可瞭解其原因。

當時，歌雷（史習枚）主編的《新生報》「橋」副刊，以及楊逵在台中《力行報》主編的「新文藝」副刊，正是以「如何建設台灣新文學」爲主題的文學運動的兩大舞台；由於歌雷和楊逵積極培養年青作家，鼓勵年青作家在副刊上發表作品或參加文學討論，所以聚集了許多優秀的新一代青年作家。而高中生張光直是其中的佼佼者。雖然他的作品主要發表在也是歌雷主編的《新生報》「習作」或「學生世界」副刊上，但他在「橋」副刊的台灣文學論爭中發表的一篇重要的文章〈致陳百感先生的一封信〉，是一篇令人刮目相看的宏論。這篇論爭文用「何無感」的筆名發表，是爲了替他的國文老師「駱駝英」（羅鐵英，論爭中發表了〈論「台灣文學」諸論爭〉等重要而深刻的文章；該文以馬克斯文論全面分析檢討了台灣文學論爭）辯護的。當然，張光直在建國中學也是一個相當活躍的文藝青年，曾演過話劇，也辦過油印的同仁誌。

## 歌雷的「橋」副刊

歌雷主編的「橋」副刊創刊於一九四七年的八月一日，在「四・六」事件發生後的四月十一日，出了最後一期（二百二十三期）後終刊；前後持續了一年半以上。這期間，台灣社會正處於二二八狂風暴雨後的緘默和國共內戰的激動之中；爲了打破緘默，歌雷於一九四八年三月特別邀請了楊逵，請

文學團體「銀鈴會」成員，「橋」副刊作者籟亮（賴裕傳）在「四・六」事件倖免於難，但在後來的五〇代白色恐怖中卻遭刑殺。

當時就讀台大的孫達人（後在四・六黑名單中被捕）翻譯，發表了〈如何建立台灣新文學〉一文，因此掀起了一場長達一年多的台灣文學論戰，共有五十多篇論爭文章，四十多位作者參與。

歌雷也積極策畫「歡迎本省作家投稿」，為解決本省作家的語言障礙，還請專人特別為本省作家翻譯；他還在北、中、南舉辦作者茶會，吸引了許多本省青年新進作家熱烈投稿，成為「橋」副刊的重要作者群。譬如：中部「銀鈴會」文學社團的重要成員：朱實（朱商彝，因「四・六」發生時預知自己名列黑名單，而與當時同列黑名單的師院學生自治會主席鄭鴻溪，一同逃往大陸，輾轉流亡）、紅夢（張彥勳）、蕭翔文（淡星，本名蕭金堆，「四・六」倖免難，但當年年底卻在白色恐怖狂瀾中被捕）、籟亮（賴裕傳，「四・六」倖免難，但後來在五〇年代白色恐怖中遭處死刑）、亨人（林亨泰）、詹冰（綠炎）等。南部則有葉石濤、邱媽寅（台大學生）、施拾（以上三人皆曾在當年五〇年代白色恐怖中遭捕）、謝哲智、潛生、王溪清等。這些青年作家中許多是師院的學生，如朱實、蕭翔文等，也有是台大學生。

歌雷於一九四八年末，曾在師範學院的文藝座談會上演講，講題是〈台灣文學的方向〉，演講中他明白闡述了他的文學觀，他說：

我們對文學的態度是要求反映現實，反映人民的生活與願望……從這裡出發，我們否定了上述享樂主義及個人主義，同時，個人又與集體不相矛盾；那麼我們便可以與人民站在一起，去反映人民的悲苦哀樂。

## 台灣歌謠、台語話劇和大陸歌謠的大合唱

楊雲萍主導的「台灣文化協進會」，從一九四八年五月起即開始著手「提倡鄉土藝術、整理民間文學、徵求本省歌謠曲詞」，從事改良歌仔戲；並於該年十一月二十八日，在中山堂舉行了「歌謠演唱大會」。節目有音樂家呂泉生和劇作家陳大禹合作改編的台灣民謠及歌仔戲調，由六、七十人的混聲合唱團演唱；其中「農村酒家」更博得喝采。演唱會以台灣民謠爲主，大部分以閩南方言演唱。

同時，師院的「台語戲劇社」（擁有近兩百位同學，設有「歌謠研究會」從事本省民間歌謠之蒐研，後來還籌資出版了《龍安文藝》），演出了蔡德本改編自曹禺名劇「日出」的台語話劇「天未亮」，引起了熱烈的反應；這是從一九四六年宋非我編導的「壁」以來，第二次的台語話劇熱潮。歌雷特別在「橋」上爲「天未亮」的演出舉行了一次座談會，出席者除了師院學生朱實、鄭鴻溪等之外，作家龍瑛宗、師院教授鄭嬰也出席並發表了評論。歌雷還刊出了幾篇評論文章，甚至刊出了劇作家陳大禹創作的閩南語劇本〈台北酒家〉，以及索默創作的閩南語歌劇〈綠島小曲〉，引起了有關方言文藝、人民文藝的討論熱潮。師院學生、新進作家蕭金堆爲此在《新生報》發表了介紹台語戲劇社的文章，文中指出：「雖然一方面我們應該要獎勵大眾學習國語，不過另一方面卻也要利用大眾性的台語，來啓蒙一般大眾，使他們認識祖國文化。」對於該社團準備下鄉巡迴演出，他指出：

供給（農民）適宜的娛樂爲精神食糧，撫慰及應酬其勞苦。而且啓發他們從奴隸的觀念解脫出來，發揚民主意識。

台大學生組成的「麥浪歌詠隊」，也在這時走出校園公開演出。先在中山堂連續演出三天的「台大歌謠舞蹈晚會」後，繼續到台中、台南巡迴演出。演出的形式有齊唱、合唱、舞蹈、歌劇、民謠，內容有〈黃河大合唱〉、〈祖國大合唱〉、〈農村曲〉、〈王大娘補缸〉、〈青春舞曲〉等，以及大陸學生運動歌曲：〈團結就是力量〉、〈你是燈塔〉、〈青春戰鬥曲〉、〈光明組曲〉、〈跌倒算什麼〉等等。歌雷主編的「橋」，爲此也刊出了幾篇熱烈的回應文章，〈從「麥浪」引起的〉一文評說：「三年多來（按：指台灣光復後），多少人把人民眞正的聲音帶到這裡來？」「他們是在傳播，在耕耘，他們想把祖國各地人民眞正的聲音，廣大群眾的語言，帶到台灣來。」

〈「麥浪」舞蹈晚會觀後記〉一文更激動地說：

只有學生，只有在這個大時代的學生，才能構結出這樣的歌聲；這歌裡有血，有淚，有骨氣，有明天，相信中國只要有這歌聲存在，是不會怕任何侵略者來侵犯的。

作者接著憶念起：「兩年前的古城和那一群群的爲了爭取民主爲了反內戰，不惜一切的北平學生。」

麥浪所傳播的，其實包含著祖國大地上正受著國共內戰戰火煎熬的人民的聲音，以及爲了爭取民

台大麥浪歌詠隊隊員合影。

橋

# 原野潛奏曲

路陽

「四・六」事件中，「橋」副刊主編歌雷被捕後，副刊也於4月11日刊出223期之後停刊。

主、要和平、反內戰而走上街頭的學生的歌聲。這在就任第一天就不斷強調台灣的反共鬥爭，要注意「思想」問題的台灣最高權力者眼中，不啻是「包容共匪第五縱隊的行爲」。這樣，「四・六」事件所逮捕的台大學生，大部分是麥浪的重要成員就一點也不足爲奇了。因爲麥浪把祖國大陸人民的聲音，以及學生愛國民主運動的聲音，越過海峽的隔絕傳播到反共淨土的台灣來。逮捕麥浪的學生，就是扼止大陸人民的歌聲在台灣的傳播。

## 在楊逵「人民文學」的園地上

楊逵於一九四八年八月二日開始主編台中《力行報》（該報創刊於一九四七年十一月十二日）「新文藝」副刊，並於八月七日創刊了《台灣文學叢刊》，同時又活躍於《新生報》的「橋」副刊上。楊逵在這些文學園地上，一面論述他的人民的現實主義文學觀，且創作了不少以台灣民謠形式、運用民眾口白（台灣方言）的短詩，諷刺時局和社會不公不義的現象。另一方面，他更積極培養省籍新進青年作家（大多數也同在「橋」副刊上活躍的青年作家，如銀鈴會的成員以及葉石濤、金秋等），甚至與他們共宿指導他們寫作。幾十年後蕭金堆曾回憶當時的情形說：

在他家稻草都已露出的塌塌米房間住了一星期，他教導寫作技巧，提倡「用腳寫」。

楊逵在《力行報》「新文藝」副刊上刊出的徵稿啓事，最能表達他的文學觀，他如此寫道：

1949年2月10日，台大麥浪歌詠隊到台中演出時，楊逵在幕後安排，並組織了一場座談會。圖為該次座談會的簽名簿，由此可看出出席者有「銀鈴會」成員。

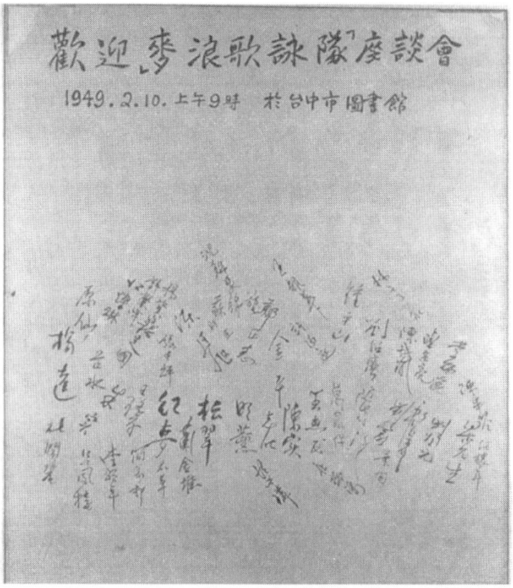

《台灣新生報》「橋」副刊主編歌雷，於1949年1月13日的「橋」副刊上，刊出了楊達作品「萌芽」，並附刊了其手繪的楊逵畫像當插畫。

1982年10月到美國訪問時的楊逵。

沒有內容的空洞美文不要。反映台灣現實，而表現著台灣人民的生活、感情、思想動向的有報告性的文字，特別歡迎。

「四・六」事件發生的前二個月，「麥浪」到台中演唱時，從場地到節目的安排全靠楊逵的支援；楊逵還特別舉行了一場「麥浪歡迎座談會」，安排台中銀鈴會的成員和麥浪的隊員交流討論，而座談的主題是〈文藝爲誰服務〉。楊逵發表在「新文藝」副刊上的〈人民的作家〉文中如此寫道：

人民的作家應該以其智識來整理人民的生活體驗，幫助人民確切地認識其生活環境與出路，而在這當中，也應該把人民的生活體驗來充實自己，追求理論與實踐的配合。

這就是楊逵人民文學觀吧！

## 人民文藝的歌聲噤啞在四月六日的清晨

可見得，台大麥浪所傳播的祖國大地人民的歌聲和廣大民眾的合唱，與楊逵、銀鈴會，甚至於和歌雷「橋」副刊上的無數作家，用文學表現「台灣人民的生活、感情與思想動向」的精神是相通的；雖然，它與「台語戲劇社」用台灣大眾的語言演戲「來啓蒙一般大眾，發揚民主意識」，在藝術形式上不同，但其感情和文藝觀卻是相同的。從更大的範圍來看，它們都與當時處於國共內戰煙硝中的全國任何一角落的學生運動、文藝運動也處於同一歷史潮流的；它們都是那個時代的共同吶喊！然而，在國共內戰形勢逆轉、首都南京危在旦夕，且又爆發「四・一慘案」的危急情勢下的陳誠，在他看來，這些都是共匪的「第十縱隊」，必須予以肅清。他在大張旗鼓地逮捕學生的同時，悄聲地撲滅了這些聲音和思想。

這些在台灣的緘默與激動交加的年代中，引頸高唱民謠民主歌曲，高聲朗讀人民詩篇的作家們，在一九四九年四月六日的清晨噤啞了！噤啞在鋪天蓋地襲來的反共狂潮中。

# 第十章
# 台灣的通貨膨脹與新台幣改革

## 第一節　通貨膨脹的洪流及其根源

### 惡性通貨膨脹的洪流

一九四八年五月初，台灣省國民大會代表余登發等二十名，到南京參加了第一屆行憲國大會議後，聯合發表了對台灣政治經濟情勢的意見，頗受到注意。該共同意見，在關於政治方面，著重於行憲後的台省地方自治的問題；關於經濟問題，則指出了光復後，台灣生產驟減、貿易停頓、通貨膨脹、物價上漲，以致台胞生計艱困、社會前途暗澹。該意見剴切地指出了台灣光復後經濟面臨的主要問題；特別是貿易停頓、通貨膨脹以及物價飛漲問題，已是當時台灣經濟的重大問題，因此引起了廣泛的討論。

到了一九四九年一月五日，陳誠接掌台政時經濟情勢更為嚴峻，他一上任馬上面臨排山倒海的惡性通貨膨脹。在陳誠廣泛徵詢各方省政意見時，台灣省參議會曾以機密方式，向陳誠遞送了「改革省政意見書」。該意見書主要建議：

一、限制台幣發行。

二、整頓公營事業。

三、裁撤非必要行政機構。

四、縣市長實行民選。

這四點意見，不但間接指出了光復以來長期存在的弊端，而且其中的前三點，更是針對當時進行中的惡性通貨膨脹風暴提出的對策。當時，台灣正處於未曾經歷過的滔滔通貨膨脹的洪流中。不但金融秩序、經濟社會秩序被沖垮，一般農民、工人、公教人員，以及商人也被淹溺得死去活來。自一九四八年八月十九日的大陸金圓券改革以來，五個月間，台幣發行額從四百五十億元膨脹到一千四百多億，足足增長了三倍，而物價則飛漲了五倍之多。特別是民食的米價，更是像直升機般急速飆漲。從一月初到二月底，短短五十天內，米價竟漲了二倍多。當時有報導說：「當上海市場上正在驚心慘叫著米價突破金圓券一萬大關時，台灣的米價已突破了台幣三十萬元關，那時台幣對金圓是二十比一，比較起來還要貴了一半，有幾天甚至有行無市，食米忽然宣告絕跡，台北市的某報，爲此刊出了大字標題『白色恐怖』……產米區的台灣，竟然出現了如此可怕的糧食問題，眞是令人扼腕而惶駭！」產米區的台灣，米價居然比上海貴了一倍，顯示了台灣的惡性通貨膨脹已摧毀了經濟的正常機能。

這問題並不是一朝一夕造成的，而是從光復後台灣作爲中國政治經濟的一特殊部分起，就已形成的政經構造。

光復後的台灣經濟，本來就一直處於不安定的混亂狀態，這當然是受到了中國政治經濟混亂的影響，而且，這種情況隨著國共內戰局勢轉劇而愈形嚴重。這種混亂狀態，到了大陸金圓券改革徹底失敗，接著三大戰役潰敗、南京上海撤守的一九四九年上半年達到了最高峰；其後，隨著新台幣改革、國府中央遷撤台灣，台灣政治經濟再度與大陸斷絕後，才稍微平息下來。要到一九五〇韓戰爆發、美國第七艦隊進入台海隔離中國內戰，並於一九五一年大量美援來台後才算安定下來。

這五年間的經濟混亂現象，集中表現在異常的通貨膨脹和物價飛漲上。據統計，五年間台幣的通貨發行量膨脹了四千零四十七倍；同時，物價平均上漲了九千六百倍之鉅。這不是一般社會所能承受的。

這期間的通貨膨脹，以金圓券改革徹底失敗大陸經濟崩潰的一九四八年末，一直到一九四九年六月十五日新台幣改革爲止的半年間，最爲猛烈，已是百分之百的惡性通貨膨脹。這半年間，舊台幣的發行額從一千四百多億元，一下膨脹到五千三百多億元，足足膨脹了三倍。這個巨量的台幣發行額，與三年之前台銀在一九四六年五月十八日第一次發行台幣的數額二十九億相比，足足膨脹了一千七百九十倍。這三年間，台灣的生產總値則僅僅增加了一倍，雖然人口增加了近四分之一，物價當然會相對上漲，結果，實際上，台灣的物價上漲倍數卻達到了天文數字，三年飛漲了一千一百多倍。單單在一九四九年的上半年，物價就上漲了十多倍，台灣經濟瀕臨崩潰邊緣，一般民眾的生活更到了難以爲繼的狀態。

## 通貨膨脹的結構性根源

台灣通貨膨脹的成因，根源於光復後的特殊政治經濟構造。這構造的本質在於：戰後國共內戰的局勢中，作爲國民黨政府特殊一省的台灣，必須配合中央政府內戰體制的需求。在這種政經關係下，台灣經濟形成了下列三種結構性問題，而這些都是通貨膨脹的根源。

一、長期間不正常的財政赤字。

二、長期對獨占性公營事業的龐大貸款。

而這兩者都要以台銀過度的信用擴張，以及不斷膨脹的通貨發行額來支撐，這就形成了通貨膨脹的內因。

三、因爲台幣與大陸幣（法幣或金圓券）的特殊匯兌關係，所造成的輸入性通貨膨脹。特別在一九四八年年底，跟著內戰戰火的向南蔓延，大陸本土的通貨膨脹以及逃難資金，就通過匯兌進入台灣。

## 政府財政赤字與通貨膨脹

光復後台灣財政的收支不平衡，其原因有二：一是，根本就稅收不足，每年稅收總額僅占總支出的百分之四十左右。另一是，對中央在台各軍政機關人員的墊支，尤其在一九四八年十一月以後，大量中央軍政機關人員的遷台，更增加了台灣財政沈重的負擔。這些巨額的財政赤字，則完全仰賴台銀的墊借款，而台銀的墊借款只有靠增加貨幣供給量，乃至乞求鈔票印刷機解決。結果導致了通貨膨脹，而通貨膨脹又進一步加深了財政赤字。台灣這種財政赤字的構造，比之當時國民黨政府中央的財政赤字的構造可說是小巫見大巫。單以一九四八年中央政府的財政赤字來看，其財稅收入根本不到總支出的三成，而不足的七成幾乎全靠中央銀行發行新鈔來彌補，「以致銀行停止了一切對私營企業的貸款，而鈔票的增發完全是爲了供政府之用」。政府巨額的可怕的財政赤字，就是惡性通貨膨脹的元凶；而造成這種政府財政和社會經濟破產的原因，應歸咎於軍事財政。國民黨政府爲了打內戰，其軍事支出占了總支出的七成，換言之，國民黨政府是透過通貨膨脹，間接向人民搜刮財富來打內戰的。這種軍事財政的構造，終於以大陸軍事慘敗的結局而崩潰結束。然而，這種構造仍隨著中央政府遷退台灣，而在台灣持續了一段時間，一直到大量美援再度進入台灣，才逐漸改善。

## 台銀對公營事業貸款與通貨膨脹

光復後國民黨政府將絕大部分的日產、日資公營化。主要分爲劃歸中央資源委員會的國營企業如台糖、台肥等，以及劃歸省政府的省營企業如台銀、三商銀、台鐵等。而這些大小的國、省營企業，幾乎等於台灣企業的全部，在台灣的總生產量中占有舉足輕重的地位。其所需要的重建資金，不管是短期運轉資金或者長期資本支出，都仰賴台灣銀行的放款。同屬省營的台灣銀行，不但是台幣的發行銀行，而且是中央銀行國庫的代理銀行；不但統一管理省府機關款項（省庫），也一手負擔起對公營企業融資的責任，可以說是台灣的小中央銀行。因此，台銀獨占了政府機構和公營企業的存放款金融業務，也占有了全省金融業務的百分之八十以上。

從台銀的存放款金額來看，就可知道其放款金額一直大於存款金額，且逐年擴大，形成了過度放款的情況。而其巨額的放款，便以增加貨幣發行額來支撐。其貸款對象幾乎全是政府機構和公營企業；對政府機構貸款一直維持總放款金額的百分之二十以上，尤其在一九四九年十二月到翌年十二月其比重甚至高達百分之五十左右，其時正是中央政府撤台軍政機關人員大量流入，政治最動盪混亂的時候。台銀除了扮演省庫的角色，還擔任了國庫的角色。台銀其他百分之七十以上的放款都流向公營事業，特別是對公營生產事業的放款更占了百分之五十左右；而其中，對台糖的放款最多也是最突出。爲了使台糖修復和恢復正常生產，台銀對台糖的融資金額占台銀貨幣發行額的比率，從第一年的百分之二十二，增大到第二年、第三年（一九四八年末）的百分之五十，可見台糖占其貸款的比重之大。

對台糖的巨額融資，一方面是因爲台灣本屬「米糖」經濟，糖業是台灣的經濟命脈，戰後恢復糖業生產其意義幾乎就等於恢復台灣的生產。另一方面，則是主管台糖的中央政府資源委員會爲全中國砂糖供給問題的政府考量；戰前中國從外國進口的砂糖每年在二、三十萬噸之間，台灣光復後則全由台灣供應。爲了維持穩定供應全中國砂糖消費，全力發展台糖的生產當然是首要的政治經濟任務。但由於官僚作風的流習，台糖管理欠佳、冗員充斥、效率低落，終年虧累，形成了嚴重的資源浪費。龐大的融資反而成了台灣通貨膨脹的要因。當時有報紙批評台糖的官僚流習說：「一個終年虧累，終年商量著外匯貸款的公司，決不可能供給主持人以廠價三千美元以上的別克汽車，而日治時代，四大製糖會社社方所有的小汽車（不是私人的）數目，必遠少於今日的台糖，但不要忘記，當時糖的產量是平均一百萬噸，而台灣銀行從來沒有低利放款」。可見得當時台糖奢靡浪費作風的嚴重程度。

這並不僅止於台糖，全體公營事業都普遍存在這種現象。各種產業經營主體的公營企業，無限制地獲得台銀的巨額長期信用低利貸款，不但獨占了全省大部分的金融資金，且管理不善無效率地浪費生產資源。台銀爲了供給公營企業巨大的貸款，和彌補政府的財政赤字，只有不斷擴張信用和發行台幣來支應，如此循環不斷就造成了嚴重的通貨膨脹。《公論報》不斷對這種嚴重的台灣經濟結構問題，爲文批判，一九四九年八月十二日題爲〈整頓資委會駐台機構〉的社論便直指：

> 在台灣，資委會的事業之如何依賴台銀放款與「吃通貨膨脹」，劉先生（按：當時行政院工商部長兼資委會負責人劉航琛）必已充分明瞭。……資委會各事業既是主要依賴通貨膨脹來「賺」「賬面」上的錢……以膨脹通貨爲手段，維持著各事業的生產。這也是本報再四再三地提出過的問題：公營事業是財政的負擔而非財產。——而所有這些虧損與補貼，最後是取償於老百姓。

這篇社論，十分明白地指出了光復後公營事業與台灣通貨膨脹的關係；但這只是台灣通貨膨脹的內因，另外一個外因，則是通過與大陸省外商品貿易或匯款所造成的匯兌通貨膨脹。

## 省外不等價貿易與通貨膨脹

光復初，行政長官公署陳儀得到中央的允許，爲了防止大陸經濟的動盪直接影響台灣，特別用法幣作爲發行準備金發行了台幣——台灣省內的流通貨幣，以與大陸的法幣區隔，形成了一個經濟的防波堤。台灣與大陸各省的貿易經濟關係，則通過台幣與法幣的匯兌關係維繫。事實上，當時的東北也發行了區域內的東北流通券；這都是因為考慮到兩地曾是日本殖民統治的特殊地區，所採行的特殊經濟制度，本立意甚佳。然而，由於國民黨政府中央的特別政策要求，卻扭曲了市場機制，在不正常的匯兌關係下，進行台灣與大陸的貿易關係，因而造成了大陸的通貨膨脹通過匯兌關係進入台灣。它可分為二種方式：

一、台幣與大陸幣（法幣與金圓券）之間的公定匯率，一直沒有反映台灣與上海兩地的實際購買力平價；亦即，台幣的幣值被低估，公定匯率大概低於實質購買力平價的30％。通過這種不等價的匯率，使台灣資源間接無償轉移大陸，造成了「匯兌通脹」，大陸的通貨膨脹間接轉移到了台灣。

二、更有甚者，在台灣的省外貿易中（主要是對上海的貿易），主要輸出品糖、米、煤等的價格，被嚴重的政策性壓低（特別是國營企業掌管的糖）；而從大陸的主要進口商品，如棉布、麵粉、大豆餅等，則依市場價格高價進口。違背了等價交換的商品規律，間接使大陸通貨膨脹輸入台灣。早在一九四八年五月八日的《公論報》社論中，就特別指摘了這種不平等現象：

> 目前台灣商品的出口，在種種「莫名其妙」的理由下，常以極低價格出售。本省米、糖、煤等大宗出產物，屢被主管當局壓制價格，盡量輸出，而一般人民生活必需之布類及其他物品，則須高價進口，而無法享受限價的恩惠，從上述情形中，我們可以瞭解，台灣與省外之間的貿易，有一種不等價的交換的現象存在。

這不等價貿易不但助長台灣的通貨膨脹，且犧牲了台灣民眾的利益。尤其是占人口大多數的農民、勞工，不但要以低價格生產，且要以高價格購買棉布以及其他省外輸入的生活用品，再加上省內高價的公營事業公共費用（如水、電、交通等費用），等於處於三重的經濟壓迫之下。

## 金圓券改革所引發的通貨膨脹

一九四八年八月十九日，國民黨政府，爲了應付法幣的惡性通貨膨脹，以及無法控制的物價飛漲，頒布了包括發行新幣金圓券以及凍結物價的「經緊急處分令」。爲了金圓券的幣制改革，不但把台糖和台紙的部分資產約五千萬美元，與其他國營企業的資產共三億美元，作爲金圓券的發行準備移交中央銀行保管，且把台幣與金圓券的匯率固定在台幣一八二五元換金圓券一元的固定匯率上。除了以台灣的公營事業資產作爲金圓券發行準備之外，還以台幣匯率去支撐金圓券的信用。這固定匯率嚴重低估了台幣的購買力平價，形成了大陸資金大量流入台灣的條件。此時，上海的物價被嚴格管制，商業性投機資金沒有去路，再加上三大戰役已開打，人心不安，北方資金南逃，上海資本家也擔心戰火終將燒過江南，因此逃避內戰動亂的資金，也紛紛尋找安全的避難所。逃避的場所除了美國、香港之外便是台灣，由於固定匯率且台幣幣值被低估，台幣成了當時最有利的投資標的，於是從一九四八年九月到十一月的三個月間，高達九百六十億台幣的巨額投機資金，從大陸湧進了台灣。其中有進行套匯的資金，也有炒作商品或放高利貸的資金。大量湧入的投機資金，使台北市的物價在三個月內暴漲了五倍之多，嚴重威脅一般民眾的生活。

另一方面，八．一九的財經緊急處分令，除了發行金圓券之外，還規定限期（九月三十日之前）收兌人民所有的黃金、白銀及外幣，逾期持有者依法沒收。這個命令公布後，一般平民百姓和公務人

1948年11月23日至29日，上海爆發爭兌黃金潮。圖為銀行門前等待兌換黃金的民衆。

通貨膨脹中上海人民列隊爭購糧食的情形。

員爲怕受罰紛紛拿出僅存的一點金、銀、外幣，到指定銀行去兌換成金圓券。將近二個月的強制兌換，政府共收兌到的黃金約值二億美元。台灣也不例外，台灣民眾把私藏的一點黃金、外幣全掏出來，拿到台銀去兌換台幣，合計金額高達一百八十億元。其數額之大，僅次於上海。因爲台銀收到的這些黃金、外幣，都交給了中央銀行作爲金圓券的發行準備。因此，這些台銀爲兌換民間黃金、外幣所發出的一百八十億元，立即流入市場，馬上增大通貨膨脹的壓力。這筆台銀爲中央銀行代墊而發出的巨款，幾乎等於當時台灣通貨發行額四百四十億元的三分之一。當時，有報紙社論批評這問題說：

> 因收買金銀外幣而膨脹的台幣，應如何設法收縮呢？……收縮的辦法，由本省當局請求中央，准許動用因收買金銀外幣，而代中央銀行所墊的金圓券資金，並由中紡等按照限價，以大量紗布及其他日用品供給本省。

## 逃難資金與通貨膨脹

一九四八年十二月，情況愈形嚴重。在這個月竟然出現了高達二千四百六十二億元的外匯入超，這個數額遠遠超過當月台幣的發行額一千四百二十億元。這筆流入的鉅額資金，其性質與前幾個月的流入資金不同。它包括：有國民黨政府各機關爲「疏散應變」的軍政資金，也有上海以紡織資本爲中心的官僚資本，更多的是逃難資金。另一方面，同十二月也有大量的撤遷物資從大陸流入，因此台灣物價居然比上個月下降了百分之八。可是，進入一九四九年一月，物價便如脫韁野馬一路飆漲，直到六月的新台幣改革才稍平息。台灣銀行爲了應付在短期內由大陸大量湧入資金的提現，不得不大量增發大額本票以應急，這無異於變相發行大鈔。因此，一時之間游資充斥，這些游資有的進入地下錢莊謀求暴利，有的搶購物資囤積居奇進行商品投機，或者放高利貸以追逐高額利差。這些利上滾利的巨額投機資金如漫天的「經濟蝗蟲」（陳誠語），競逐物資商品，使台灣物價從一九四九年一月到六月上漲了十倍；同時台幣通貨發行額從一千四百億膨脹到五千二百七十億，足足膨脹了近五倍之鉅，已到了惡性通貨膨脹的地步，台灣經濟已接近崩潰邊緣。

## 第二節　政經動盪中的新台幣改革

### 金融地下錢莊化

台幣惡性膨脹的結果，在物價上漲率大大超過通貨膨脹率的情形下，投機性的金融活動便日見猖獗，循環發展的結果，所有各種各樣的資本，均匯流入投機市場。於是地下錢莊便如雨後春筍般出現，迅速壯大到取代銀行位置，擔當著市面上資金融通的業務；因為連銀行的低利金錢也通過金融界有力人士之手大量貫流到地下錢莊。譬如當時號稱地下錢莊之王的七洋貿易，其資產就相當於台幣發行總額的五分之一。在它周圍，環繞著無數的受其節制的二、三流地下錢莊，這些二、三流地下錢莊又控制著再往下的數以千萬計的中小據點，直到一般商店也兼營地下錢莊。它又深入農村，普及到社會各階層，從農民、地主、商人到公務人員，市民、主婦為了保值或厚利，紛紛加入，使得這龐大的地下錢莊網絡，實際上成了台灣金融市場的主宰者，台灣金融市場大部分控制在地下錢莊的手裡。

新台幣改革的前幾個月，各種資本都趨歸之於投機化。當時的《今日台灣》月刊，如此描述了這種瘋狂的現象：

> 金融資本，從銀行到金庫，都以不正常的關係膨脹了信用；所有各種各樣的工商業資本，從純正的商業資本到官僚資本；所有各種各樣的游資，從地主的地租收入，工商業的利潤，官吏的宦囊，以至於其他各階層的貨幣資本或多或少的儲蓄，都從不同的方面，匯入商業資本的大流，以從事商品的投機。

這些投機資金都大量從事於囤積物資、地產投資（因爲大批高等難民紛紛跑來台灣）、走私、金融投資、高利貸、套匯或賭博。不但進一步惡化了通貨膨脹，使正常的工商業停頓，更使銀行形同虛設，銀行業務都給地下錢莊奪去了。這種現象在大陸，特別在上海，更爲嚴重；由於人心潰散，資金外逃或者流入黑市，商業銀行的存款突然減少，乃至一切業務都陷於停頓，黑市利率高達300％，甚至連中央銀行都感到缺乏現鈔。銀行業在金融上、經濟上的作用完全喪失，貨幣市場終於在上海失守後分崩離析，徹底崩潰；這終將導致政治、社會道德，最後是軍事上的土崩瓦解。

四月二十日，恰是國共和談破裂，解放軍過江的那一天，陳誠大肆取締了包括七洋貿易在內的十七家大型地下錢莊。陳誠稱此行動爲「與惡勢力及投機分子鬥爭之開始」，也是其「肅奸」行動之一部分；而其他「肅奸行動」則包括：「四六」事件、「入境管理」、「五一總戶檢」以及「戒嚴」。自取締地下錢莊後，市面銀根奇緊，掀起了一片倒風；人心恐慌激動，許多人因爲錢被倒而致家庭失

地下錢莊倒閉後引發倒風，到處擠滿了討債者。

和，有些人幾至自殺。倒閉的行號裡擠滿了人，眼淚、詛咒與怒號混成一片。這景象與南京、上海相繼失陷，大批國民黨軍政人員和逃難人潮的倉皇熙攘，一起構成了一九四九年的動亂圖。

## 日益加重的「復興基地」角色

繼南京易手後，上海也在不到一個月的時間失守。失去上海，對國民黨政府而言是再一次致命的打擊，不但喪失了經濟命脈，也喪失了富庶的江南。對台灣來說，上海失守等於斷絕了與中國大陸的經濟貿易關係，亦即喪失了光復以來主要的對外貿易窗口；對於先天就仰賴進出口貿易的台灣經濟而言，更是嚴重的衝擊。這意謂台灣光復以來以上海爲中心的對大陸經貿結構將要結束，如何重新建立新的對外貿易，將是下一階段台灣經濟的重要課題。

只剩下東南、華南、西南版圖的國民黨政府，把重要的中央軍政機關、人員、物資以及金銀外幣全部撤遷台灣；以台灣爲「復興基地」，圖謀反攻。這使台灣的政治、經濟、貿易、社會結構面臨了新的轉換。

就在上海完全失守的五月二十七日，台灣省財政廳廳長嚴家淦報告了到廣州（行政院）洽公的結果。其要點如下：

一、外匯管理將由央行授權台銀，使台銀可直接管理外匯。

二、關於進出口及外匯運用，中央答允給本省就地制宜。

三、本省對中央在台機構之代墊付款之撥還問題，中樞已答應將政府存台物資、黃金或外匯或國稅收入，作抵清償。

四、央行允委託台銀代理國庫事宜，今後本省之稅收均須繳在台銀，並由台銀依國庫支付命令，支付中央駐台機構。

## 運用外匯、財政、中央物資、美援的自主權

由此報告可知，在內戰的新變局下，台灣經濟進入了新階段。首先，台灣省獲得了對外貿易，以及外匯管理的自主權，這是過去從未有的。其次，中央清償了過去台省龐大的財政代墊款，今後不再替中央代墊，這可改善不少台灣的財政赤字；且今後台銀開始代理國庫、省庫業務，使台灣的財政稅收均得到相當的自主權。除此之外，國民黨中央授權陳誠於五月三十日成立「台灣區生產事業管理委

員會」，統一管理在台灣的國營、省營事業；同日，又成立了「台灣省中央在台物資處理委員會」，負責統一清查處理中央物資供應局、中央信託局、中央銀行以及聯勤總部駐台指揮所，等機關運台的龐大物資，並由陳誠任主委全權處理。台灣省獲得了對國營事業和中央運台物資的完全管理處理權限，這更大大增強了台灣省的經濟自主權。

六月二日，又成立了「台灣省美援聯合會」，該會由下列各單位所組成：美國經濟合作署中國分署台灣辦事處、行政院美援運用委員會台灣辦事處、農復會台灣辦事處、省府財政廳、建設廳等。陳誠通過該委員會統合運用因上海失陷後，逐漸轉運到台灣的美援物資。其實，在南京陷落後，美國援華物資就有近三分之一轉運台灣；上海陷落後，行政院美援運用委員會機構，有一部分遷台，運存在台灣的美軍剩餘物資五萬噸，都配售予本省的公營事業各工廠；而且四萬噸的美援肥料也都陸續運台。因國民黨軍隊在大陸的失利，使「一九四八年援華法案」所剩餘的七千五百萬美元，後來都陸續用在台灣。

台灣逐步扮演了國民黨「復興基地」的角色，這是一個沈重的角色。

## 國庫運台金銀的謎底

早在一九四八年十月二日，央行總裁俞鴻鈞就得到蔣介石的指示，開始準備將央行國庫黃金轉運台灣儲存。十二月一日，共有純金二百萬零四千四百五十九市兩（約六十二公噸），分裝成七百七十四箱，裝上五百噸的海關緝私艦「海星」號，在海軍「美朋」艦的隨行護航下，秘密運往台灣。接著，又分別運出二次，一次是黃金五十七萬兩，另一次是銀元四百萬枚（一百二十噸）。

央行國庫黃金運抵台灣，圖為央行人員檢視安裝金條的木桶。

依據《黃金檔案》一書作者吳興鏞先生蒐集各方資料比對整理後的結果：當時黃金、白銀以及外幣運台，前後共有三批次。一九四八年十二月的三次屬第一批，第二批是以「預支軍費」的名目，將黃金九十九萬兩、白銀一億三千萬兩（大約三千八百多噸）、外匯七千萬美元，從一九四九年一月十日開始，分多次由軍艦、民艦或軍機先送到廈門鼓浪嶼，後再轉運台灣。參與者除聯勤總部預算財務署署長吳慶嵩外，還有財政部長徐堪、央行總裁俞鴻鈞，以及蔣經國等。蔣經國在其《危急存亡之秋》日記中的二月十日，曾記道：「中央銀行金銀之轉運安全地帶；是一個重要的工作。……直至今日，始能將大部分金銀運存台灣和廈門，上海只留二十萬兩黃金」。可見得，在蔣介石「引退」之前，已將大部分黃金轉運台廈，央行國庫僅留二十萬兩黃金，以及一大堆早已大貶得一文不值的金圓券。

第三批是在上海失守的五月十八日到二十七日之間，由京滬杭警備總司令湯恩伯負責搬運。共計有黃金二十萬兩，純銀一千餘萬兩（三百噸），由軍艦及商船運往台灣。

粗估先後運台黃金總計有四百萬餘兩，銀元三千四百萬枚（九百二十噸），純銀共一億一千餘萬兩（三千三百餘噸），以及外匯七千萬美元。

另外，依照美國對華白皮書的記載，四月六日美大使司徒雷登指國民政府尚存有三億美元之金銀外匯。代理總統李宗仁的回憶錄，也指出：庫存黃金爲三百九十萬盎士，外匯七千萬美元和價值七千萬美元的白銀，各項總計約在美金五億元上下。另據六月二十六日《公論報》報導：在廣州就任財長兼央行總裁的徐堪報告，目前在台黃金有二百七十萬兩，除八十萬兩留充新台幣基金外，其餘一百九十萬兩全部撥作戰費及新幣制改革方案實施之準備金，而存台外幣美金有三千萬元。依常理判斷，或許徐堪說的是實話，因爲當時遷運儲存的地方除了台灣之外還有廈門鼓浪嶼（當然，後來也陸續轉運台灣）；而且後來也有一部分再運回上海，作爲抑制通貨膨脹向市場拋售之用；況且，據報導，激烈的內戰每月所需軍費要花掉一千萬美元之鉅，依此估算半年就要耗盡三億美元的庫存。因此，一九四九年遷台金銀外匯，總計起來數量雖龐大，但從戰爭耗費的流量來看，剩餘量就不這麼多。

總之，遷台金銀外匯，除了撥出八十萬兩黃金留充發行新台幣的準備金，又另撥借一千萬美金，以備台灣進出口貿易的運用之外，其餘大多數應該都用於龐大的軍事開銷，或者用在國民黨政府最艱困時期的財政收支平衡上。由此觀之，也可說：這批金銀外幣，是國民黨政府從一九四九年到一九五一年生死存亡時刻的「救命錢」。後來，蔣經國也曾這樣說過：「政府在搬遷來台的初期，如果沒有這批黃金來彌補財政和經濟情形，早已不堪設想了，那裡還有今天這樣穩定的局面？」

## 重大的轉折——新台幣改革

面對史無前例的惡性通貨膨脹，陳誠雖施了鐵腕掃蕩地下錢莊，但僅治了標並未治到本；雖然台銀也開設了黃金存款儲蓄，欲借此吸收游資，但仍成效不彰。在惡性通脹最厲害的五月，省參議會忍不住通過了一項議案，要求中央准將存台黃金以及物資交給台銀運用或拋售，充作省方代墊中央機關的經費，以免再刺激台幣膨脹。且報紙新聞也多次報導：台幣將改革的傳說甚囂塵上，疏運來台黃金將撥充改革幣制的現金準備等等。這時金圓劵對台幣匯率已達二千元比一；從一九四八年八一九發行到一九四九年五月，金圓劵足足貶了三百六十七萬倍，已形同廢紙。而此時在廣州的中央政府也還未建立新幣制。在上海失守後，新的政經形勢下，作為復興基地的台灣，發行新幣已是救亡圖存的唯一手段。

台幣改革要動用到運台金銀作發行準備，這沒有得到蔣介石的首肯是萬萬不可能實現的。自蔣於五月十七日飛馬公，二十六日轉駐高雄壽山後，即已擬定台灣防守計畫。六月三日台幣改革計畫已定，且發行準備的黃金已經撥定，計畫已在秘密中推動。

六月十四日夜，從廣州趕來的財政部長徐堪，會同省財政廳長嚴家淦、台銀總經理瞿荊洲，徹夜在燈火通明的省府四樓開會研商。守候在省府的記者群，已嗅到不尋常的氣氛，或將有重大的決定。一直到深夜會議方才結束，省府新聞處處長吳錫澤向記者群說的第一句話就是：發行新台幣兩億元，一元換舊台幣四萬元。聽到這消息的記者們也不禁欣欣自喜道：今後我們的生活水準可以提高了。對於

舊台幣1946年5月20日至1949年6月15日期間的台灣通貨。

新台幣，自1949年6月15日開始發行使用至今。

這個重大的改革消息，第二天（六月十五日）各大報都以頭條消息刊出。

這次新台幣改革，有下列幾個特點：

一、從中央國庫存台黃金中，撥八十萬兩黃金，折合美金四千四百萬元，作爲發行準備；另撥借美金一千萬元，以備進出口貿易的運用。可說是百分之一百一十的準備。

二、新台幣係與美金聯繫，以美金爲計算標準，其匯率爲新台幣五元折合美金一元。且不再與大陸幣聯繫。

三、新台幣對舊台幣的換算爲，舊台幣四萬元折合新台幣一元。到本年底以前都可兌換。

四、新台幣發行總額爲二億元。先發行票面一元、五元、十元三種新台幣。

五、新台幣得在省內透過黃金儲蓄兌換黃金實物；在省外得透過進出口貿易，兌換所有外幣。

其中，最大的特點在於：新台幣與美元聯繫，同時切斷了與大陸幣的連動關係。顯示台灣再度脫離了大陸金融貿易圈，這也是國共內戰形勢所然。台灣將來只有發展國際貿易，而所謂的國際貿易，結果不得不走與日本重建貿易關係的老路。發行新台幣是一個轉捩點，是台灣戰後金融、貿易、經濟體制的重要起點。

在新台幣改革之前，台省在外貿、財稅以及生產事業和物資管理方面獲得了相當大的自主權，又採取了強力取締地下錢莊、發行黃金存款儲蓄等金融措施，奠定了新幣制改革的良好條件。再加上有巨額國庫黃金外匯保證的十足發行準備，且改革工作都在極機密的方式下進行，保密工作做得很好，沒有事前洩露情事，所採措施又合情合理平易近人，因此發行十分平順，市場反應良好。

新台幣發行後，首先，黃金價格急遽下瀉；到了月底，黃金市面價格與台銀公定價格相接近，使各銀樓的營業一落千丈。同時銀元價格日跌，原本在舊幣通脹期間，物價飛漲，大家爲了保持幣值，紛紛把台幣換銀元，因此「銀牛」生意興隆，市內各處叮噹之聲不絕於耳，如今銀元慘跌，於是「銀牛黨」紛紛改行，警察也毋須爲取締「銀牛」而傷腦筋了。金鈔價格（美金、港幣等）最爲穩定，匯價切合實際，因此對輸出有利。物價反應尚稱平穩，惟蔬菜、魚、肉等食料品漲勢顯著，且鐵公路局等公共費用都漲價，使一般商品亦藉口漲價。但是，一直到一九四九年底台北市零售物價指數，基本上維持平穩狀態。可稱爲「小康局面」，一年來苦於幣值日跌的台灣民眾，終於可以鬆一口氣。

新台幣改革阻止了大陸國統區通貨膨脹波及台灣，穩定了台灣的金融財政。然而，由於大陸市場的斷絕喪失，新的替代的外部市場又還未建立，致使市場萎縮以及生產低下，經濟停滯是此後的新問題。因此，新市場的開闢以及貿易的擴充成爲當務之急，這與新台幣價值之維持亦有密切的關係。特別是，今後台灣在盡其「復興基地」的角色任務上，軍事財政的負擔只會加重而不會減輕，如果生產力沒有隨之增加，對外貿易沒有擴展，財政收支就難以平衡，很可能又落入以增發鈔票來支撐財政赤字的陷阱中。

# 第十一章
# 蔣從台灣「復出」「重振大業」

## 第一節　狼狽和恐怖的上海撤退

### 搶運、拋棄和逃命

上海戰役的尾聲，在搶運了包括二十萬兩以上的黃金、一千餘萬兩的白銀以及一千五百餘艘船的機器設備、車輛、布匹糧油等物資後，蔣介石於五月二十五日下令上海總撤退。為保存實力，蔣命令湯恩伯將守軍撤往舟山、台灣；命令要旨說：上海時機緊迫，船隻缺乏，部隊中的重武器、馬匹、車輛加以徹底破壞，或投入黃埔江中，決不能留給「共匪」，所有各級運輸部隊及雜勤人員一律留置現地，優先撤退戰鬥指揮人員。實際上，能夠上船的大多是蔣的嫡系部隊。於是，殘兵敗軍和逃難人潮擠滿了吳淞口碼頭，爭先恐後地搶登上船，只要上船不管到哪裡都好，逃命為先。

曾任國民黨第五十四軍（陳誠嫡系部隊，軍長闕漢騫）第八師師長的施有仁，記述了當時潰逃台灣的狼狽情形。

國民黨軍倉促撤退時，丟棄在黃埔江邊的化學迫擊砲。

由於解放軍砲彈已經打到碼頭附近，開車的司機和押車人員都把車輛丟了，趕著上船逃命去了。我到船邊一看，我們的部隊還沒上多少，而船倒被亂七八糟的人擠滿了，棧橋上都無法擠上去，我還是由人從舷旁扶上去的。分配我們乘坐的船是個排水三千噸的貨船，事前就裝了二千噸的麵粉，結果我們的部隊僅上了一千多人。

經過二天的航程，到達基隆上岸時，由於該部隊屬陳誠嫡系，因此：

陳誠聽說我們撤到基隆，就發動台北市的紳商到碼頭上進行慰問歡迎，一時敲鑼打鼓，各色標語飛揚，場面很夠熱鬧。但是對照我們這些丟盔拋甲，七零八落的殘兵敗將，更顯得寒傖難看，自己當時看到這情景，誠如芒刺在背，確有啼笑皆非之感。

當時在第五十二軍二九六師任代理參謀長的王楚英，後來回憶了五月二十六日最後撤出原地，在深夜碼頭撤軍的悽慘狀況：

一些國民黨「要人」，喪盡天良，不顧重傷官兵的生命和安全，把他們拋棄在碼頭上，任人踐踏；卻派武裝士兵把自己的親友和私人財物，強行裝船逃台。碼頭上人山人海，擁擠得水泄不通，人們或從別人的頭上向船上爬去，或用槍桿撞開人牆硬衝上船；有的人被擠下江去，有的人被擠倒在地而踏死。有些上不了船的官兵，氣得在碼頭向船上開槍掃射，還用六〇砲向船上打，以洩憤怒；船上的人開槍還擊，自相殘殺……。

乘「太湖」號軍艦逃離上海到舟山定海的湯恩伯，於五月二十八日召集了從上海逃到定海的各軍、師長的會議，傳達了蔣介石的新命令，將京滬杭逃出的殘兵敗將，重新編成防衛舟山、福建、台灣的兵力。其要旨如下：

一、江蘇省主席兼第一綏靖區司令官，指揮殘部駐守嵊泗和岱山島地區。

二、浙江省主席周岩駐守舟山島及周圍島嶼。兩省統歸石覺指揮，設法收容由大陸逃出的官兵。

三、派陳大慶、毛森分赴浙、閩沿海島嶼組織地方反共武裝力量。

四、吳淞要塞部隊與廈門要塞合併；京滬杭警備總司令部暫改爲國防部廈門指揮所，由湯恩伯擔任主任；立即開赴廈門，指揮並整頓逃達福建龍岩、漳州、泉州地區的部隊。

五、其餘第12、21軍等七個軍的殘部、機關、物資全部啓航開赴台灣，向台灣警備總司令部報到受其指揮。

由此可知，蔣下令從上海撤退保存的殘軍力量，經重整後，一部分駐守舟山，大部分再轉撤到台灣由陳誠指揮；而由湯恩伯領導的京滬杭警備總司令部則直接移往廈門，固守台灣的大門廈門島。

## 「功在黨國」的屠殺

上海戰打得最激烈的五月二十日凌晨，在上海閘北公園的荒地上，槍殺了十五名包括一位「中國國民黨革命委員會」上海市委在內的「中共地下黨員」。其中有一名二十三歲的交通大學學生史霄文，一個月前，他才剛剛加入新民主主義青年團，不是共產黨員，只不過是一個活躍的學聯幹部，卻被以「共產黨」的罪名犧牲了青春的生命。在他犧牲前的最後一則日記，記載著千萬青年學生都同樣寫過的勵志銘，其內容如下：

本學期必須做到：

一、每周必須觀劇一次。

二、至少投稿一次。

三、不作無益的娛樂。

四、不得罪任何一個人，用最緩和的方式指出別人的錯誤。

五、每日臨睡及起身前默念：我應該有政治家的風度，宗教家的誠意，革命家的勇氣，科學家的思想，文學家的情緒。

六、以至誠對待每一個人，犧牲小我。

七、不有意去獵取愛情。

一個純眞的青年，就犧牲在反共歇斯里底的上海警局長毛森手中。

第二天（五月二十一日）午後六時，上海市警局分別在上海最繁華的三處鬧區（南京路大新公司門口、西藏路大世界前、林森中路陝西南路口），公開處決了六名「要犯」；他們都被五花大綁，背後插上「銀圓犯」、「竊盜犯」的高牌，在眾人的圍觀下遭處決。其實，六名「要犯」中的張權是國民黨黨軍的砲兵中將，李錫佑亦是國民黨軍的將軍，因「起義」事機洩露被捕，而遭此羞辱性的處決。

後來，曾被命令協助搶運上海物資的保密局第五處處長郭旭，事後回憶說：十月二十一日，他於廣州失陷後經香港逃到台灣，翌日，保密局局長毛人鳳邀他到家吃晚飯，適原上海警察局局長毛森也同席。席間，毛森向毛人鳳匯報了上海撤退的情形，毛森得意地說：

> 上海撤退前，共逮捕了有嫌疑的人犯三千多人，臨走前，除釋放了一千多人之外，殺了一千三百多人。

說到此，毛人鳳和同席的馬志超、葉翔之、潘其武、郭旭，都舉杯慰勞毛森，嘉勉其「功在黨國」。

5月21日，上海市警憲在上海市最熱鬧的市中心，當衆處決了「要犯」。

1949年5月，上海閘北公園裡，國民黨警憲正在處決「要犯」。大學生史霄文就在這裡結束了青春的生命。

## 第二節　從台灣爲中心的東南沿海「復出」

### 一切從台灣開始

上海大潰退的五月二十六日，將介石倉皇移往高雄壽山，終於來到了在他「引退」前數月即已苦心布局的台灣。從一九四八年十一月起，首先，他源源不斷地搬來了國庫的黃金外幣和龐大的物資、武器，並任命陳誠爲首的親信及侍從掌控島內政治；後來，從空軍、海軍總部到特務機關也都先後撤來台灣。最後，上海大撤退又帶來了最後一批黃金、物資和部隊。使蔣在這八個月間精心策畫的，國民黨政府命脈的大挪移，基本上已完成。蔣介石的到來，意謂國府命脈大挪移的主人到來，台灣已名副其實成了國府「反共復國的基地」。此後半年，蔣在這個基地之島上，憑恃著龐大的金銀外幣和國民黨總裁的威權，指揮著大陸殘存的半壁江山。

這個結果，當然是蔣原先就構想的一部分，只是萬萬沒想到會來得這麼快。其實，四月底離開溪口後的蔣，在他的內戰構想中，第一步是先移往福州鼓嶺，第二步才遷往廈門鼓浪嶼，台灣只是最後一艘「救生艇」。但是，出乎他意料之外的，湯恩伯領導的京滬杭大軍，一遇到解放軍，不但潰不成軍，還在解放軍的猛烈追殲下，一個月之內，就從長江防線一潰一千五百里，棄盔曳甲地逃到贛東和閩西南。解放軍乘勢入閩，一夕間福建成了前線。蔣只有放棄先遷往福州、廈門的打算，而從上海提前退居到台灣這個最後的「救生艇」來。

來到台灣的蔣介石，開始復出，直接指揮軍政大事；首先，他著手擬訂防守和治理台灣的計劃，授命陳誠進一步整頓台灣成反共堡壘。同時，以國民黨總裁身分到廣州成立了「中央非常委員會」，取得了國府的最高政治領導權；復在台北成立「總裁辦公室」和「革命實踐研究院」，總攬內戰軍政大權，撇開代理總統李宗仁，直接指揮大陸殘局。

上海戰役後的國民黨軍隊，面對解放軍的攻勢，大致形成了一個「Z」字形的防線。從西北的陝南漢中，到四川外緣的鄂西湘西，再從衡陽、贛州到福州廈門沿海。西北是馬家軍和胡宗南集團；防守鄂西湘西的是宋希濂兵團；防守衡陽、贛州的是華中軍政長官白崇禧集團；而福廈防線主要是由朱紹良、湯恩伯指揮的在京滬杭戰役中逃闖的殘兵敗將。總共構成了西北、西南、華中華南及東南的四大戰線。從六月一直到十二月初，半年間，戰局是在這「Z」字形防線上的潰退，以及這四大戰區的先後喪失中演變的。重大戰局的演變順序是：八月贛州、福州失守，使華中、東南防線出現裂口；接著，在九月，西北的寧夏、綏遠、青海、新疆相繼易幟，且衡陽失守，華中戰線開始崩潰；十月十五日廣州陷落、十月十七日廈門遭攻克。至此，西北、華中華南、東南盡失，僅剩下以四川爲中心的西南，不久也於十二月初被插上了五星紅旗。

## 台灣「復興基地化」的重大措施

蔣介石移居台灣後的一星期，就對台灣的政治經濟作了幾個重大的決定。先是授命陳誠設立「台灣區生產事業管理委員會」，由台灣省方統一管理在台的國營及公營事業；其次，成立「台灣省中央在台物資處理委員會」，統一處理中央各機關的撤台物資；又成立「台灣省美援聯合會」，將各美援機構統合在一起，以便有效執行來台美援。更重要的是，蔣介石親自答應撥付國庫存台黃金八十萬兩作爲發行新台幣的準備金，使新台幣改革得以順利進行。其他如台灣對外貿易及外匯運用的自主權，中央歸還龐大的原台灣省代墊中央機關的經費等等。這些重大措施，沒有蔣的首肯是萬萬做不到的。

接著爲了厲行「肅清奸宄」「安定社會」，亦即蔣所說的爲了「政治防疫工作」，六月一日下午一時，在台北馬場町響起了台灣白色恐怖的第一槍；處決了李濟深領導的「國民黨革命委員會」在台灣的海軍聯絡員方錚（二十六歲，廣西人），以及政治組長何立人（三十六歲，山東人）二人。「四六事件」後，對所謂「職業學生」的搜捕行動從未間斷；蔣來台後，所謂「整頓學風」的行動更是雷厲風行，陳誠在六月二十一日的省參議會第一屆第七次大會閉幕致詞上，就以嚴厲的口氣警告說：

> 必須統一意志，集中力量，徹底剷除擾亂本省治安，危害本省同胞的赤色細菌，要知道縱容敵人，就是毀滅自己。

同一天，蔣氏父子在高雄召集了來台的各路特務系統與治安系統的負責人，「商討情報機構之統一和重建」，成立了「政治行動委員會」，確立了對台特務統治的基礎。

經過一星期強力的經濟「集中化」和政治「安全化」行動後，台灣正式進入了「反共復興基地」的時代。就如蔣於六月二十日透過駐日代表團向盟總麥克阿瑟所說的：

> 台灣很可能在短期內成爲中國反共力量之新的政治希望，因爲台灣迄無共黨力量之滲入，而且其地理的位置使今後「政治防疫」工作亦較易徹底成功。

六月以後，蔣介石以台灣「復興基地」爲中心，開始策動指揮大陸的大Z字形防線，並構築北自長山島、經舟山群島、金廈兩島到海南島的沿海島嶼防線，企圖長期抵抗中共解放軍的進攻；使中國問題國際化，並等待「第三世界爆發」，美國援助到來，把美國與自己綁在一起反共。

## 對上海等解放區的封港、封鎖轟炸

六月九日，國民黨空軍對上海龍華機場進行了大轟炸，海軍對上海吳淞港內外進行布雷，企圖對上海進行封港；以海空軍的絕對優勢打擊解放區的經濟、生活。致使世界第四大港的上海對外航運陷於痲痺狀態，中外船舶皆不敢進出黃埔江口，對外貿易趨於停頓，嚴重影響上海的工商活動。接著，行政院於六月二十日對外宣布封鎖上海等大陸沿海中共占領各地港口，並從六月二十六日起實施。接著連日轟炸了上海火車站、造船廠、橋樑，使上海對外鐵路交通全部中斷。但是，對於國民黨政府封鎖解放區港口的行動，英國美國先後提出覆文，拒絕承認「封港」禁令爲「合法」。英國政府的態度特別強硬，並表示不惜以武力護航，因爲英國商船「安其色斯」號，在黃埔江遭到國民黨空軍的轟炸，而且國民黨海軍也砲擊了埃及貨輪，檢查後始放行。各國對此舉甚表震驚，因爲這損害了英美等西方各國在中國的利益。七月三日，新上任的閻錫山再三表示，對封鎖「共區」港口政策決嚴格執行，絕不因任何外力而有所變更。爲阻斷上海對外界交通，國民黨飛機三次轟炸上海，包括電話設備，及船塢機場均予轟炸。爲了加強封鎖、截斷解放區海上交通，國民黨政府還命令海軍可以擊沉、檢查沿海任何船隻。

這些執行轟炸任務的國民黨空軍飛機，絕大多數是從定海機場出動的。定海屬浙江省寧波外海的小島，蔣「引退」溪口後，立即命蔣經國督促空軍總部，日夜趕工按時完成定海機場的修建工程，不得拖延。蔣經常詢問機場的工程進度，後來催得更緊，幾乎每隔一天都要催促，直到機場全部峻工爲止。這表明蔣當時已作了退守沿海以台灣爲反共基地的計劃，而定海不但是保衛台灣的前線，反攻大陸的跳板，更是以優勢空軍轟炸解放區，配合各防線作戰的最佳基地。在上海戰打得最激烈之時，蔣即乘巨輪「靜江輪」「遁世遠引」於舟山諸島的山海之間，一面巡視定海爲中心的舟山要勢，一面指揮上海戰役全局。上海潰敗時，湯恩伯就是率領殘兵敗將倉促逃到定海。蔣早在五月二十五日下令撤退軍隊以保存有生力量之時，就乘「江靜輪」先抵達舟山群島的金塘島，並登金塘普陀山，揮毫仿寫古人一聯詩句：

海到盡處天作岸
山無絕頂我爲峰

反映了他當時遁落「天涯海角」的心境。蔣也曾一再表示「甚願在定海與普陀作常駐之計」，而且也大力經營定海爲反攻跳板，布署大軍、海空軍在此。移居台灣後，曾三度往返定海親自指揮作戰。

一九五〇年五月十日，蔣不得不下令從舟山撤退，十七日解放軍攻占舟山；自此，蔣依托舟山對滬杭寧三角地帶的封鎖轟炸作戰，以及以舟山爲跳板的反攻大陸計劃才徹底破滅。

七月，國防部亦積極組織「敵後游擊戰」，並頒定了騷擾解放區的「反共救國方案」；在解放區

舟山群島形勢圖。國民黨海軍以此封鎖上海，空軍以此轟炸京滬杭地區。一時曾為蔣「反攻大陸」的跳板。

設游擊政府，一律稱「人民反共自衛救國軍」，自求生存不准撤退，國軍殘部應參加該區的「人民反共自衛救國軍」。

## 鞏固東南根據地

在上海戰役勝負已定的五月十九日，蔣就命蔣經國從馬公飛赴福州，與福建省主席兼福州綏靖總署主任朱紹良見面，討論防衛福州計畫。此時，蔣介石已計畫在上海保衛戰失敗後，下一步棋就是福州防衛戰。五月二十四日，蔣介石再度命其子蔣經國飛福州，與朱紹良洽商有關構築福州防禦工事的問題。也就在這前後，中共毛主席、中央軍委於五月二十三日電示第三野戰軍：「你們應當迅速準備提早入閩，爭取六、七兩月內占領福州、泉州、漳州及其他要求，並準備相機奪取廈門，入閩部隊只待上海解決，即可出動。」五月二十七日中午，上海戰役甫告結束，葉飛率領的第十兵團就接到三野首長電示：十兵團全部進行入閩準備。於是解放軍第十兵團團部及所屬三個軍，即集結於蘇州、常熟、嘉興一帶休整，進行入閩的各項準備工作。

由此顯示，上海戰役進入尾聲時，毛、蔣都已同時開始布署下一階段的福州、廈門攻防戰，第二階段的東南戰役戰火已經點燃。在這時候，五月十七日武漢易手，接著二十日西安撤守、二十三日南昌陷落，國民黨軍隊在華中、西北戰線連連潰敗。對蔣介石來說，福州、廈門的保衛戰不但與華中、西南、西北戰線息息相關；更重要的是，它是解放軍進入台灣的大門，福廈不保台灣將完全暴露在解放軍的攻勢之下，蔣及其追隨者的最後「救生艇」將岌岌可危。

包括台灣在內的江蘇、浙江、福建、一般稱為東南地區，是蔣政權的根據地；因此蔣特別重視這個地區。蔣「引退」前後，首先將黃金、物資挪移台、廈，故宮國寶及檔案文獻亦隨之搬運來台，並任命其親信、侍從分任東南地區各省軍政要員；如先後任命陳誠擔任台灣省主席、朱紹良爲福建省主席、周岩取代陳儀爲浙江省主席、丁治磐充任江蘇省主席，並設立京滬杭警備總司令部由湯恩伯總綰長江三角洲作戰。京滬杭作戰潰退後，湯恩伯退守廈門，蔣命其警衛室主任石祖德爲廈門警備司令（此職位後由毛森接任），並任命其親信侍從施覺民爲福州市警察局長，與朱紹良共同防衛福州。

蔣特別重視東南沿海地區，除了前述的地緣關係之外，還有在戰略上，這地區能充分發揮其對解放軍的海、空軍優勢，能憑恃海洋阻擋解放軍的陸戰優勢。另外，蔣還有更大的政略規畫，亦即以堅守東南沿海，特別是固守台灣，尋求與等待美國在東西冷戰中西太平反共聯盟的出現，以爭取美國的援助反共。

其實，這種以臨海依靠美國反共的想法，早在一九四八年底，大陸政軍經要員紛紛避難台灣之時，已很普遍。當時就有人喊出「抗日靠山，戡亂靠海」的說法，意思是指靠海才有安全，才會得到美國的保護與援助，特別是對台灣而言。

六月上旬，正在休整準備入閩的葉飛十兵團，先派遣一個先遣隊進抵福建的建甌，同當地游擊隊聯繫，了解當地情況，整修公路並籌措糧秣；此時，解放軍二野劉伯承一個軍也先占領了閩北的南平。對於解放軍的入閩動向，蔣經國六月十六日的日記記載了其悲觀的心情：「贛南及福州的軍事情況，已日漸緊張，匪軍可能於短期內南犯，我軍之頹勢已難挽回，無法阻止匪之進攻」。蔣介石於六月二十四日在台北召開了東南區軍事會議，並決定在台灣成立「總裁辦公室」後，於七月九日搭「美齡」號專機飛往福州，在福州南郊空軍補給站召集了全福建團以上的軍官，召開福州軍事會議。會議的目的在鼓勵士氣收攬人心，督促朱紹良加緊築構防禦工事堅守福州；還有，整編逃閩部隊與調整裝備，並解決福建地方與中央駐軍以及駐軍首長之間的矛盾。蔣在會議上的訓話，先表示自己是以國民黨總裁身分來和大家見面，和大家共安危，接著他說：

大家應知道台灣將是黨國的復興基地，它的地位的重要性異於尋常。比方台灣是頭顱，福建就是手足，沒有福建即無以確保台灣，……今後大家要樹立雄心壯志，和共匪頑強鬥下去，最遲到明年春，世界反共聯軍就會和我們一道驅逐赤俄勢力，清除赤色恐怖。

當天下午，蔣搭原機經平潭島返回台北。

這是蔣避居台灣再復出後，首次飛大陸直接召開軍事會議，部署作戰。

## 第三節　總攬政治最高領導權

### 雷大雨小的「太平洋反共聯盟」（訪菲、韓）

從召開福州軍事會議起，蔣便密集地進行一系列的大政治行動。七月十日先飛菲律賓，與菲總統季里諾會談，商談籌組太平洋反共大聯盟；接著，於十四日飛廣州召開國民黨中常會，新設立「非常委員會」，取得國民黨的最高政治領導權；返途前往廈門召開軍事會議，於二十四日返抵基隆。二十六日，在台北成立「革命實踐研究院」，準備長期培養「革命幹部」；八月一日，在台北成立「總裁

空軍再奏膚功
廣泛炸轟浙閩匪
掃射南京下關站

政院政務會議通過
陳誠任東南長官
轄區爲蘇浙閩臺瓊五省

西南長官轄區
加強軍民合作

1949年7月19日的《台灣新生報》內容一角。記載了國民黨空軍轟炸、掃射京、浙、閩的情形，以及陳誠任東南長官的消息。

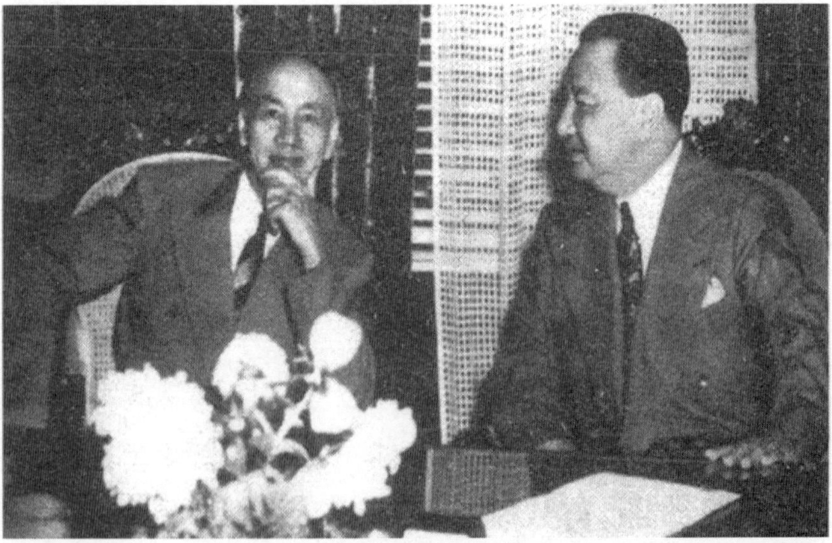

1949年7月10、11日，蔣飛菲律賓馬尼拉，在碧瑤與菲總統季里諾商談組織「太平洋聯盟」。

蔣介石訪菲，在菲國宴中與菲總統季里諾舉杯互祝。（中國國民黨黨史館提供）

菲律賓碧瑤會談。右起：王世杰、菲財長白魯沙、季里諾總統、蔣介石、陳質平大使、黃少谷。

辦公室」，作爲發號施令的指揮台。

七月十日上午清早，蔣從台北松山機場搭「美齡」號專機直飛馬尼拉，後轉搭二引擎飛機逕飛碧瑤，與菲總統季里諾會晤。蔣季會談二小時後，發表之公告稱：蔣係以私人資格訪問菲律賓。兩人大部分時間係交換有關中菲兩國之局勢及兩國經濟合作問題，對於建立更密切之友誼關係與保衛東方之民主俱有共同之信念。十一日，蔣季繼續會談後，發表了聯合聲明，其重點謂：

> 考慮今日各國獨立自由所面臨共黨威脅之嚴重，余等認爲此等國家應立即組成聯盟，藉以達到休戚相關，互相援助，以抵制並消除共黨威脅之目的，初步會議已決定，凡有意參加組織此一聯盟之此等國家之代表，應儘速舉行會議，籌劃有關此一聯盟之崇高目的。

雖然省府機關報《新生報》，以「中菲領袖獲致協議，組織太平洋聯盟」的大標題報導，其實，從聯合聲明內容來看，完全沒有組織「太平洋聯盟」的字樣，只表示期望組成一個抵制、消除共黨威脅的聯盟。七月十二日蔣飛回台南，入行館休息。

八月三日，蔣原定於該日應韓國總統李承晚的邀請，搭「中美」號專機直飛韓國，促成「太平洋反共聯盟」，但因故臨時改變計畫，改搭較小型的「天雄」號先飛舟山定海視察。蔣一下飛機，即召見周岩、丁治磐等守將，指示：「舟山戰略目標在封鎖襲擾大陸沿海，窒息共區經濟，掩護台灣側翼安全，並等待國際情勢變化，伺機反攻長江下游」。因爲恰逢北韓軍進攻南韓，韓國戰事爆發，漢城北八十五哩處發生激戰，故蔣暫停留定海，巡視舟山防禦工事，並乘船往普陀山重遊故景。八月六日，

蔣介石訪韓與李承晚夫婦合影。（中國國民黨黨史館提供）

蔣從定海直飛南韓南部海港鎮海，當晚住進鎮海海軍司令部，第二天，與南韓總統李承晚進行會談，八日上午發表聯合聲明後，蔣即搭機直飛台灣松山機場，該聯合聲明主要表示：

> 吾人對於季里諾總統及蔣總裁於本年七月十二日在碧瑤所發聯合聲明中，關於聯盟之主張，完全表示同意。吾人更進而同意，應請菲律賓總統採取一切必要步驟，以促成上述聯盟之實現。爲此吾人現正敦促季里諾總統於最短期間，在碧瑤召集一預備會議，以擬定關於聯盟之各項具體辦法。

此時，美國已經決定以大量美援援助南韓，南北韓進入準戰爭狀態。日本也開始採取積極反共的政策，緊急動員二百萬義務消防員充當警察，增強警察力量，並撤銷了左翼的鐵路局工會領袖的職務。美國國務卿艾契遜在五月底與英大使就遠東政策進行磋商時，曾表示：在遠東設定一條界線，大約從日本起，經過琉球台灣、菲律賓、印尼、馬來亞、暹羅和緬甸各地，抵制中共不得超過這條界限。這些亞洲遠東的新反共動向，特別是艾契遜的遠東防共島嶼線的發言，正符合蔣介石長期以來的夢想；借助國際反共力量，特別是美國的反共援助，以進行反共內戰大業。七月二十三日美國會通過批准了「大西洋公約」，八月二十四日「大西洋公約」生效。這更使蔣急切地也想在亞洲搞一個反共聯盟，以拖美國下水。七月十九日，蔣正在廣州著手創設「非常委員會」，籌畫華南政局、保衛廣州的軍事計劃時，接到了南韓總統李承晚的邀請電。蔣大喜望外，在接見美國駐華公使克拉克時，語帶興奮地明告之：

因美國不肯積極負起領導遠東之責任，我等不得不自動起而聯盟耳。

然而，蔣的「太平洋反共聯盟」的夢想做的太早了，因爲美國國務院還在等待中國內戰的「塵埃落定」呢！美國還在期望中國共產黨不走反美親蘇的路線，不是眞正的共產主義者，而只是一個土地改革者和民族主義者。因此，蔣熱中推動的「太平洋反共聯盟」只是「雷大雨小」。據九月五日《中國新聞》雜誌的報導：

菲季里諾訪美後，在白宮觸了霉頭，已轉變口氣，將「太平洋反共聯盟」縮小爲「東南亞聯盟」。主持草擬聯盟的（菲外長）羅慕洛，也改口不再提「太平洋反共聯盟」……

季里諾於八月底更在碧瑤說：「余在七月間，並未對蔣氏作任何的保證」……其實，在八月五日，當蔣正意氣風發的準備從定海飛韓時，美國發表了《美國對華白皮書》，這等於是一份美政府對蔣領導的國民黨政府的清算書，對蔣而言，是一次沉重的打擊。這也意謂著，美國已否決了蔣企圖組織「太平洋反共聯盟」的行動。美國清楚地表明了這種態度，菲韓會違背美國的意旨嗎？

## 「束手無策」的閻錫山「戰鬥內閣」

上海戰後，在廣州的行政院長何應欽提出了辭呈，五月三十日正式辭職。李宗仁向國民黨中常會提出居正繼任行政院長獲准，但在立法院以一票之差未能通過；後來李宗仁不得不提名閻錫山，於六月三日獲立院通過，自此李宗仁的權力大大被削弱。閻於通過任命的第二天，六月四日，就從廣州飛台灣高雄晉謁蔣介石，蔣「手擬了當前政府應取之政策及用人行政八項」，與閻商談並約了主管金銀的俞鴻鈞等來見。次日，閻再飛回廣州。六月七日，閻決定政府疏散辦法，大量裁遣人員，各單位按編制遣散三分之二，留用人員十分之七將遷赴重慶，十分之三在穗辦公。六月十二日，閻組成新內閣，宣稱此爲「戰鬥內閣」。然而四天後，閻就覺得有「束手無策，坐以待斃」的感覺；十二天後，他在日記中道出：「到了廣州以後，才知道國事已不像以前，黨內的派系之爭，整個成了『樂其所以亡』的局面」。七月二日，閻內閣公布「改革幣制令」，宣布發行銀元券，改銀本位制，允許銀元與銀元券同時流通。銀元券僅發行二千五百萬元。四日，廣州中央銀行公布銀元換黃金、外幣的價格：一美元合一點五銀元，一市兩黃金合七十五銀元。在發布銀元券前一晚，有七架飛機從香港運載了二十噸白銀到已撤退重慶的中央財政部。此時，總統府及中央各機關已有重要文件遷撤四川重慶，並有一部分人開始在重慶辦公，可說已「分地辦公」。

然而，蔣介石在台灣牢牢掌握著「錢」與「兵」，使廣州政府一籌莫展。單單以財政收支來看：廣州政府每月須支出軍費三千萬銀元，政費一千五百萬銀元，合計四千五百萬銀元。但國庫收入，每月僅一千萬銀元，不足之數，每月高達三千五百萬銀元；中央銀行國庫黃金外幣早被搬到台灣，蔣又只同意每月自台灣庫存中支取一千二百萬銀元，因此財政虧空嚴重，幾無以爲繼。因此銀元券很快就變成金圓券第二，通貨膨脹一瀉千里。致使各地拒收銀元券，各路大軍軍糧無法補給。通貨膨脹幾成了解放軍的「開路先鋒」。且廣州國防部都聽命於蔣，蔣居台灣調兵遣將，遙控大陸戰局。廣州政府沒「兵」沒「錢」，怪不得連宣稱「戰鬥內閣」的行政院長閻錫山，也會自嘆「束手無策」。這使廣州政府徒具外表，實乃與「橡皮圖章」無異。即便如此，只要還有兵還有錢，不管是蔣介石還是李宗仁，都還要這個「橡皮圖章」，好以「效命黨國」的名分發號施令。

六月十六日、二十六日連續兩次，李宗仁和閻錫山聯名發電，堅請蔣赴穗「主持危局」。蔣內心自有盤算，深知「主持危局」也者，實乃要兵要錢；故回以「擬於短期內處理鎖事完畢，決定行事另電奉告」。在台灣布署穩當後，蔣的下一步打算，便是在國民黨內設立「非常委員會」，以黨領政，以黨領軍。並透過國民黨改革方案，重新改造國民黨成「總裁」的黨，重攬政治領導權。七月十四日上午十時，也就是訪菲後第三天，蔣在毫無「另電奉告」的情形下，由台南搭「中美」號專機飛抵廣州。蔣毫無預告的突然蒞穗，使廣州政壇忙亂一團。當時，國民黨的中常會、中政會正在開會，且閻行政院長正在講話中，蔣出人意表地突然出現在會場，使會議不得不中斷。其實，蔣的蒞穗行程，只

蔣介石與閻錫山在溪口妙高台合影。（中國國民黨黨史館提供）

是沒預告廣州方面，人在重慶的西南軍政長官張群以及在台的國民黨中執委雷震、谷正綱等人，早已獲告且同日先後飛抵了廣州。

## 設立「非常委員會」總攬政治領導權

蔣住進廣州東山梅花村三十二號的粵系首領陳濟棠公館。原本冷清的公館突然布滿崗哨警衛，李宗仁、閻錫山等匆匆來謁。當日和次日，蔣、李、閻三人數度闢室密商，討論保衛華南以及設立「非常委員會」的組織、人事問題。十五日下午，蔣在行館舉行了國民黨中常委的談話會。

十六日，經國民黨中常會決議設置「中央非常委員會」，代行原中央政治委員會之職權，成爲該黨對政治問題之最高決策機構。該委員會由十二位委員組成，蔣介石任主席，李宗仁擔任副主席。總會設在廣州，另設東南、西南兩分會，由蔣心腹陳誠、張群分別任分會主席。事實上，「非常委員會」已成爲最高的「作戰內閣」，而蔣介石已取得國民黨最高政治機構的領導權。蔣已完全復出，掌握黨政軍大權；總統府和行政院的實權再度被大幅削弱，幾乎成了一個擺設，一個表面的橡皮圖章，被玩弄在蔣的股掌之間。當天下午，舉行了「非常委員會」的第一次會議，討論閻錫山的「扭轉時局方案」；蔣則報告訪菲情況，並提出全力保衛廣州及「黨務改造方案」。

十七日，蔣終日接見廣州軍政要員。白崇禧也由長沙飛廣州，先與李宗仁見面後，再赴黃埔見蔣。而國民黨執監委聯席會議，正開會縝密商討由台北草山會議提出的「國民黨改革方案」。

十八日，國民黨中常會決議接受蔣提出的「國民黨改革方案」。預定一週內成立「改造籌備委員

1949年7月16日，蔣介石以總裁身分，主持「非常委員會」第一次會議。蔣左手邊第一人為李宗仁。(中國國民黨黨史館提供)

1949年7月9日，蔣介石到福州召集福建團級以上軍官，召開福州軍事會議。(中國國民黨黨史館提供)

會」，準備發動大規模的清黨運動，對投機朽腐的舊分子予以清除，對於反共的新分子予以吸收，以增加新生力量。實際上，在大陸戰場兵退如山倒的局勢下，根本沒法貫徹，改革方案徒成具文，倒是給予蔣更大的權力，在台北成立「總裁辦公室」、「革命實踐研究院」。同一天，行政院政務會議通過設置「東南軍政長官公署」，統轄蘇、浙、閩、台四省；並任命陳誠為行政長官，公署地點設在台灣。這項任命，早在六月二十四日蔣在台北召開東南軍事會議的時候已決定，只不過行政院予以追認而已。但是由於蔣李鬥法，東南軍政公署本來應在七月中就成立，一直遲至八月十五日方才正式成立。

二十二日，蔣從黃埔搭「華聯輪」離開廣州駛往廈門；次日抵廈門，下榻鼓浪嶼；這是蔣把部分金銀移藏之地，也是蔣曾想避居的勝地。二十三日，蔣召見湯恩伯和福建省主席朱紹良，並召集閩南各軍師級以上軍官開軍事會議，討論防衛漳、廈、金地區，要求不惜代價死守金廈，「作長期保衛東南之計，並藉以鞏固台灣」。

二十四日，蔣搭華聯輪在軍艦護航下返抵基隆。二十六日，在台北草山成立了「革命實踐研究院」，蔣自任院長（後由陳誠代理院長）；以此作為培養忠貞幹部的機構。八月一日，在台北草山成立了「總裁辦公室」。

辦公室分研究及事務兩大部分。秘書部下轄黨政、新聞、研究、秘書，秘書主任由黃少谷擔任；事務部下轄軍事、情報、警衛、總務，事務部由俞濟時擔任。每組工作人員最多五人，另外有一設計委員會。

雖然它對外宣稱，此為一蔣總裁私人的辦事機構，僅有少數人辦事；實際上，它不但有不少人辦事，且集合了蔣最核心的幕僚，是蔣日後發號施令的總部。

東南軍政長官公署成立

東南軍政長官公署轄區地圖

東南軍政長官公署外觀

長官陳誠將軍

副長官林蔚將軍

政府為統一東南軍政指揮，加强反共力量起見，特設立東南軍政長官公署，轄區為蘇浙閩臺四省，公署地點設在臺灣省省會臺北市，已於八月十五日正式成立。為避免機構重複，臺省警備總司令部於同日撤銷。長官一職由臺省主席陳誠將軍兼任，副長官由林蔚將軍擔任，參謀長由張秉鈞中將擔任。

「八一四」空軍節（右：周至柔總司令致詞　左：陳誠參加檢閱）

《台灣新生報》圖文報導。1949年8月15日，東南軍政長官公署成立，陳誠任東南軍政長官，統轄蘇、浙、閩、台四省軍政。公署設在台北市。

蔣介石偕同蔣經國遊阿里山。在三代木前合影。

革命實踐研究院大禮堂外觀。

李宗仁於7月27日飛抵台北受到陳誠的盛大歡迎(左上圖)，蔣介石還親往松山機場接李到蔣行館休息(左下圖)。29日，李在台北賓館設宴招待台灣各界人士(上圖)。

## 華中戰線告急，李宗仁來台「要兵」

七月二十三日，解放軍四野分別占領了長沙東北方的岳陽和東南方的萍鄉、醴陵。長沙市危急，軍、官、商、民紛紛南逃；白崇禧的華中戰線告急。這自然威脅到華南廣州的安危；在軍事上主要依靠白崇禧武裝力量的李宗仁，火急萬分，非盡全力支援不可。李宗仁遂於二十六日乘天雄號專機飛衡陽，與白崇禧晤談；接著飛福州，受到福建省主席朱紹良的熱烈歡迎，並與朱討論福建的緊迫戰局。二十七日下午，李飛抵台北受到更隆重的歡迎。以陳誠帶頭的一千多位在台中央黨政軍首長及台灣各界代表，齊集松山機場歡迎；蔣介石也親自到松山機場接機，且用專車載李到蔣的行館休息，狀似親密。次日，台灣各界在中山堂舉辦了光復以來第三次的盛大歡迎會。二十九日，李宗仁在台北賓館舉行了盛大的茶會，招待各界人士七百餘人，爲省垣台北空前的盛會。遷聚台灣的黨、政、軍、文各界全數與會，包括：中央委員九十九人、立監委及國代近五百人以及中央各軍政機關首長；台省方面有：台省政府、參議會及黨部人員、駐台領事、報社代表以及民眾團體等。

一直到三十日離台之前，李宗仁共與蔣密會五次之多；且有二晚夜宿市郊的「總裁行館」，與蔣竟夕長談。其晤談時間超過李蔣之間的任何一次會面。其實，在熱烈盛大歡迎的表面下，蔣李正進行著險惡的爭鬥。在華中戰場危急，廣州政府面臨解放軍威脅，保衛華南、廣州急如星火之際，李親自來台，其目的就是來台向蔣要錢要兵。李要求蔣增派兵力支援贛南粵東北，以保衛廣州，並要求任命白崇禧爲國防部長，使其可實際調兵遣將，使廣州政府有力抵抗解放軍壓境；但都遭蔣的拒絕。因爲蔣絕不會讓桂系執掌兵權，進行桂粵聯合反蔣；更不可能增調東南兵力去保衛華南，而造成桂粵聯合。

三十日，蔣親自乘黑色轎車到台北賓館迎李宗仁到松山機場，送李搭乘有空中霸王之稱的「追雲」號回廣州。三日間，李雖受到蔣史無前例的盛大迎送，卻無法在蔣手中得到絲毫的援助。李為華中戰場和廣州安危親自來台要兵要錢之旅，可說敗興而歸。此時，白崇禧已退守衡陽，廣州人心浮動。

次日，國民黨機關報《中央日報》報導了廣州政府部分疏運重慶，「分地辦公」的消息。該消息透露，中央機關疏運人員將分空路、水路和陸路三方面，從八月一日起向重慶疏運。

## 第四節　兩航空公司轉飛北平

十月底廣州失守，廣州中央政府解體後，人心思變，國府已呈分崩離析的樣相。再加上國庫空虛，外匯短絀，連駐外大使館好幾個月的薪水都發不出來；十一月七日，駐法大使館上下首舉叛旗，宣布脫離國民政府，轉而支持人民共和國。

接著，在十一月九日，發生了大規模和影響鉅大的集體轉向「起義」事件。中國航空公司總經理劉敬宜和中央航空公司總經理陳卓林等人，率領二十一架兩航空公司的飛機飛往北平；並帶著該公司重要器材和機密文件，且有許多該公司高級職員隨行。該兩公司留下七十架飛機和資材、零件、設備、資金在香港，但動彈不得，再加上港英政府的態度曖昧，國府的龐大資產遲早會變色。

兩航空公司轉向後，只剩四架飛機在昆明，四架在台北；使台灣、香港、海南、西南之間的交通陷入麻痺，往來完全斷絕，這給危在旦夕的國民政府再一次致命的打擊。各線航空交通均呈停頓狀態，滯留在香港想來台灣和想到重慶、昆明的旅客非常多，台北東京間的航空也停頓，台北機場冷落，想去香港的旅客只有改搭輪船。就在此時，港英政府開始限制國人入境，規定從台灣、海南到香港的旅客要有入境證，以香港爲中繼的往來更爲困難。

原本不受重視的漆有CAT字樣的陳納德「民航隊」，開始奇貨可居。二十六架「民航隊」的飛機，取代了中航、央航的任務，於十二月十日起飛台、港、瓊、昆、蓉各線。同時，英商的香港航空公司，也被准許飛台港航線。

十二月十六日，留港民航機隊共有十六架，全部遷來台灣。因擔心英國將承認中共，港英可能吊銷其執照，使飛機不能行動。

# 第十二章
# 半壁江山覆亡的一百二十天

當蔣介石正風塵樸樸地整編殘部，並積極構築其「復出」的舞台之時，更大一波摧毀國民黨在大陸殘存統治的進攻力量，正排山倒海而來。

八月一日，當蔣忙著在台北成立「總裁辦公室」之時，仍在南京的美國駐華大使館宣布，司徒雷登大使將飛返華府。大使館即移設廣州，由廣州辦事處公使銜參贊克拉克擔任駐華代辦。在這之前數日，美英政府已通知撤僑。

八月五日，當蔣興緻沖沖地準備飛赴南韓，串連組織「太平洋反共聯盟」前夕，美國政府發表了「白皮書」，全面暴露並譴責了蔣領導的國民政府的腐敗與無能。這大大震撼了國民黨文武百官的信心，加劇人心浮動，加速分崩離析。對此，蔣在日記中感慨地稱之爲「中國最大的國恥」。在此前後，美國還不斷宣傳台灣地位未定論、台灣託管論，並設法阻止蔣來台，甚至企圖在台灣扶植取代蔣的政治力量。這也威脅著蔣在台灣「復興基地」的統治基礎。

七月十六日，中共中央軍委會下達進軍華南、西南的戰略部署。指示對白崇禧的作戰方法「應採取遠距離包抄迂迴的辦法，方能掌握主動」。八月四日，長沙綏靖公署主任兼湖南省主席程潛，以及第一兵團司令、華中軍政長官公署副長官兼新任湖南省主席陳明仁，率部易幟，使湖南省會長沙「和平解放」。接著，二人發布「告湖南民眾書」，宣布：「現在我們已經根據中共提示的國內和平條款，在長沙成立和平協議，正式宣布脫離廣州政府，使湖南獲得和平的解放，藉以減輕人民痛苦、避免地方糜爛」。次日，解放軍四野先頭部隊和平進駐長沙，湖南門戶洞開，直逼兩廣；這對國民黨政府又是一個沉重的打擊。

此刻，解放軍第二、三、四野戰軍，分三路同時向國民黨軍的衡陽——贛州——福州防線進軍，不到十天，軍事重鎮贛州在八月十四日被攻占；十七日，蔣介石視為第二上海防線的福州亦告陷落，台灣門戶被撞開了一道。衡、贛、福防線開始崩潰，使華中、東南四省（湖南、江西、福建、廣東）告急。廣州國民黨中央政府開始加緊疏散重慶，廣州美領事館於八月二十四日關閉。同日，由於雲南省政局不安，蘭州陷落，共軍將南下四川，致使西南政局不穩，蔣不得不入川坐鎮。

從九月到十月，陸續爆發了西北的寧夏戰役、華中的衡寶戰役和東南的漳廈戰役。九月十九日，西北軍政副長官兼綏遠省主席董其武宣布易幟「起義」；同日，寧夏馬鴻賓、馬惇靖亦易幟「起義」；新疆省主席包爾漢致電毛澤東，決意與國民黨政府脫離關係，西北戰線大半瓦解。

對於快速崩潰的戰局，蔣經國在九月十日的日記，記載他焦灼的心情：

> 衡陽失守，綏遠、寧夏、新疆等省亦相繼淪陷，半壁山河，淪入鐵幕。從此戰局益趨不利，良爲焦灼。

九月底，解放軍利用贛南裂口向粵北進軍，迅速進逼到距離廣州僅九十五哩的地方，國民黨軍已退無可守，十月十五日廣州終於又步南京後塵陷落。中央政府遷渝，又一波黨政要員避難來台；接著，廈門於十月十七日被攻陷，台灣大門洞開，官民緊張。

同時，九月二十一日到三十日，中共召開了政治協商會議，通過了「政協組織法」和「中央人民政府組織法」，以及關於國旗、國歌、國都、紀元等四方案；十月一日，中華人民共和國在北京成立。次日，蘇聯正式承認北京中共政權，廣州政府外交部聲明與蘇聯斷交。

十一月一日，解放軍二野挺進貴州，十五日攻占貴陽，川南已是大軍壓境；同時，在川東，解放軍也進逼彭水、烏江、重慶危急。接著，十一月三十日重慶陷落，蔣、閻飛成都；十二月八日，在解放軍逼進成都前，行政院長閻錫山及中央各部會首長十四人，倉促逃離成都飛台灣，中央政府遷台。蔣介石也於十二月十日從成都匆匆登機逃回台灣。同日，台北馬場町處決「匪諜」的槍聲，響徹雲霄。

在頹局中，代理總統李宗仁於十一月二日，離開重慶飛昆明；為了保存桂系實力，搶救政治資本，李在飛桂林、南寧以後抵香港，十二月五日以醫病為由飛往美國。

短短的不到半年時間，國民黨政府在大陸的半壁江山全面潰解，蔣介石的復興美夢也破滅，僅剩海南、金門、舟山拱衛著台灣。

## 第一節　東南（福州、廈門）戰線的潰敗，金門「大捷」

當解放軍第一、第二、第四野戰軍分別向西北、西南、華中華南進軍時，第三野戰軍葉飛率領的

1949年9月21日中國人民政治協商會議第一屆全體會議在北京舉行。

10月1日，毛澤東在天安門上宣讀中華人民共和國中央人民政府公告。

第十兵團，在上海戰後即奉命準備入閩。七月二日，葉飛率領了第28軍、29軍、31軍，三個軍共十萬餘兵力，從蘇州、常熟、嘉興等地，冒暑南下，二十六日到達閩東建陽、建甌和南平。

當時防守福建的國民黨兵力，除李以劻獨立第五十師外，全都是江防戰役和淞滬上海戰役潰退下來的湯恩伯部隊。這些殘兵敗將經過整編，成三個兵團七個軍，總兵力不到十八萬人，總歸福州綏靖公署主任兼福建省主席朱紹良指揮。

## 福州戰役

防守福州地區的國民黨兵力有五個軍十四個師，共六萬餘人，由朱紹良和第六兵團李延年統轄指揮。八月七日，葉飛採取大迂迴包抄戰法，分左中右三路大軍進擊福州。左路軍由古田出發，攻取連江、馬尾，後由馬尾從西向東進攻福州；右路軍則由南平出發翻越永泰大山，攻占福清，切斷福廈公路阻斷敵援軍和南逃敵軍；中路軍由古田出發，從東向西正面進攻福州。八月廿七日，解放軍占領了福州，共殲國民黨軍五萬餘人，獨立第五十師李以劻部隊亦宣告易幟。福州國民黨軍倉皇向平潭島和廈門逃竄，沿途遭解放軍伏擊，損失慘重。解放軍一部分向福建沿海推進，由海上南下，九月十六日，攻占平潭島。主力則沿福廈公路南下，到九月底，先後攻占了惠安、泉州、長泰、同安、漳州、集美等地，完全控制了廈門、金門外圍大陸沿海的陣地，形成了對金、廈兩島的三面包圍的態勢。

## 廈門島攻防戰

福州失陷後，蔣介石重新調整指揮系統，撤銷福州綏署和第六兵團建制，任命湯恩伯爲福建省主率領第十兵團入閩的葉飛。

1949年8月17日，解放軍占領福州時的街景。

席兼東南軍政長官公署廈門分署主任，統一指揮劉明汝第八兵團、胡璉第十二兵團和李良榮等二十二兵團，將兵力收縮在防守廈門、金門、漳州及潮汕，憑藉廈門島的有利地形以及原有的要塞永久性工事，以抵抗解放軍的進攻，屏障台灣。

廈門的守軍爲湯恩伯部第五十五軍、第一六六師以及漳州方面撤退來的六十八軍餘部，總兵力有三萬多人。可以說，上海保衛戰的全班人馬，湯恩伯、毛森（廈門警備司令）、雷震、方治全部搬來廈門，再次上演廈門保衛戰。廈門，由於地理環境的重要，港闊灣深，構成了它在國防上的價值，這裡曾是鄭成功發跡之地，亦曾是帝國主義掠奪的地方，在抗戰期間中，是福建最先讓日本入侵的所在。現在，對蔣介石而言，廈門南面護衛著廣州，東面拱衛著台灣，廈門保衛戰不容失敗。由於廈門擁有優良的天然防禦地形，原有堅固的要塞工事，禾山海濱砲壘如林，日光岩下機槍口密布，可說是天塹所在，海上長城。湯恩伯曾向蔣誇稱廈門「固若金湯」，可守三到五年。

葉飛兵團雖然驍勇善戰，亦不得不承認：「我們沒有打過如此設防的島嶼，敵人離台灣又近，又有海空軍，我軍卻沒有海空掩護。雖然當時全國呈勢如破竹的形勢，但我們認識到以木船渡海登陸攻取廈門這個任務是艱巨的，我軍完全沒有經驗，是不能輕敵的，因爲這不是在大陸作戰。」

因此，葉飛準備了一個多月，主要工作在征集船隻。並決定了先攻廈門後取金門，以二個軍的兵力攻取廈門，另一個軍則負責先占大、小嶝島，再打金門。

正當保衛廈門的部署緊鑼密鼓進行之時，十月二日總指揮湯恩伯突然向蔣介石提出辭呈，理由是李宗仁公開發表反對他擔任福建省主席的聲明，使他威信掃地，無法指揮部署，故求辭職。廈門正危在旦夕，陣前走馬換將，廈門必失；廈門一失，接著金門危急，台灣就門戶洞開。因此，蔣立即向湯下令：死守廈門，否則軍法論處。於是，蔣在十月六日乘「華聯」輪急駛廈門，這是蔣於七月二十三來廈後第二次來廈督戰；蔣先召見湯密談後，再召集團以上守軍進行激勵士氣的訓話，當晚乘艦返台。

葉飛從種種跡象看出，湯已顯露出恐慌心理，並沒有堅守廈門的決心，因此應掌握時機，趁勢進攻，一鼓氣拿下廈門。

十月十五日黃昏，解放軍先在廈門島西南方的鼓浪嶼進行佯攻作戰，造成湯部錯覺，調動島腰部的縱深主力部隊向南支援；然後，解放軍的主力在集美強大砲火的掩護下，從西、北、東北登船，採取多箭頭，在廈門北部高崎兩側三十公里正面登陸突破，奪取高崎灘頭陣地，然後向廈門市繼續進攻。在國民黨軍的激烈抵抗和空軍的猛烈轟炸下，血戰二晝夜後，解放軍於十月十七日上午全部攻占了廈門島和鼓浪嶼。率領第十兵團一路從長江打到廈門的葉飛，時年僅三十五歲，意氣飛揚。攻下廈門，也使他回到了青少年時代，就讀廈門大學時走上革命道路的故土。但由於沉浸在勝利氣氛中，思想輕敵急躁，因此埋下了下一步進攻金門失利的重要原因。

## 金門（古寧頭）「大捷」

敗走金門的湯恩伯，從江防戰、京滬杭戰一路被解放軍追打，此刻已如驚弓之鳥，對防衛金門失去信心。故於十月十八日，急電蔣介石：「以我部之兵力，恐金門難守，不如撤到澎湖，保存實力，以全力協防台灣」。蔣接到湯想拱手讓出金門的電文，大爲生氣，立刻回電：

率12兵團的胡璉，緊急被任命為金門防衛部司令官。

廈門已丟，金門不可再失，必須就地督戰，金門必須島嶼要塞化，駐地戰場化，戰場堡壘化！

此時，廣州也先於廈門二天在十月十五日失陷。蔣本已下令駐潮汕的胡璉第十二兵團立即船運舟山；在海運北上途中，蔣急電胡璉任命他爲金門防衛部司令官，並以十二兵團司令官名義兼任福建省主席，取代湯恩伯職務。將十二兵團改航金門，接替金門防務。金門島上原有的守軍爲李榮良的二十二兵團，共約二萬多人，大部分兵力守備大金門。爲了加強金門防禦，蔣又從台灣調裝備精良的新軍二〇一師馳援，該師配備坦克營具有強力反登陸作戰力量。大金門的守備重點在西半島上，位於廈門島以東約十公里，北距大陸約九公里；東半部多高山，西半部多丘陵，北岸瓊林至古寧頭段大部爲沙質硬灘，礁石少，易於登陸。

準備攻打金門的解放軍二十八軍，因爲征集船隻困難一再推遲進攻金門的時間。這時葉飛截收到胡璉兵團給蔣的電報，因此下了判斷：趁胡璉兵團還未到達金門之時，發起登陸攻取金門，是最後一個戰機；如再拖延，金門的情況可能發生變化。經過反覆考慮，葉飛批准了二十八軍於十月二十四日黃昏發起攻擊金門的戰鬥。

由於船隻不夠，一次只能載運三個團的兵力。第一梯次的三個團於二十五日凌晨順利登陸成功，並奪取了古寧頭灘頭陣地。但是，卻沒有一名師的指導員隨著登陸指揮，先頭部隊也沒有先鞏固灘頭陣地，只留一營兵力控制古寧頭陣地，就分兩路向縱深猛攻，一直向東邊的料羅灣進擊。這時，胡璉兵團已在料羅灣登陸，來了個反包圍，又派迂迴部隊占領了解放軍在古寧頭的灘頭陣地，擊毀了因退潮而擱淺在灘頭的解放軍登陸船隻，切斷了解放軍後退及增援之路。解放軍二十八軍還有四個團，靠得很近，但沒有船，過不了海無法增援金門，只有眼睜睜地看著金門島上三個團九千人的同志，在國民黨軍軍艦、飛機的火力支援以及坦克的掃蕩下，孤立無援地激戰三晝夜，終於在二十八日下午戰鬥結束。蔣經國於二十六日飛往金門慰勞將士，不禁哀嘆：俯瞰全島，觸目悽涼，沿途都是傷兵，復至前線，遍地屍體，血肉模糊。

進攻金門失利後，葉飛檢討失敗原因並呈報請求處分，三野司令員陳毅說：現在的問題不是處分什麼人的問題，而是接受經驗教訓。葉飛接受的經驗教訓是：

一、根本原因在輕敵急躁，沒有充分準備，沒有重視渡海作戰的困難就發動攻擊。

二、船隻不夠，缺乏統一指揮，違背登陸作戰鞏固灘頭陣地的規律。

三、沒有制空權、制海權，要實行大規模渡海登陸作戰是非常困難的。

對於解放軍這次進攻金門的失利，在台灣的蔣介石喜出望外。在兵敗如山倒的驚恐中，防守金門的勝利消息不啻天賜良機。蔣充分利用它，把這次勝利稱之爲「古寧頭大捷」，並啓動文宣大大地對台灣軍民進行政治宣傳，以鼓勵民心士氣，強化反共復國的決心；其影響直至六十年後的今天仍然深深存在著。

十一月三日，國民黨軍把「金門大捷」的俘虜運抵基隆，轉乘火車抵台北車站後，轉押到台北某

美參議員諾蘭於11月底飛重慶，訪謁蔣介石。圖為諾蘭與蔣握手，旁為陳納德。

金門「古寧頭大捷」後，蔣到金門視察並校閱兵團。

「古寧頭大捷」中，遭俘虜的解放軍，等待處置。

金廈戰役後，飛往台北的「兩文一武」——自左至右雷震、湯恩伯、方治。

地的新生營受訓。《公論報》報導了當時的情形：

當押運俘虜的列車駛入台北車站時，月台、站內及站前馬路上，擠滿了人群，爭看俘虜眞面目。俘虜中除一部分普通士兵由國軍武裝同志押運繼續南下某地外，其中匪軍幹部分乘保安司令部預先備好的汽車九輛，由國防部聯總軍中巡迴服務車前導，遊行台北市一圈，沿途觀眾也極擁擠，然後駛回台北車站候車南下某地。

這批解放軍戰俘有四千多人，由台灣保安司令部政工處查明身分後，分別編入新生部隊受訓。

此後，一九五〇年六月韓戰爆發，美國第七艦隊進入台灣海峽。爲了防止國民黨軍在美國海空支援下發起東南沿海的攻擊，中共中央軍委不斷增強「福建前線」的兵力，隨時準備進攻金門。一九五〇年十一月，毛澤東電令福建解放軍解除再攻金門的任務，金廈之間才進入了長期兩岸對峙的狀態。

## 第二節　華中華南戰線（白崇禧集團）瓦解

在南京失守後，華中軍政長官公署長官白崇禧負責防守江西湖口到湖北宜昌的長江中上游沿線，以及華中華南鄂、湘、贛、粵、桂的廣大地區。其所轄部隊有：鄂西綏靖司令宋希濂的三個兵團，第五綏靖區張軫部，第六綏靖區張瑋部，第八綏靖區夏威部，第十六綏靖區霍揆彰部，共五個兵團十五個軍二十五萬多人。爲國民黨軍隊中與西北胡宗南兵團同爲最有實力的二大軍事集團。

華中軍政長官白崇禧。

解放軍攻占宜昌後，即日登船駛向長江南岸。

## 長江防線崩潰

中共解放軍則由林彪率領第二野戰軍，從平津南下，負責進攻華中華南地區，殲滅白崇禧集團及廣東的余漢謀部隊。同時，由第二野戰軍第四兵團，在突破長江天塹後，沿浙贛線向西，折向南，與第四野戰軍第十五兵團配合，進入贛南粵北。五月十四日，解放軍陷九江，克南昌；同日華中軍政長官公署副長官兼第十九兵團司令張軫在武漢易幟，武漢失守。白崇禧將長官公署遷長沙，部隊撤湖南。七月二十四日，解放軍沿粵漢路向南挺進，攻占岳陽，直指長沙；東南方解放軍則沿浙贛線進逼萍鄉、醴陵，形成對長沙的錐形攻勢，長沙危急。八月四日，長沙綏靖公署主任程潛，第一兵團司令兼湖南省主席陳明仁宣布與中共成立「和平協定」，長沙「和平解放」。

## 衡寶戰役

白崇禧被迫將部隊退集衡陽為中心的衡陽、寶慶（邵陽）、耒陽一線，憑藉湘水、資水，背靠粵、桂、黔布防。構成一東起粵北樂昌，與廣東余漢謀集團相接，西至湘西與川湘鄂宋希濂集團相呼應的湘粵聯合防線。其兵力部署是：白親自指揮張淦第三兵團、黃杰第一兵團為中路軍，在湘江西岸採取攻勢；由魯道源第十一兵團為右翼，守湘東衡山至茶陵一線；由宋希濂為左翼，由鄂西向湘北牽制解放軍側背。

九月九日，中共中央軍委指示林彪、鄧子恢率四十萬大軍採取大迂迴，大包圍、大殲滅的作戰方針，分三路南進，對白崇禧部隊進行夾擊。東路軍，由陳賡率領的二野第四兵團和四野第十五兵團共同與兩廣縱隊，攻下贛中吉安，贛南贛州。九月中，擊潰防守大庾嶺的沈發藻兵團，入南雄、始興，一部沿北江而下入粵北，直奔曲江，截斷粵漢鐵路，也切斷了國民黨軍的湘粵聯防；另一部則自大庾以東突入粵東眞空地帶，直趨廣州。九月二十六日，當蔣介石在廣州黃埔行館召開重要軍事會議，討論海空軍如何配合反攻問題時，華南大戰已先於華中會戰在距廣州僅九十哩的英德、翁源境內展開。十五日攻占廣州，接著乘勝追擊，於二十六日殲滅余漢謀兵團，廣東作戰結束。

四野的西路軍則由常德、桃園地區向沅陵、芷江迂迴挺進；至十月十五日，相繼攻占了沅陵、懷化、芷江、黔陽等地，截斷了國民黨軍退入雲南、貴州的道路。中路軍一部則先殲滅了寶慶（邵陽）的白崇禧部隊後，由湘鄉向青樹坪挺進，十月五日奉命於衡寶線以北待命，準時正面進攻；同時另一部也自湘水東岸和涞水北岸西進。十月六日，經過激戰後形成了西、北、東三路大軍對衡陽大包圍的態勢，白崇禧下令部隊全部向廣西撤退。四野全線收縮對白部發起總攻擊，從東北西三面展開追殲，激戰至十一日，白崇禧率部南逃桂林；解放軍占領了衡陽、祁陽、耒陽等廣大湖南地區，陣兵湘桂邊界。十五日，東路軍攻占廣州，陳兵廣東西部。至此，橫跨江西、湖南、廣東三省的大迂迴作戰結束。爲第二野戰軍經湘西進軍西南（川、黔、滇）創造了有利的條件。

## 白崇禧在廣西的最後抵抗

退入廣西的白崇禧集團，經過增補，又組成五個兵團；另加由廣州逃入廣西的余漢謀殘部，共有十餘萬人。爲了保存實力，已準備西入雲貴或南逃海南、越南。解放軍爲了完全殲滅白崇禧集團，繼續進行廣西作戰。四野以十三兵團爲西路，沿黔桂邊境前進，切斷白部逃往雲貴的道路；以四兵團和

廣西作戰中，解放軍搶渡西江，直逼梧州，追殲白崇禧部隊。

十五兵團爲南路，進入粵桂邊界的廉江、茂名、信宜地區，防敵向海南逃竄；以十二兵團等部爲中路，首先牽制敵人，便於西、南路斷敵後路，再由北向南圍殲。

十一月上旬三路軍開始發動廣西作戰。二十二日，南路四兵團到達廉江、信宜一帶布防，西路十三兵團已占領金城江，正向百色前進，追殲白崇禧十七兵團；而中路十二兵團占領了桂林。

當時，白崇禧的布署是這樣的：以黃杰第一兵團一部分馳援黔東，策應劉嘉樹的第十七兵團作戰；以張淦第三兵團南下，指向廉江、遂溪；魯道源的第十一兵團也跟著向信宜、茂名前進，都以占領雷州半島與海南島爲目標；徐啓明的第十兵團由平樂方面逐漸向武宣、桂平移動，並以第五十六軍防守柳北三江縣；黃杰兵團則擔任桂林、柳州的掩護。

十一月二十二日，白看到退往雲貴道路已被切斷，就以第三、十一兵團爲頭，第一、十兵團爲後繼援護，分向粵南廉江、茂名、信宜地區發動「南線攻勢」，作生死之鬥，奪命向雷州半島，海南逃竄。在進攻前白電張淦曰：「此役是影響大局和取得美援的關鍵，希轉飭全軍將士全力以赴，務必攻擊茂名，完成任務，重振聲威爲要。」進攻開始後，國共兩軍發生激戰，白部第十一兵團在解放軍猛攻下損失慘重，首先敗退，致使第三兵團左翼暴露，被解放軍一舉突入，兵團司令張淦被俘，少數散兵退入十萬大山很快被追殲，白的「南線作戰」全線潰退。十二月三日，南寧被攻陷前夕，白崇禧先搭飛機逃往海南島，並令其餘部隊逃向合浦、欽州，乘船逃海南島。這時，第四兵團沿粵桂邊界和廣西海岸猛烈追擊，四野主力也分路兼程南下。六日，四兵團一部在欽州殲滅了華中長官公署，另一部在欽州以北大董圩地區配合四野主力，殲滅了白部的第一、十兵團。其中黃杰曾率第一兵團殘兵逃入越南，爲法國殖民軍繳械。至此，國民黨華中華南防線全面潰亡。

桂系白崇禧集團，在國民政府潰亡時期，是僅次於蔣嫡系的一個強大軍事集團。在解放軍強力的進擊下，以及蔣桂矛盾惡鬥的情況下，不到六個月全軍潰滅。其潰滅使李宗仁失去了軍事政治資本，不得不遠颺美國；而蔣介石的大西南復興基地也隨之崩解。隨著李宗仁逃美國（十二月五日），白崇禧避海南（十二月三日），不過數日，蔣介石也於十二月十日從成都倉皇逃回台灣。

## 第三節　廣州政府和桂系的終局

### 淪為南京第二的廣州

八月十四日，華中防線的重鎮贛州失守後，廣州就處於烽火邊緣了。廣州國民黨中央政府，馬上加緊疏運到重慶或台、瓊的工作。所有中航、央航及陳納德民航隊的飛機約五十架，都被疏運機關全部包光，日夜運送，預定八月底全部疏散完峻。凡有永久性的機關學校或工廠，均分遷台瓊兩地，如陸軍大學已遷台，中山大學則遷海南；交通、教育兩部分在渝、台設辦事處。駐穗外國使節，大部分撤離廣州；美國駐廣州領事館於八月二十四日閉館，美大使館廣州辦事處則遷往珠江口外的美國軍艦上辦公。八月三十日《台灣新生報》的一篇題爲〈羊城一片疏運聲——分地辦公，市面疏落、房荒解除，百物減價〉的報導，其中有一段如此描寫道：

> 廣州人口春季是一百三十多萬，到現在蘆花翻白燕子飛的季節仍然是一百三十多萬，然而其中流動人口的比例卻突然地增加起來了，因爲第一流的難民經廣州赴港澳後，又二三流的難民，從八方來到彌補空位，自然，這二三流的難民不久也要走的，於是，廣州仍然是一百三十多萬人口。

從中央政府在五月遷廣州後，就有人預言廣州很快就要變成南京第二，果然，現在廣州的情況與過去南京陷落前夕的情形十分相像。

十月二日，蔣在廣州梅花邨召開非常委員會軍事小組會議，次日，乘中美號專機返台。接著把駐守潮汕的胡璉兵團撤出，駐守廣州外圍的劉安祺兵團亦撤往海南，廣州防守空虛。十一日，解放軍陳賡部隊到達距廣州四十哩的佛岡，與廣州守軍余漢謀部隊發生激烈戰鬥。在廣州立委一百六十餘人，倉皇分乘中航公司飛機四架逃離廣州到台灣。十月十三日，李宗仁逃離廣州飛桂，次日飛抵重慶。十三日晚，廣州市已經是一個被「放棄」的死城。成爲眞空狀態，等待解放軍的到來。國民黨軍的最後痕跡已悄悄地從廣州市消失，因爲「廣州綏靖公署」人員登上一艘內河船開往香港轉往他處，國防部人員、「內閣」人員以及代理總統李宗仁都在十三日恐慌地搭飛機走了。十五日，最後一批撤離的國民黨軍，炸毀了白雲和天河機場後，紅旗插進了五羊城。

## 桂系李、白的終局

十月十五日，國民黨政府宣布即日起在陪都重慶辦公。這一天，逃往台灣的行政院長閻錫山，才匆匆忙忙地與財政部長兼央行總裁關玉吉，搭機趕到重慶辦公。在重慶辦公不到二個月，在解放軍的砲聲中，他又慌張地帶著他的戰鬥內閣從成都逃回台灣。陪都重慶實際維持不到二個月。

十月十四日，李宗仁神色匆匆地由桂林飛往重慶，主持「國政大計」。但眼看自己的唯一軍政資本——桂系的白崇禧集團，被解放軍圍殲在廣西老家，心急如焚。又無法擺平西南復興基地四川各方實力集團的人事和派系鬥爭；再加上，爲蔣「復職」之事蔣李談判，鬥爭又起；因此，李宗仁在重慶代理總統辦公桌坐不滿二十天，便於十一月二日飛往昆明。九日，白崇禧居中調和的蔣復職談判失敗（李條件是：蔣復職、李出國、白主西南軍政。而蔣的答覆是：願復職，但李不能出國），因此李立即下定出國就醫的決定。十一月十一日，廣西戰役開打，白崇禧集團危急。李飛桂林，十四日飛南寧，十六日飛海南海口後又返南寧，接著在二十日飛香港入太和醫院養病。這期間，蔣二次命白崇禧勸李返渝共商大計，也派兩批特使挽留李宗仁，閻錫山亦「函電交加」，均無結果。落此下場，李不禁感嘆：我離邕（南寧）之後，白崇禧就飛重慶，黃紹竑早於八月十三日通電投共，三十餘年患難交從的朋友，至於便各奔東西了。十二月五日，李宗仁以「代理總統」身分從香港飛美「就醫」。飛美之前，李留一封信給白崇禧，要白「集中部隊，脫離接觸，儘速將主力集中海南，靜候形勢變化」。並在信末申明，一俟胃疾告癒，當立即歸來，共商一是。由此推測，當時李宗仁的意向，是只要白崇禧還掌握實力，他是準備回來的。

實際上，白接此信時，其部隊已損失殆盡，根本無法再有「實力」。蔣則由台北派特使到海口，以請白組閣為由，要白即去台北共商大局。白終於在十二月三十日專機飛台，一去就不再出來了。

雖然李宗仁上機赴美之前，曾對白叮嚀說：

世界上任何地方都可以去，惟獨不可去台灣與老蔣為伍！

言猶在耳。

## 第四節　大西南的葬送

### 蔣介石在大西南的最後一百天

八月二十三日，蔣介石搭乘中美號專機再度飛廣州，但這次他只在廣州住一晚，次日便從廣州飛重慶。因為此時廣州中央政府已忙著疏運到重慶「分地辦公」，廣州市已人心惶惶。此刻，蔣已著眼「後廣州」時期；讓桂系去「保衛大廣州」，自己則早日到新陪都「重慶」去「保衛大西南」。

8月底蔣飛抵重慶，在渝林園官邸接見重慶楊森市長談話。

促使蔣在這時刻到重慶，還有另外二個原因：

一是：八月二十日解放軍在蘭州與馬步芳發生激戰，蘭州岌岌可危。本來寶雞、天水已失，如果蘭州再失，則解放軍去除了後顧之憂，容易就在隴南另闢一條入川道路，威脅大西南安全，因此必須早到四川部署「保衛大西南」。

另一是，有情報顯示盧漢主政的滇局不穩，有脫離蔣控制的可能，因此必須親自去處理。

抵達重慶後，蔣發表了書面講話，強調：「今日重慶或再度成為反侵略和反共產主義的中心」。住在重慶山洞官邸的蔣介石，連日召見四川省主席王陵基和宋希濂、胡宗南研討穩定川局的辦法。

八月二十九日，蔣在西南軍政長官公署召集西南、西北地區軍政要員舉行軍事會議。出席的有張群、王陵基、劉文輝、鄧錫侯、谷正倫、宋希濂、胡宗南等人，唯雲南省主席盧漢稱病未到。會議研究西南、西北的軍事部署以及如何阻止解放軍入川的辦法。大家比較一致的看法是，解放軍不那麼快進軍西南，如欲入川必從陝南隴南北面南下，因爲鄂西、湘西、川東一帶高山險阻、交通不便、行軍艱難，而川北有川陝公路可通，並接隴海鐵路。因此蔣作了一個重要軍事決策：「於川境之外，即以隴南與陝南爲決戰地帶」。同時調派羅廣文部隊增防隴南，並再調楊森第二十軍到川北增強防務。

八月三十一日，蔣接見胡宗南、宋希濂時強調：

國民黨必須保有西南，使之成爲復興根據地，將來與台灣沿海島嶼相配合進行反攻。

同日，蔣令保密局局長毛人鳳將重慶各集中營「囚犯」予以集中「清理」。並指示將楊虎城及其秘書宋綺雲兩家六口人，解回重慶秘密殺害。九月十七日，楊虎城遇害。九月十九日，國民黨特務在香港暗殺了出身雲南的反蔣國民黨耆老楊杰。

這次蔣介石到重慶的目的之一，便是處理雲南盧漢政變的謠傳。蔣電召盧漢來渝，盧不從僅於九月一日派二位省府委員去見蔣；蔣又派心腹俞濟時親到昆明專約盧到重慶，盧仍不從。於是，蔣指令駐滇嫡系部隊向昆明移動威嚇。在強大壓力下，盧才決定去重慶見蔣。九月六日，蔣在重慶官邸會見盧漢，兩人做了權力和利益的交換。蔣要求盧必須在雲南執行八項反共措施，以表明反共立場，間接防止盧投向中共；而盧得到蔣在經濟上的支助，以及軍事上獲得對駐滇部隊的指揮權。九月九日，回滇的盧漢開始執行一系列的反共行動，包括：解散雲南省參議會，大量逮捕進步人士，查封進步報刊，允許國民黨右翼反共分子在滇進行反共活動……等等，此稱爲「九九事件」，這反共行動一直延續到十一月底，解放軍入川爲止。

九月十二日，蔣飛成都，十七日返重慶。二十二日在盧不意中突飛昆明，檢驗盧的反共決心後，下午飛回廣州。這是蔣第三次到廣州，但此時解放軍已挺進粵北，廣州動盪不安。二十六日蔣召開了三軍統帥的重要軍事會議；十月二日召開了軍事小組會議，檢討全盤戰局與部署保衛廣州。但是一切已晚，所有會議於事無補，當蔣於十月三日飛離廣州返台時，解放軍已進逼距廣州九十哩的英德。

回到台北的蔣介石忙著到定海視察後，又到廈門去鼓勵湯恩伯的士氣，但廈門還是在廣州失陷二天後失守。可以說，上海戰後蔣以台灣爲中心，苦心經營的東南和華中華南以及西北戰線已瀕臨崩解，只剩下問題複雜的大西南。

十一月十四日，蔣又緊急搭機從台北直飛重慶。

蔣在上次赴渝時，西北尚未易色，廣州也還未丟掉，昆明方面正醞釀政治風暴，心情本已相當沉重。可是，當他這次再度蒞臨陪都重慶時，西北已整個垮了，新疆跟著易手，廈門易手，廣州也相繼棄守，解放軍且拿下貴陽攻入四川，其前鋒距重慶，僅有一百六十餘公里。所以這次蔣的心情較前次來渝時更爲沈重。

蔣的火速到重慶，其任務不外：

著手調和西南各省內部之人事紛爭。當時曾經有這樣的說法，中共對西南的策略是：「以人事分化四川，以政治解決雲南，以武力征服貴州」，可見得四川的人事紛爭是最嚴重的。解決「人和」問題和布署保衛大西南是蔣此行的最重要任務。

蔣飛重慶時，代理總統李宗仁早已離開重慶到達桂林，不再回頭。蔣拍電報給李謂：「迭承吾兄電囑來渝，共扶危局，昨聞貴陽危急，川東告緊，故特於本日來渝，望兄即行返渝，共商一切。」但此時，重慶「已充滿了恐慌驚怖和死寂的空氣」。

就如蔣的電文所透露的，此時，解放軍已由湘西進川黔，十五日川滇要衝貴陽遭攻陷。這個位於川東南的要地距離重慶只有一百六十餘里，等於是一把尖刀插進了大西南的心臟。同時，另一股解放軍也進入了川東南的彭水。十七日，蔣派蔣經國持他親筆信，到川東的江口與宋希濂見面，以了解軍情；並勉勵宋：要抱「有匪無我，有我無匪」的決心，鞏固川東戰線，給予共軍以迎頭一擊。但是，到了十一月二十三日，宋希濂部隊已敗退到達南川，清點兵力時，發現竟只剩下一萬人。

這時，蔣只有打電話命胡宗南急調一個軍到重慶來，又調羅廣文第十五兵團由綦江到南川布防，命宋希濂殘部向涪陵轉進；孫元良第十六兵團由萬縣西調，以拱衛重慶。並特任楊森爲重慶衛戍總司令，把他的二十軍調來重慶，以保衛重慶市，與解放軍決死戰。二十九日，解放軍擊破蔣的布署，進抵南溫泉重慶市郊。蔣介石只好隨逃難人潮，在擁擠混亂中逃到白市驛機場，夜宿中美號專機。次日凌晨，當解放軍攻占重慶市時，飛機飛往新津，換機轉飛成都，住進成都中央軍官學校。

十二月四日，解放軍從南、北、東三方面向成都圍攻。成都市內人心浮動，社會秩序混亂。十二月九日，雲南盧漢，川康的劉文輝、鄧錫侯、潘文華，分別在昆明、雅安「起義」，雲南、西康兩省「和平解放」。

蔣介石在安排胡宗南死守成都後，於十二月十日下午從成都鳳凰山機場起飛逃往台灣。

解放軍搶渡岷江包圍成都。

蔣介石與原日本侵華軍官組成「白團」合影。右三就是化名「白鴻亮」的富田直亮。

特別要提及的是，在蔣於十一月十五日從台北飛重慶時，同時也邀請了日本「白團」成員白鴻亮（富田直亮，原日本侵華華南派遣軍參謀長）和林光（荒武國光，舊日本陸軍情報大尉）二人，另機同行，到重慶參與核心作戰幕僚，並到戰地視察、指導作戰。

後來，曾經在陣地受過富田觀察和指導作戰的第十五兵團司令羅廣文，深有感觸地對人說：

日本人打了我們八年，國共合作抗過日，現在反過來請日本人幫助打共產黨，這個帳怎麼算呢？

## 一攻即破的西南天險之戰

八月二十五日蘭州遭攻陷之後，西北馬家軍大都已被殲滅。九月五日，解放軍攻占了西寧。九月十九日，綏遠董其武，寧夏馬鴻賓、馬惇靖易幟；二十三日，新疆省主席包爾漢致電毛澤東，決意與國民黨脫離關係，新疆「和平解放」。至此，甘肅（除隴南之外）、寧夏、青海三省全部「解放」，馬步芳、馬鴻逵全軍覆沒。大西北戰線全告瓦解。

當蔣介石於八月二十九日的軍事會議上，決定了防衛川北爲重心的大西南軍事部署時，中共中央軍委卻作了一個從川南、川東進攻四川的大膽構想。採取大迂迴作戰，先大包圍後再回打的戰術。作戰布署是：第二野戰軍主力從湘黔邊境直入貴州，攻占川東、川南，切斷滇川的通路；第一野戰軍華北第十八兵團則在北面秦嶺地區，配合二野主力進占川北。

由川東、川南進攻四川的作戰構想，的確是十分大膽。因爲從鄂西沿長江南岸，達四川省境的地形，十分複雜且高山險阻交通不便，尤其秀山、黔江、彭水一帶是有名的險峻山區，大軍行動十分困難。日軍侵華期間，也不敢由此犯川，只好由南方繞從廣西進軍貴州，以威脅重慶。守川的國民黨軍以為這個連日軍都不敢輕犯的鄂川湘邊境是「天塹」，險峻大山插翼都難飛過，解放軍絕對不可能由此入川，因此可在四川高枕無憂。沒想到，解放軍卻選擇了這個「天塹」入川。

當時國民黨軍在西南的軍力布署，除了防守秦嶺、大巴山的胡宗南川陝甘邊區綏靖公署外，擔任貴州和川東、川南防務的有：貴州綏靖公署，谷正倫為主任；川黔鄂湘邊區綏靖公署，主任為宋希濂，公署駐恩施，防守長江以南的酉陽、秀山、黔江、彭水和貴州的沿河、松桃一帶；川陝鄂邊區綏靖公署，主任為孫震，駐萬縣，防守長江以北至大巴山一線。由張群執掌的西南軍政長官公署，負責整個西南地區的作戰。

十一月一日，解放軍展開大西南作戰。

當日，二野第三兵團合同四野一部，沿川鄂、川湘公路向宋希濂兵部進擊。國民黨軍節節潰退，十七日就占領了彭水，接連攻占公署駐地恩施以及秀山、黔江、建始等地，並突破烏江進迫重慶。宋率軍潰退，二十三日到達南川時，僅剩一萬人。接著宋希濂朝西昌、滇西方向奔逃。十二月十九日，逃到川康邊境沙坪時為解放軍擄獲。川東「天塹」一夕被解放軍飛越。同時，二野楊勇兵團則沿湘黔公路破蔣軍在芷江的微弱抵抗，勢如破竹地速占黔東的天柱、鎮遠，十一月十四日占領貴州省省會貴陽。接著主力西出黔西、畢節入川南，連續攻占瀘州、樂山、自貢等地，並進出成都以西的大邑一帶，切斷國民黨軍向西康、雲南的逃路。

由賀龍指揮的周士第兵團和二野陳錫聯兵團以及四野的一部，也同時分別在陝南、川東擊破胡宗南、孫震等部。迫使在川境的國民黨軍，最後蝟集於重慶、成都，被解放軍從川東、川南、川東北三方向重重包圍。

雖然蔣緊急從台北來重慶坐鎮指揮，布署重慶保衛戰；然而，解放軍兩路大軍於十一月三十日，在微弱的抵抗中進占了重慶，蔣軍政大員逃往成都。之後解放軍向成都急進，並以一部迅速向東山、大邑、邛崍一線迂迴，切斷胡宗南集團退入西康的逃路。與此同時，屯兵秦嶺的華北十八兵團分三路入川，將胡宗南集團及川境國民黨殘軍壓縮到成都地區，各個圍殲。十二月九日，川滇地方軍政集團的雲南省主席盧漢、西康省主席劉文輝、西南長官公署副長官鄧錫侯、潘文華，分別在昆明、彭縣宣布「起義」，雲南、西康「和平解放」。十二月七日「行政院長」閻錫山帶著「戰鬥內閣」再度逃出，飛到台北辦公。隨著，蔣介石在十二月十日匆匆從鳳凰山機場飛台北。十二月二十七日成都「解放」。在蔣介石行前受命「死守成都，以與台灣想呼應」的胡宗南集團，其中的一個兵團「起義」，唯李文第五兵團由新津向大邑一線猛攻，企圖突圍南逃雅安時，遭解放軍圍殲。李文以下五萬人被俘。最後胡宗南逃到台灣，卻遭在台國府監察院以「喪師失地，貽誤軍國」的罪名彈劾。

# 第十三章 台北新風情

## 第一節　台北新風情

上海戰役進行最激烈的五月二十日，從上海駛抵基隆港的輪船，多達十一艘之多，旅客總數多達七千人，載貨甚少，行李則極多。單單以往返滬台之間的中興輪爲例，就載來旅客二千五百餘人，其中無入境證者高達四百二十四人，如果無服務機關之證明者，將原船送返上海。其中又有人沒有上海市的身分證，在上海也不能上岸，只有在船上來回往返，這又是大時代中的一個小插曲。

二十六日搭上萬噸級延平輪撤退來台的「上海大專黨團工作同志」章群，於二十八日傍晚七時正，在甲板上烏雲密布的海天，親眼見到了一幕悲劇，他記述道：「有一個女人跳海了，眞的到海的懷抱裡去了，大家都來不及救，有的人說太慘了，有的人說無益於人類的人，死了也不足惜，但是，眞的是海的誘惑嗎？那女人有三十多歲，著士林布旗袍，我在甲板上見過，聽說家本富有，自從被共軍占領後，寄人籬下，生活很不好過」。

逃難中的一家人。

穿國府軍軍服逃難中的母子。

接連幾天，疏散逃難的人員湧到基隆，旅社全部客滿，很多人無處寄宿，只得睡路邊。軍警在基隆、台北突擊檢查戶口，無身分證及無戶口的身分不明者，本省籍送勞動訓導營，外省籍者則一律遣送出境。

上海撤守後，大批軍政機關人員及眷屬，連同豪門巨富、普通百姓或投機商人，都紛紛避難台灣。台灣除了在軍事政治上成了陳誠等人口中的「地位日益重要」的「復興基地」之外，社會百態也起了根本的變化。光復後一直習慣被人稱爲乾淨土的台灣，時至今日，她的負荷也隨者時局的演變，而日益沉重了；然而，在漫天烽火中，一些新生事物也隨著避難者進入台灣，造就了五光十色的生活現象。下面綜合了一些當時報刊所描寫的「台北新風情」，雖然都是一些平凡小事，但在隱微的地方暴露的事實，都是最眞切的。使軍政的大變局顯得更爲眞實，每一件小事都刻畫著大時代的變遷。

——京滬的豪門巨富，乘飛機，搭輪船，一批又一批，紛紛避難來台。這批高等難民的大遷徙，使本省人口激增，房荒也越嚴重，台北大小旅館天天客滿。

——但來台的人物當中也夾雜一些普通百姓，在他們剛踏進台灣之門，自然都深自慶幸，但當他們住了下來時，不免要感到：逃了生命，卻逃不了生活的威脅。

——另有一種投機商人，來台之後，大自黃金、美鈔、銀元、洋貨、布疋，小至開門七件事的柴、米、油、鹽、無不拚命地抓。

——公教人員心情日益沉重，因爲物價一天一天地上漲，而薪水在相對之下卻一天天的低微。待遇雖自五月份起提高了二成，然而，台北物價二週上漲了三倍。

——台北市新開的店鋪突然多起來，這批新興商店，從地攤到委託行，樣樣俱全。市場上外幣交易的風氣也盛行了，委託行與買賣銀元販子生意突然崛起；委託行的前身都是台滬間的單幫客，由於上海吃緊，無貨可揹，生意清淡，只好把以前揹得來的賺頭，另改行而經營委託商店，因爲在亂世生活迫人，出售私藏貨品的大有人在，於是委託商人紅起來了。這些委託商店的貨色，有衣料、西裝、皮鞋、手錶、古物等應有盡有，但標價卻並不如人們所料想的便宜。

——在到處鬧房荒聲中，中華路的攤販棚位，大爲沒有房子的人所垂青。別看那麼一間鳥籠式的小蓬棚，頂費已起碼數百萬；還有一部分所有者，覺得奇貨可居，仍然扳持看高，大有非突破千萬大關不肯放手之勢。這裡既沒有公共廁所，又沒有水溝，住在這裡面的人，「出路」大感困難，於是只好跑到鐵路旁偷偷「解決」，於是四處屎跡，臭味遠揚。

——沅陵街五大旅社的門口，有些由廣州疏開來台的旅客，晚上在人行道上打起了地鋪，據說每晚可省十幾萬的房租。

——「海」風吹來，本市最近出現了一家「極樂殯儀館」，殯儀館而名「極樂」，確乎詞能達意。

——由於大陸上來了不少車輛，近來台北市的警察也特別忙碌起來。然而，增加的僅是私人的小包車，市民們乘坐公共汽車時，卻時常要忍嘔氣。

——最近的電影院，有幾家雖然是一些舊片在重演，但生意一樣的興隆。晚間經過戲院門口，時常可以看到長蛇陣的「買票隊」。天氣酷熱，本市國際戲院，已從一日（六月）起，開放全省獨一無二的「冷氣裝置」，這麼一來，戲院裡頭就可以保持華氏七十五度的溫度了。但到該戲院看戲消暑的人卻很少，原來票價之高，冠絕全台。

「台北風情」的報紙插畫。

台北市西寧南路魚市場附近居民，在騎樓下利用製冰廠流出的水洗衣。

——有幾位教授，因生活不下去，人急智生，乃集股釀製「雄雞」醬油，分送到各機關學校去推銷，因貨眞價實，訂購者頗多。夏令悶熱，許多小公務員，公餘無事，漫步街頭，到處碰到西瓜攤與冷食店。不覺有面熱心「冷」之感，雖吃不起也夠「涼」了。

——本市地下錢莊接二連三的倒閉之後，演出許多投江服毒的悲劇。可是有些人卻投機的編出了一首所謂〈貪利失母錢莊歌〉，到處以台幣四千元的價錢出售。「錢莊歌」裡有了這麼幾句：

> 貪著錢莊有利息，金器私蓄提去寄，會仔大家相爭標，因爲貪人利息著，七熔（熔與洋同音）八熔熔了了，前哭（哭與扣同音）無通（可）提，借呢無地通（可）去借，切心自殺跳大橋，有個自殺去跳港，爲著錢莊貿易行。

——「港」風襲來，男士們穿上花花綠綠的夏威夷衫，使人乍看起來，頗覺刺目，穿港衫的人多嚼口吞（香）糖，倒不知這兩種東西怎麼會有這樣密切的關係。

——有人說「行」和「吃」最容易區別本市市民的等級。你只要看坐的是小包車、三輪車、腳踏車，還是步行？吃的是新台北的冰淇淋，維納的冰淇淋，馬路冰淇淋，還是枝仔冰？

——出現在本市的流線型汽車與日俱增，除了肥頭大耳的車主人，在茶餘飯後兜兜風外，送太太上街買玻璃絲襪，送少爺上學念書……來來往往，忙個不停。

——隨著本市人口的增加，房荒迄未解決。沒有金鈔的難民，只有安身於寺廟或屋簷裡。而新築的樓房卻一幢一幢的空著關著。

——中央航空公司新近向美國訂購了六架豪華客機「空中行宮號」。該機每小時飛行三百哩，可搭乘客四十六人，艙內安置沙發，並有冷熱氣設備。空中小姐濃妝艷抹，滿口yes、no，洋小姐風度十足。該機於七月十四日由香港飛台北，今後將參加台北至穗、港的班機航線飛行。該公司特邀請記者及各界首長等，分批登機升空盤旋試乘，李萬居、杜聰明等都應邀試乘。

——隨著穿漂亮皮鞋主顧們增加，台北市靠擦鞋爲生的，近半年來也自二、三十人激增到一百多。此間擦皮鞋的鼻祖也許是上海來的，可是，目下做這一行生意的，仍以本地人占百分之九十左右。大本營還是在火車站、衡陽路、太平町幾處地方。以往，擦皮鞋的，人行道旁排成陣式，此唱彼和，陣容旺盛。足下的一雙皮鞋，卑不足道的一雙皮鞋，偏有如許的人靠它爲生，這裡面又有如許的競爭和辛酸，是皮鞋作成了台北交響曲主要的一部，片刻不停地奏著：「皮鞋擦哦？皮鞋擦哦？」

——本市警察解放人犯，大多是「小放牛」。警員騎自行車緩緩而行，人犯用一根麻繩給他牽著。但昨天看到了一個上手銬的犯人，坐在警員自行車的車槓上，模樣至爲親善。

## 第二節　台灣入境須知

在國共內戰的大時代中，個人像時代浪濤中的浮草，無法掌握自己的命運，絕大多數的人對自己的去路，沒有選擇的餘地，只有在戰火中隨著人潮逃命。百萬以上的各省軍民，不管是自願或非自願，都被時代潮流沖刷到台灣來。雖然台灣原爲中國一省，但由於過去的特殊日本殖民歷史，造就了一個十分獨特的社會環境；雖然台灣已光復四年，但殖民歷史的影響仍十分深刻。對於短時間內從大江南北避難或撤退到這裡的人來說，是一個陌生的島嶼。他們必須在這個獨特而陌生，又是國土的地方生活下去，在這裡重建家園。必然產生許多生活上的疏離和障礙，甚至與本地人之間發生磨擦，這些都是由於對台灣獨特的社會與民情缺乏認識而起。因此當時有一份雜誌《時文精華》半月刊，第二期（一九四九年四月八日出版）特別爲這問題，刊出了一篇〈台灣入境須知〉，它的副標題是：

在碼頭和機場上應該發給進口旅客們這樣地一張印刷品。

該「入境須知」十分簡潔、深刻、周全又不失幽默地，提醒大江南北民眾入境台灣該有的知識和心理準備。即使今日讀來，仍然有新意。

這「入境須知」也反映了當時來台的外省民眾，普遍存在的對台灣社會的隔閡狀況。其原文如下：

一、你的腳踏著臺灣省的土地時，不必以好奇的眼光去看一切，這是中國領土的一部，和你旅行到任何一省一樣，這裡的同胞，同樣知道過陰曆新年，吃粽子，吃月餅和元宵的。

二、你找到了住宿的房子，可是很困難找到一位滿意的傭僕，不要發愁，不要罵臺灣下女沒有長性，因爲你的話，她們不懂，你的生活習慣，她們看不慣，你要住在這裡，就應得和住到廣州去一樣，要學廣東話。

三、臺灣的土語是中國語言的一種，不是外國語，你需要去學習，你將會得到很多的便利。

四、請你不必穿華貴的衣服到臺灣來，這裡的同胞都有儉樸的美德，你穿得太漂亮並不足以表示你的人格價值。

五、聽到有人在背後叫你「阿山」時，不要生氣，這和你到杭州去遊西湖，人家叫你「黃瓜兒」一樣。

六、有人問你籍貫，你不必說：「我是中國南京人」只說「南京」人足夠了。

七、你第一句應該學會的臺灣話應該是「失禮」二個字，你應當時時用到它。

八、你到臺灣來做官，第一先要問問吳鳳的故事是什麼？你如果來經商，少開空頭支票，不必做投機生意來興風作浪，不然，你要後悔的。

九、你聽到二個本省人在講日本語時，不要懷疑他們是在罵你，因爲本省土語有好幾種，不得不借用日語來談話的。

十、和本省人談話少用「你們臺灣人」這句上海人的口頭禪。

十一、你並沒有眞心去愛一位臺灣小姐時；少說「我愛你」！

十二、你如果是共產黨員，請你不要在臺灣放野火，這是民族的資產，你不應該破壞它。

十三、不要說「國内」如何如何！因爲臺灣並不在國外。

十四、北投、草山的溫泉固然很好，可是別忘記去看看臺灣的鄉村和農民。日月潭的發電所雖然偉大，但不要忘記東北小豐滿的。

十五、記住，你到臺灣來並不是「征服者」而是「浪子回家」，你來了，你應該記住上面的許多事，不然，你的子孫，會付出可怕的代價的。

## 第三節　擺盪中的美國對台政策

### 美國「援蔣反共使者」訪台

第二次大戰後，由於美國援華的龐大利益，以及美國國內日益濃厚的反共氣氛，在美國產生了一批力量不可忽視的「援蔣反共集團」。它包括院外援華集團，如民航隊的陳納德、《時代》、《生活》創辦人亨利・魯斯、前駐華大使赫爾利、魏德邁和麥克阿瑟等；還有，國會內的「中國幫」，如參議員諾蘭、史密斯、麥卡倫、布里杰斯以及眾議員周以德等。

在中國內戰全面爆發後，他們不斷要求給予蔣大規模軍經援助，為蔣國民黨政府辯護。當內戰形勢逆轉，美國從中國「脫身」時，他們極力阻撓美國袖手旁觀；當蔣退居台灣時，他們鼓吹美國必須保衛台灣。

十月十六日，美共和黨參議員，外交委員會委員史密斯，偕民航隊陳納德與盟總人員四人訪台，與蔣密會後當日返回東京。

十一月二十日，美共和黨議員諾蘭來台，省參議會及各界代表、市民舉行了歡迎諾蘭大會。諾蘭即席發表演說，表示舉世共產黨都破壞自由，台灣安定可以幫助大陸，中國目前的處境，正是天亮以

美參議員諾蘭夫婦在台灣大學操場演講。

1949年11月20日，美參議員諾蘭夫婦訪台時，與陳誠夫婦合影。

前的黑暗，堅信自由中國的黎明，即將到來，願中國友人爲人類的自由民主而奮鬥。他並在台北美國新聞處開記者會，表示：美政府應發表一項宣言，聲明台灣應屬自由中國之一部，任何人不應使這塊自由地區受到威脅，影響亞洲其他國家及世界和平。他強調：美國應支持亞洲反共主義，美國應對威脅世界和平之共黨，採強硬態度；美國應封鎖中國共產黨。

這位美國的反共先鋒，視察了岡山、鳳山和金門之後，於二十二日飛馬尼拉，再飛重慶與蔣、閻見面。諾蘭向蔣表示：希望國民黨軍隊在大陸支持六個月，當由美國出兵支援。如果蘇聯出兵支援中共，因而爆發第三次世界大戰，美國是有決心和力量打這個仗的。

雖然諾蘭的極右反共主義不代表美國政府的態度，甚至可說與美國國務院的政策牴觸，但是，這股反共主義潮流已是美國內不可忽視的一股力量。諾蘭的說法與主張，的確在六個月後，因爲韓戰爆發而實現了，它的言論成了那以後的美國和在台國民黨政府的標準官方宣傳。只是蔣在中國大陸的殘局，等不及諾蘭堅守六個月的期望，而在不到一個月之內就全面覆滅了。諾蘭在重慶見了蔣之後，還不忘於十一月二十七日到桂系根據地南寧，並接受白崇禧的歡宴，檢閱部隊，二十八日再飛香港訪晤李宗仁，三十日飛抵東京。

在國民黨政府搖搖欲墜、分崩離析的時刻來訪的這位「反共友人」，當然受到國民黨各派系各階層的熱烈歡迎。

在諾蘭之後，國民黨政府將全面遷台前夕的十二月二日，美國參院撥款委員會委員福開森，皆同其他三位委員從東京來台，主要爲調查遠東美援成果的實況，提供華府決策作參考。他在台北賓館的記者招待會上說：

台灣的重要性，現已占整個世界安全問題的一部分，台灣現在已處於「冷戰」中。

福開森的這句話，可說是台灣最早的「冷戰」宣言。

他回到美國後，又於十二月十三日在華盛頓記者招待會上表示：「對於麥克阿瑟關於台灣在美國太平洋防禦上有高度戰略價值的觀點，表示贊同，也贊成必要的時候，美國出兵台灣，以免該地爲中共軍隊所占領」。他同時強調：「承認中共無異在冷戰中屈膝。」

同樣剛從太平洋遠東地區視察回來的美共和黨眾議員克勞福，更明白地表示：

以我們抵抗蘇聯擴張的防禦觀點來看，日本、琉球、台灣、菲律賓是不可分的；應不惜任何犧牲保衛日本、琉球、台灣和菲律賓，以防止共產主義在遠東的進一步擴張。

## 戰後美國對台政策的擺盪

### 一、美國積極支持台灣復歸中國（一九四五年至一九四六年）

台灣在日本投降後順利復歸中國的原因之一，是戰後成爲世界超級強權的美國對中國政策的走向；戰後初期，美國對中國政策的重點，在「扶植一個有效統治中國的親美政府」以牽制蘇聯和英國。因此如何全力扶植國民黨政府有效統治中國，就成爲美國戰後初期在亞洲戰略的重心。在這個美國對中國政策的大背景下，台灣自然順利復歸中國。

美國不但促使台灣順利復歸中國，並且與動用美軍飛機、船艦大力協助國民黨迅速接收全中國被占區一樣的，也用美軍的飛機、船艦協助運載國民黨人員接收台灣（實際上，在國民黨接收人員踏上台灣土地之前，美軍人員早已經數次到達台灣進行撤俘和社會調查了）。一九四六年初，美國在台北成立了總領事館，美國空軍也在台建立了航管、雷達站。

**二、開始分離台灣**（一九四七年至一九四九年八月）

一九四六年下半年開始，國共和談破裂爆發了中國的全面內戰：一九四七年初，意圖調處國共內戰失敗的美國馬歇爾特使黯然離華，這使美國對國民黨政府的援助從全面支持（高達四十億美元以上）轉向不冷不熱的態度。同時，美國開始改變對日占領政策；從早先以清除軍國主義、解體財閥、戰爭賠償爲中心的政策，轉向積極復興日本經濟，使日本成爲東亞經濟的中心；美國在亞洲戰略的重心轉爲扶植一個親美的日本，使其成爲美國太平洋安全體系的基石。在這樣的時局中，台灣爆發了「二二八事件」，美國開始在對台政策上暗中扶植台獨勢力，並企畫「台灣地位未定論」、「託管論」、「住民自決論」等分離台灣的政策。自此，隨著國共內戰的激化以及國民黨軍在大陸節節敗退，使美國扶植國民黨親美政權的政策遭到挫折，分離台灣的政策便成爲美國對台政策的主流。

一九四八年底國民黨在中共的全面攻勢下兵敗如山倒，一直到一九四九年底蔣國民黨政府中央遷台爲止，這期間，美國對台政策的中心便是「如何使台灣不落入共黨手中而留在一個親美政權的手中」，美國企圖把台灣問題與中國內戰分開，執行分離台灣的政策。政策的重點包括：設法阻止蔣介石來台、在台灣扶植取代蔣的政權、利用台籍菁英的分離主義、鼓勵台民自決、宣傳國際託管論以及台灣地位未定論等。

一九四九年八月美國發表〈對華白皮書〉，譴責國民黨政權腐敗無能，表示不再支持國民黨政府。同時美國情報單位的報告也指出：如果沒有美國的占領或支援，台灣將於一九五〇年底落入中共的手中。

三、再度承認中國對台灣的主權（一九四九年八月至一九五〇年初）

一九四九年十月一日中共建政以後，美國的對台政策又有了一百八十度的大轉變；從分離台灣把台灣留在美國手中的政策，轉爲重申承認中國對台灣的主權以及宣稱美國對台灣沒有任何野心。這個轉變是由於美國對中國政策的轉變，美國開始試圖尋求與初建政的中共接觸，向中共示好，努力爭取中共不向蘇聯靠攏，以維持美國在華利益。因此，一九五〇年一月五日，杜魯門發表聲明：重申「開羅宣言」」「波茨坦宣言」中有關台灣歸還中國的規定：明確承認四年來中國對台灣行使主權的事實；聲稱美國對台沒有占領野心、沒有建立軍事基地或獲取特權的意圖、沒有意願在台建立親美的獨立政權、不使用軍事力干預台灣局勢；並再度確認當時聯合國大會決議的「中國原則」（尊重中國領土完整，要求一切國家避免在中國領土內獲得勢力範圍或建立由外國勢力控制的政權）。

# 第十四章
# 一個結束·一個開始

## 第一節　台灣「戰時體制」的強化

從上海失守大撤退後，台灣與大陸之間的往來已逐漸斷絕，大陸逐日成了台灣的官方、報刊口中的「匪區」；國民黨海空軍連續的轟炸和封港，不但使往來斷絕，更使大陸成爲「敵方」。與此同時，台灣逐漸恢復了與日本之間的往來。

### 通郵、通商「斷絕」

七月一日，報紙報導，台灣寄往大陸「匪區」的郵件仍積存郵局，並不遞送；同時，台灣與日本之間恢復了郵件往來，電報也正式開放。在對外經貿上，政府規定外銷物資運銷大陸，須經物資調節委員會的許可始得放行；另一方面，台日間的「易貨貿易」卻十分暢旺，貿易額達一千萬美元，一九四九年的七月爲止，台糖輸日總量達十萬噸。

這種情況，隨著內戰的進展，日愈嚴重。特別是大陸重要的經濟產業中心華東、華中、華南、東南相繼喪失，這些地方又是台灣傳統上與大陸經貿往來的重要地區，因而使台灣與大陸的經貿完全斷絕。由於喪失了大陸市場，使本來外銷的商品被迫在省內求售，然而本省消費者購買力又沒有相對提高，因而本省工業面臨嚴重的局面。為了尋求出路，不得不與日本重建經貿關係。台灣對外市場，漸趨狹隘，新市場的開闢，成為台灣經濟的當務之急。然而，放眼國外市場，比較有希望的，還是日本。因此，從八月起，積極開拓對日貿易，已成了台灣各方的熱烈議題；從社論到座談會，一直到省府組商務代表團，到日本開拓市場。省參議會也組「日本經濟考察團」，團員二十五人，準備在九月下旬出發。

## 成立「東南軍政公署」

從陳誠被任命為東南軍政長官以來歷經一個月還未成立的「東南軍政長官公署」，終於在八月十五日在台北成立。「軍政長官」統轄蘇、浙、閩、台四省的反共作戰。副長官由林蔚擔任，參謀長由張秉鈞中將擔任。

八月三十日，陳誠頒發命令設立「台灣省保安司令部」和「台灣省防衛司令部」，廢止原「台灣省警備總司令部」。任命彭孟緝為保安司令部總司令，指揮全省憲兵、警察和保安總隊，負責鞏固社會治安，並於九月一日成立。從九月一日起，東南軍政長官公署遷介壽館辦公，保安司令部設在原警備總司令部舊址。

另任命陸軍訓練司令官孫立人為「台灣防衛司令官」，指揮全省作戰，從事保衛台澎。台灣防衛司令部遲至九月三十一日才成立。

東南軍政長公署成立後，陳誠除主持省政外，也奔波在東南四省的戰場上。

九月十一日，因廈門外圍戰況激烈，新任的東南軍政長官飛赴廈門視察。

十月十九日，陳誠飛舟山視察。

十月二十九日，陳誠，孫立人赴金門，巡視金門戰役戰果。

十月三十日，廣州失守後，陳誠飛海南海口，圓滿解決粵台瓊軍政聯繫。

從十一月二十八日起，「東南人民反共救國軍」連續三天在台北舉行工作會議，東南各地敵後游擊隊首領全部出席，由總指揮毛森主持。

## 生活、經濟上的「戰時體制」化以及徵兵

在經濟上亟須重建對外經貿關係的時候，由於大陸戰場的潰敗，陳誠對島內的軍事化管制，卻愈來愈嚴厲。致使原本熱烈的對日經貿活動，也隨之冷卻。

九月三十日，陳誠特別指出，花花綠綠的香港衫有礙瞻觀，且影響本省純樸勤檢風氣，面諭警務處即應嚴厲取締。

十一月九日，省府規定自十一月十五日，進行音響管制。

十一月十八日，省府通過停辦日本觀光團，禁止省民到日本旅行，以節省外匯。

十一日二十日，台灣進行燈火管制。

十二月四日，保安處嚴格取締軍民收聽「匪廣播」。

十二月二十日，嚴禁跳舞，跳舞將要罰款。

在這期間，陳誠實施了幾項重大的「戰時體制」：

十月十九日，台灣省政府頒布〈取締擾亂金融抑平金鈔波動辦法〉十項辦法，對金融、經濟進行了嚴厲的管制。嚴格規定：依本省戒嚴令第四條，擾亂金融秩序情節重大者處死刑；加強緝私；取締外匯買賣，並嚴限出國旅行以免浪費外匯。甚至還規定報刊不得使用「狂漲」、「飛漲」等用語，以免刺激民眾心理等等，連報刊用語都嚴加管制，反映了台灣當局對時局極度不安的狀態。

十二月四日，當局將五名僞造新台幣的犯人，送到馬場町槍決。

十月開始，台灣省政府對民國十七、十八年次役男進行體檢，準備在台灣徵兵。十月二十七日，台省訂定〈徵兵期間限制役男出境辦法〉，規定十一月一日起限制及齡役男出境。

十二月國民黨中央政府遷台後，在台灣征兵的需求日益增強。十八日，報紙報導，明年在台征兵即付實施，決定提前選征四千五百名壯丁，於一月十五日前入營。東南軍政長官公署已確定春季第一期，將徵集台灣壯丁三萬五千名，成立台灣新軍。

除了征兵之外，還實施全民皆兵，組訓民眾的社會軍事化政策。

十一月一日，省府爲了加強地方自衛力量，公布了國民兵隊組織辦法，在各縣市鄉鎮普設「村里國民兵隊」。

十二月五日到十二日，陳誠召開的最後一次全省行政會議，在閉幕式上他強調：明年施政總目標是「配合軍事，確保台灣」，可見得軍事化以及防衛台灣已是其施政目標。會議通過了進一步社會軍事化的措施，包括：組訓公務人員、組訓漁民、推行新生活運動、確定反蘇剿共政策、由省府統一籌

1949年12月，台中市民國十七、十八年出生的役男，徵兵抽籤大會。(中國國民黨黨史館提供)。

1950年1月，台中市車站「歡送」徵兵役男入伍的情形。(中國國民黨黨史館提供)

在日據期常用的歡送入伍的旗幟下，省主席歡送台灣省籍役男當兵入伍。

集各縣市防衛經費等等。

## 文化、教育的反共化、軍事化

早在一九四七年七月蔣頒布勦匪總動員令以來，反共宣傳就已展開，特別在報刊上刊登反共標語的現象，隨著戰局的加劇而更爲普遍。如一九四七年九月十五日的《中華日報》上，就刊登了醒目的標語：

勦滅匪首朱德毛澤東，肅清禍國殃民的共匪。

到了一九四九年，內容更爲豐富多樣，且已和國際反共宣傳相結合。如六月九日《公論報》上刊登的「反共宣傳標語口號」，就分爲（甲）反共戰爭的八大目標（如：保障生活自由，反對赤色恐怖）；（乙）闡明戰爭性質之標語（如：反共戰爭乃自由對奴役之戰爭）；（丙）反共的簡單口號（如保家鄉、保財產、保生命、爭良田、爭平等、爭生活）。其反共宣傳已深入社會心理層面，且與現代西方反共主流思潮結合，爭取民心，特別針對知識分子進行思想上的反共說服。

對於新聞界也進行加強「文化戡亂」的動員。如六月十三日，省府有關機關十一單位首長舉行了「宣傳會報」，商討如何加強省之宣傳工作，由省黨部副主委李友邦主持。陳誠致詞指示：「台灣乃反共鬥爭之一環，吾人在與共匪之鬥爭中，必須自力更生，勿存依賴心理，輿論界對於後方之失敗主義，必須予以匡正。」六月三日，陳誠在警備總部招待所邀宴全省文化教育界人士，除了教育界聞人

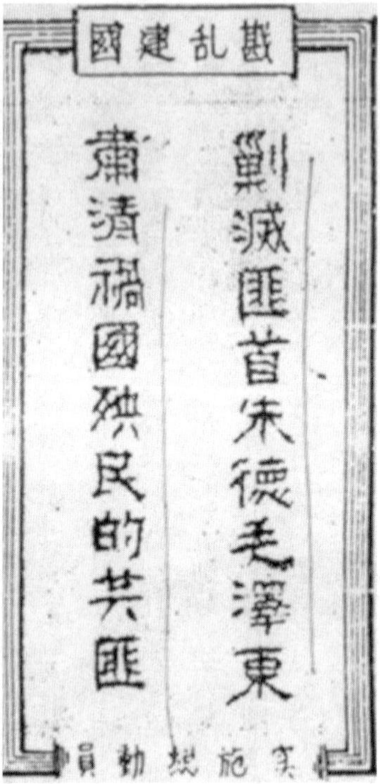


1947年，台灣的《中華日報》上刊登的「戡亂總動員」標語。

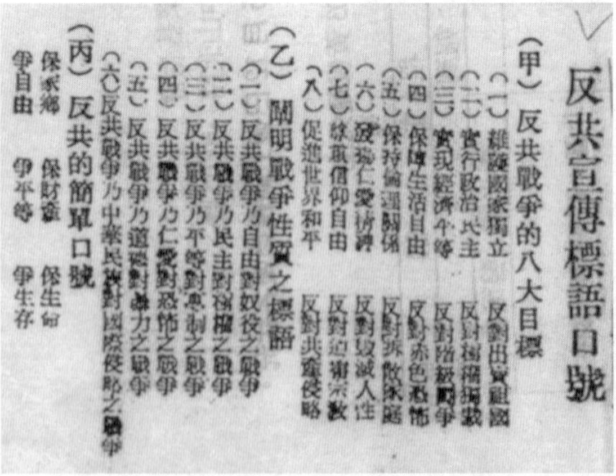

反共宣傳標語口號

(甲) 反共戰爭的八大目標

(一) 維護國家獨立　反對出賣祖國
(二) 實行政治民主　反對極權獨裁
(三) 實現經濟平等　反對階級鬥爭
(四) 保障生活自由　反對赤色恐怖
(五) 保持倫理關係　反對拆散家庭
(六) 發揚仁愛精神　反對毀滅人性
(七) 維護信仰自由　反對迫害宗教
(八) 促進世界和平　反對共產侵略

(乙) 闡明戰爭性質之標語

(一) 反共戰爭乃自由對奴役之戰爭
(二) 反共戰爭乃民主對極權之戰爭
(三) 反共戰爭乃平等對專制之戰爭
(四) 反共戰爭乃仁愛對恐怖之戰爭
(五) 反共戰爭乃道德對暴力之戰爭
(六) 反共戰爭乃中華民族對國際侵略之戰爭

(丙) 反共的簡單口號

保家鄉　保財產　保生命
爭自由　爭平等　爭生存

1949年6月9日台灣《公論報》上刊登的反共宣傳標語口號。

如傅斯年，劉眞等之外，很多從京滬「疏散」來台的文化界人士，以及本省各報社長、總主筆、總編輯等全都與會。陳誠在宴上要求文化界多多供應軍隊反共的精神糧食。

各報社論、專論更是充滿了反共宣傳的文章。如：《新生報》上的社論〈趕快實行戰時體制〉（五月二十三日）、〈如何肅奸防諜〉（七月二十七日）、〈重整思想戰線〉（七月六日）、〈自由主義者與反共鬥爭〉（六月五日），還有葉青的專論〈爲什麼要與共產黨作戰？〉（六月一日）、〈動員民眾反共之理論與實際〉（六月二十六日）等等。

從陳誠以「整頓學風」之名，發動了「四・六事件」整肅台灣的學生運動和文化運動後，政府對台灣教育的集權管制和反共化工作日益加強。如六月二十八日《新生報》社論，以〈學校反共教育之實施〉爲題，呼籲學校應該成爲「反共戰鬥體、反共文化堡壘」，進行反共文化鬥爭。七月九日，省府訂頒「訓導注意事項」，加強學校學生的訓導工作，建立了一元化的學校訓導系統，監督管制學生的思想和行爲。

十二月十一日，陳誠召開的行政會議通過了「非常時期教育實施綱要」；這教育綱要有五大要點：

確立中心思想、加強國家觀念、勵行戡建教育、展開社教動員、施行軍事訓練。

由此可知，這時台灣的教育已進入了反共軍事教育的暴風圈。

## 查禁「反動書籍」（禁書）

十一月二日，省府公布了數百種禁書書單，開始查禁「反動書籍」。長達數十年的台灣「禁書」歷史，從此開始。其理由是：「本省已成反共復興重要基地，爲實施反共教育，掃除反動思想起見」，規定：「學校社團圖書室禁止陳列，各書店應辦保結不再經售」，「反動書刊應一律予查禁封存」。

被列爲「反動書籍」的「禁書」，分十大類，包括史學類（如周谷誠《中國通史》）、哲學類（如艾思奇《大眾哲學》）、政治經濟類（如王亞南《中國官僚政治的研究》）、社會文化教育類（如費孝通《鄉土中國》）、文藝類（如《魯迅全集》）、戲劇音樂類（如馬思聰〈祖國大合唱〉）、遊記類（如矛盾《蘇聯見聞錄》）、傳記類（如胡繩《孫中山革命奮鬥小史》）、雜誌類（《時與文》、《文摘》、《國訊》、《正報》等等）、純宣傳品類（如陳伯達《中國四大家族》）等。

這數百種的查禁書籍，幾乎包羅了中國現代史上最重要且影響最深遠的著作。在台灣查禁這些書籍，等於切斷了台灣與中國現代思潮的關係，斫斷了台灣文化、思想的活水。雖然，實現了陳誠「隔絕共產毒素於彼岸」，「阻止共產思想越過海峽進入台灣」的反共政策；但是其極端的反共基地化，卻窒息了台灣文化思想的生機，其惡果既深又重。

## 第二節　國民黨中央政府遷台與省府改組

### 行政院遷台和蔣介石離蓉飛台

在李宗仁以「代理總統」身分，於十二月五日從香港飛美就醫後，不過一星期，解放軍已逼近成都。十二月七日，總統發布命令（行政院長代理職務），中央政府決遷台北。並決定，在西昌設大本營繼續指揮大陸戰事；派參謀總長顧祝同兼西南軍政長官，胡宗南為副長官代行長官職權；成立成都防衛司令部，由胡宗南部第三軍長盛文維持市區治安並繼續保衛成都。翌（八）日，閻錫山率領中央各部會首長十四人，於上午十時，從距成都八十公里的新津機場搭「美齡」號專機飛台，下午六時抵達台北。十二月九日，假台北賓館辦公，並首次在台召開例會，繼續派軍機和民航隊多架飛機接運在蓉官員。十二日，總統府和行政院遷入介壽館（今總統府）辦公。

接著，蔣介石於十二月十日，從成都鳳凰山機場搭機飛台；飛機從下午二點起飛，六點三十分抵達台北。在飛行中，曾經發生了蔣介石也一直不知道的危急狀況。據當時駐守廣州的解放軍十五兵團司令員洪學智的回憶：十日那天廣州機場已接獲蔣座機於下午二點從成都起飛，大約三點左右到廣州上空，然後直飛台北的消息；廣州白雲機場的接管人員向洪學智建議，用戰鬥機把蔣機迫降下來，或乾脆把它打下來。洪向葉劍英請示，葉又向中共中央請示，但中共中央一直沒有指示下來；洪十分著急，眼看飛機就要飛來了，就向葉商量：乾脆先斬後奏，先打下來再說，葉回說：反正中央沒有回意就不能幹，最後洪學智只好放棄打蔣座機的方案。這反映了當時中共中央對蔣介石的微妙政治策略。

隨著國民黨政權在大陸的全面潰敗，軍民撤退到台灣。

## 各機關遷台

隨著政府各機關陸續遷台，日本賠償中國的物資和美援物資也直接運來台灣。

先是，行政院賠償物資分配委員會駐台辦公室，於九月十六日正式在台辦公；二十七日，日本第三批賠償物資，包括拆卸日本十七單位兵工廠的主要機具，運來台灣，分配給台糖和省府接收。據十一月十一日的《新生報》報導：黃金六十萬七千餘公分（約值六十八萬美元）將由日本歸還我國，這是日本歸還黃金總數中的首批（總數有七千一百七十四萬公分）。

十二月十五日，行政院「美援運用委員會」遷台，即日開始辦公，該會台灣辦事處也同時撤銷。美援物資陸續運到基隆。

十二月十九日，中央銀行遷台，駐台代表辦事處結束，但央行並不對外營業。

十二月十一日，國民黨秘書長鄭彥棻飛抵台北，經中常會決定，中央黨部將隨政府遷來台北。國民黨中央黨部，本來在行政院由穗遷渝時，就已分台、渝兩地辦公；且部分工作人員，早在九月已來台工作。其他如招商局、中央造幣廠、立法院等單位，早已先後遷台。

十二月二十四日，美國駐華代辦史特朗自港飛抵台北，籌設美駐華大使館。這是繼韓國大使後，第二批隨中央政府遷台的外國使節。

十二月二十一日起，國民黨海空軍進一步強化對大陸的封鎖行動，港口、領海的布雷將從遼河口南延到電田縣爲止。同時，二十五日成都失陷後，行政院宣布今後施政重心，將爲策動敵後游擊戰。

十二月二十七日起，民航隊開始從菲律賓載運銀幣回台，該筆銀幣總值一千萬美元，共有五千多箱。民航隊飛機每天飛十架次，預計一週才能運畢。

在這期間，台灣也進入非常時期的緊急狀態，一切施政都配合中央政府撤台以及軍事的變局。

十二月開始，爲加強維持社會治安，全省進入「冬防」時期，各種營業限午夜前停止活動。並組織軍、警、憲、民聯合巡邏隊，「夜巡防奸」。台北市禁止迎神賽會、露天演戲，從下午六點到翌晨六點禁止燃放鞭炮。

其他如前節所述，進入十二月，台灣開始征兵、各縣市普設「村里國民兵隊」，以及馬場町響起白色恐怖的槍聲。

## 台灣省政府改組與「風波」

十二月十五日，行政院院會通過重要的台灣省府改組案。任命吳國楨接替陳誠任台灣省主席，並兼省保安司令，彭孟緝轉任副司令。同時，任命蔣渭川長民政廳、彭德長建設廳、徐慶鐘長農林廳、

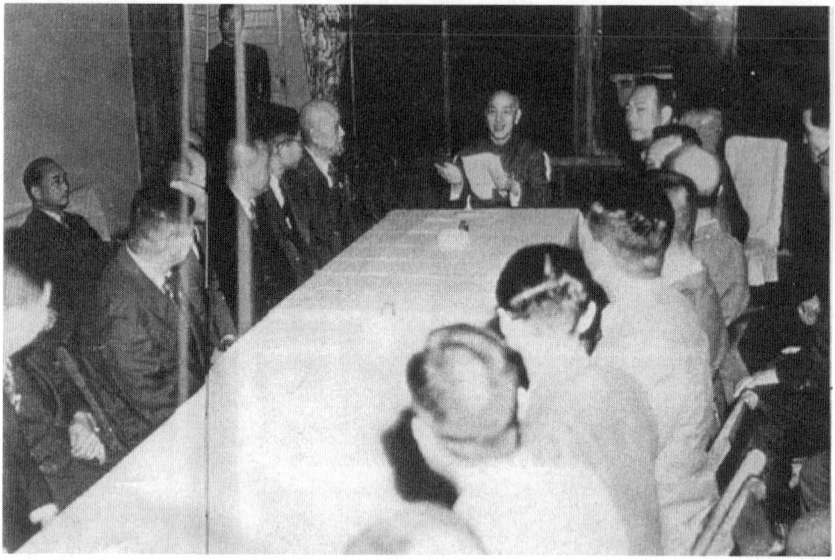

1949年12月19日，蔣介石接見台灣省參議會全體參議員。

任顯群長財政廳、陳雪屏長教育廳。並任命杜聰明、楊肇嘉等二十三人爲省府委員。

前上海市長吳國楨接受省主席新職的任命後，對記者表示：改組後的省府，將盡量網羅本省籍人士，我們主張反共人士，都應聯合起來，在「反共第一」的前提下，共同奮鬥。吳氏又說：本省五廳中，已決定三廳廳長爲本省人，二十三名省府委員中，本省籍人士占十七名；這些參加政府的人，包括了各階層及農工商各界代表，及民青兩黨人士，可以說是代表民意的政府。吳氏進一步表示其施政方針爲：徹底反共、配合軍事、向民主目標邁進、走民生主義道路、提倡法治、推行地方自治，以培養新生的反共力量，確保民主集團的勝利。

吳國楨的施政方針和內容，與陳誠的施政有微妙的差異，主要增加了美國式的「民主語言」，其政治目的在取得美國的認同，爭取美國的援助。

十一月十八日，本省省農會改組成立，舉行省農會會員代表大會，由陳誠主席及蔣夢麟農復會主委致詞，大會通過省農會組織章程。

十一月十九日，台灣省參議會第一屆第八次會議揭幕。大會沒有機關首長蒞臨，省長席上空無一人，僅由議長黃朝琴主持大會；也沒有樂隊，儀式極爲簡單，自大會開始到宣告禮成，僅花了三分鐘時間。這是受冷落的參議會大會，記者形容：「參議員都在那裡發大脾氣」。參議會在當日就決議暫行休會，並通過三決議。首先，因對省府委員人選大表不滿，故「請政府重加考慮」；其次是對省府各廳長的任命表示不滿（特別是對彭德、蔣渭川的任命），故希望政府「事先予本會議表達意見之機會」；最後是老問題，「省參議員任期早已屆滿（原爲二年延任到四年），請宣布改選。」大會並決議，俟得到政府圓滿的答覆後，再行復會。

當天，包括議長、副議長的省參議員二十八人，聯袂赴草山謁蔣陳請；晚間並晉見閻院長和陳主席，表達參議會的決議。

經過連日折衝後，省參議員座談決定，於省主席交接典禮的二十一日復會，議程再縮短爲三日，會上由新任省主席吳國楨進行施政報告。

這次的「風波」，象徵了失去了大陸的人民、土地、股票，只剩下殘破的上層政府組織和軍隊武力的國民黨政府，在遷台後，與代表台灣人民、土地、資產的本省「民意機構」之間的第一次磨合。但在內戰生死存亡的關頭，早已弱化的省「民意機構」，也不得不低頭合作。

## 第三節　馬場町的槍聲響起

蔣介石得以維持其無上威權的統治，主要靠掌握金錢、軍隊以及特務，三者缺一不可，且互爲作用渾成一體。蔣遷撤台灣前後，大量各路特務也隨著進入台灣。一九四九年六月二十一日，蔣氏父子在高雄召集了各路特務系統與治安系統負責人，組成「政治行動委員會」，統一情治工作，使之充實強化。並指定蔣經國、唐縱、毛人鳳、鄭介民、葉秀峰、張鎮、毛森、彭孟緝、陶一珊、魏大銘等特務頭子爲委員，以唐縱爲召集人。該委員會於八月二十日正式在台北圓山成立，下設書記室以及石牌訓練所。以龐大的特務系統，組成一個無所不在的思想言論監視網絡，在島內形成了反共的恐怖氣氛。

其任務在肅清「匪諜、袒共親共分子以及投機分子」。七月底，警備總司令部對上述「分子」發出嚴重警告稱：潛伏匪諜著於半個月內，分向警總第二處、省警務處、憲兵四團辦理自首手續，逾期決不寬貸。並對「親共、投機分子」也發出警告：

> 少數以反現狀爲進步，不辨是非，有意無意散播袒共親共言論者，其爲害社會，不亞於盜匪之行劫，同爲治安之障礙，政治決予掃蕩……著於半月內自動離境。

警總警告的對象，還包括從事「散布失敗主義」者，阻撓反共戰爭之進展者。並宣稱：

務期居於是，食於是，工作於是者，在東南亞範圍內，比較最安全最乾淨之台灣省悉爲反共鬥士。

由於可知，其肅清的對象除了「匪諜」之外，還擴及袒共、親共分子，甚至於把所謂「投機分子」、散播「失敗主義」言論的人都包含在內。形成了一種含混的沒有明確範圍的，「非我族類」必誅的反共法西斯氣氛；使人人自危，爲了自保人人都成了「反共鬥士」。

一場徹底淨化台灣島爲「反共復興基地」的反共狂潮，開始籠罩台灣。

## 「台灣民主自治同盟」案

一九四九年八月中旬起，警務處刑警總隊陸續逮捕了包括霧峰林家的林正亨在內的十八人；主要是以他們加入在香港的「台灣民主自治同盟」，以及印製散發反動書籍等罪名。「台灣民主自治同盟」是二二八事件後，逃往香港的台籍民主人士組成的團體；主張台灣的高度民主自治，建設獨立、和平、民主、富強的新中國爲最終目標。特務機關竟視之爲中共的外圍團體，「勾結奸匪」的非法團體。

十二月二十七日，國民黨特務機關以戒嚴法、懲治叛亂條例、刑法等重重反共法條，判處林正亨、傅世明兩人死刑，罪名是「共同意圖顛覆政府而著手實行」；並於翌月一九五〇年一月三十日，刑殺於台北馬場町。這是第一位仆倒在白色恐怖馬場町上的台籍人士。

林正亨臨刑前用血寫了一首題爲〈明志〉的詩：

白色恐怖中，第一位仆倒在馬場町的台籍青年林正亨。圖為林正亨於1944年與其妻、子攝於重慶，時任國民黨軍官。

乘桴泛海臨台灣
不爲黃金不爲名
只覺同胞遭苦難
敢將赤手挽狂瀾
半生奔逐勞心力
千里河山看不盡
吾志未酬身被困
滿腹餘恨夜闌珊

## 《光明報》案

一九四九年十二月十日，在蔣介石從成都飛台北的那一天，台北馬場町響起了白色恐怖的第一陣槍聲。省保安司令部上午十時，在馬場町槍決了四名外省籍「匪諜」。他們是：張奕明（女，二十八歲，廣東汕頭人，基隆中學幹事）、鍾國員（男，二十八歲，廣東蕉嶺人，基隆中學幹事）、羅卓才（二十七歲，廣東興寧人，基隆中學教員）、談開誠（二十五歲，江蘇鎮江人，宜蘭中學教員）。被刑殺的四人，都屬「中共台灣省工作委員會」（簡稱「省工委」）「基隆市工作委員會」成員。

「省工委」成立於一九四六年七月間，由蔡孝乾擔任書記領導。二二八事件後組織快速成長；一九四八年下半年國共內戰形勢逆轉，六月經「香港會議」後，其成員以及活動範圍更爲擴大。遍及全省各地各階層。同時省工委於該年底就開始秘密油印地下刊物《光明報》，散發各地，至一九四九年八月已發行二十一期。八月二十三日，保密局逮捕了涉嫌散發《光明報》的台大、成功中學學生後，於九月間偵悉《光明報》在基隆中學印刷發行。逮捕了基隆中學校長、基隆市工委書記鍾浩東、負責印發光明報的張奕明等四人，以及其他涉案人員共二十二名。據保安司令部的說法：除鍾浩東等十八名於被捕後，坦承悔悟，已送感訓，「以開自新之路」外，「頑匪」張奕明等四名，「罪大惡極」，判處死刑並於十日執行槍決。

實際上，當時在台國民黨政府沒有美國外援，危在旦夕，一切要靠台灣民眾的支持，所以採取了「不『打』本省人，只『打』外省人」的態度。一直到一九五〇年六月二十七日，美國第七艦隊進入台海，「美援」跟著進入台灣之前，遭判刑處決的大多是外省籍人士，如國防部中將參謀次長吳石案、陳儀案就是最有名的例子。因韓戰而再度獲得「美援」的國民黨政府，從一九五〇年下半年起，才大量處決了省籍人士。本來保安司令部宣稱「已送感訓，以開自新之路」的基隆中學校長鍾浩東，也於該年（一九五〇年）十月十四日被刑殺於馬場町。

1949 年 12 月 10 日，在馬場町響起了處決的槍聲的翌日，《新生報》刊出了保安司令部發布的消息。

為匪作倀者死！
保安部破獲匪地下組織
四主犯槍決
鍾浩東等十八名坦誠悔悟
送往感訓予自新之路

負責印發《光明報》的張奕明與其先生基隆中學訓導主任方弢(後於1950年10月遭刑殺)。

## 山東流亡師生案

在刑殺了《光明報》的四位青年教師後，接著在第二天，十二月十一日，又在馬場町槍決了七位外省籍人士。他們是流亡澎湖的山東煙台聯中校長張敏之（四十三歲）、煙台聯中二分校校長鄒鑑（四十三歲），以及五位學生劉永祥（二十三歲）、張世能（十九歲）、譚茂基（二十歲）、明同樂（十九歲）、王光進（十九歲）等七人。保安司令部對外稱此案爲匪諜「兵運工運機構」，並說：「這批匪諜於今年六月底，潛伏澎湖陸軍第三十九師軍中，秘密活動，破壞建軍工作，著手調查部隊主管姓名，裝備情形，要塞地形，爲匪進攻台灣時內應……」。並分別替他們安上與「中共新民主主義青年團」有關的職稱。

其實，這個白色恐怖案件不但是一個冤案，而且是一個假案。

依據一位當時是流亡澎湖的煙台聯中高二學生的經歷者，所彙編的〈大山冤——山東煙台聯合中學師生遇難五十週年眞相告白〉的記述：

> 三大戰役後，大家見局勢不穩，紛紛南下廣州，六月間到達的山東流亡學校有八所之多，學生約八千餘人。經奔波交涉，因爲澎防部司令官是山東同鄉的關係，全體師生搭登陸艇轉往澎湖。到達澎湖後，澎防部司令官違反原先承諾，強行將高中和初中同學編兵，編入三十九師。這引起部分學生的不滿，要求司令部遵守諾言，並要見校長爲他們作主，遂發生了士兵刺傷學生事件，學生被部隊帶走，自此學校和學生的關係完全隔

離，而學校和司令部之間也成了對立狀態。煙台聯中校長張敏之，為了替學生講話請命，毅然站出來向軍方提出要求，同時也向廣州決策上級提出編兵報告，並派聯中二分校校長鄒鑑專程赴台辦理。由此種下冤情禍根。澎防部派人先後逮捕了張敏之和鄒鑑，幾天後又以「妨礙建軍」之名，逮捕了一批教職員和一百多位學生。利用學生借刀殺人，以毒刑逼供方式由學生說出張、鄒兩位校長是共產黨。經過四十天的逼供編造，情節嚴重的校長、老師、學生等四十多人，被押解到台灣保安司令部，其餘六十多人在澎湖成立新生隊繼續管訓調查。雖然有山東政要為此事奔走，但保安司令部仍於十二月十一日，星期日破例加班交憲兵第四團綁赴馬場町處決。

一九四九年九月二十日的《公論報》，刊登了〈流亡在澎湖的人們〉一文，作者江涵如此寫道：

澎湖是辛酸的擁擠，並不是歡樂的繁榮；澎湖似乎不再荒涼了，但人們的心境卻更荒涼了；窮人並不懼怕瘠地，而瘠地卻不能養活窮人。「季節風」蹂躪澎湖人乏味了，如今卻要和這群北方的流亡者做對頭了……

作者似乎感到這批北方來的流亡者的多桀命運。

## 陳儀案

解放軍渡江後，如秋風掃落葉般迅速占領除了上海之外的長江三角洲地區。在杭州失守前六天，蔣令特務頭子毛人鳳，於四月二十七日把被扣押在浙江衢州的陳儀押送台灣，關押在基隆要塞司令部，門禁森嚴，不能對外交往。

陳儀於二二八事件後卸任台灣行政長官職後，一段時間賦居上海，潛心讀書，思想上有很大改變；特別對內戰時局的變化，更認爲蔣已失人心，國民黨失敗是肯定了。一九四八年六月三十日，陳儀出任浙江省主席。一九四九年一月，國民黨軍在三大戰役中全面潰敗，蔣下野；解放軍陳兵江北，江南人心恐慌，國民黨已到了山窮水盡的地步。

陳儀默察大勢所趨，人心所向，爲了生民免遭戰火荼毒，準備和平「起義」。並進行策動其一手栽培的京滬杭警備總司令湯恩伯配合，而於一九四九年一月二十七日命其侄丁名楠，攜親筆信和開列「起義」五條件，密會湯恩伯。不料，事機洩露，湯將此事陳報蔣介石，蔣大怒，於二月十九日撤除陳儀職務，另派周嵒接任。二十三日，上海警察局局長軍統特務毛森將陳儀軟禁於上海自宅；二十七日將陳儀押赴浙江衢州，幽禁於湯任衢州綏靖公署主任時修建的公館，並派專門特務看管，每天向湯匯報。

解放軍過江後，滬杭危在旦夕，蔣令特務將陳儀赴台灣幽禁。陳儀與一九四六年被押來台灣幽禁的張學良一樣，成爲蔣失敗歷史的代罪羔羊；蔣以長期幽禁背叛他的前輩戰友於台灣，作爲其失敗的出氣口。

1950年6月18日，陳儀被押赴台北深坑行刑前的照片。

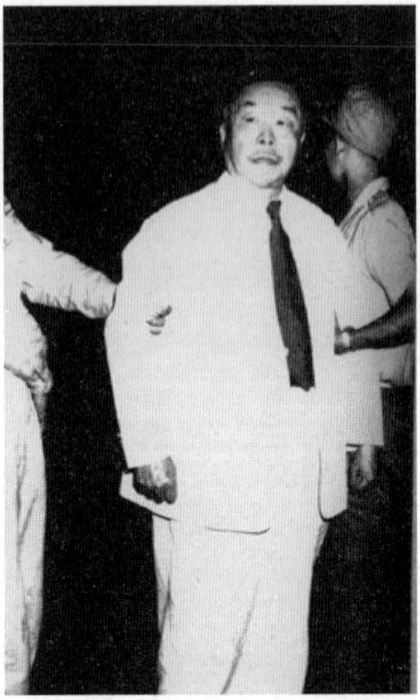

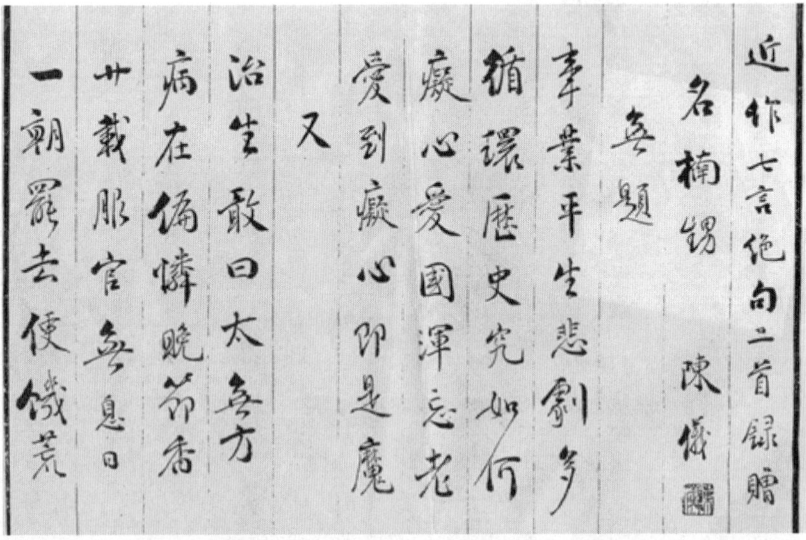

近作七言絕句二首錄贈
名楠甥　陳儀
無題
事業平生悲劇多
猶環歷史究如何
癡心愛國渾忘老
愛到癡心即是魔
又
治生敢曰太無方
病在偏憐晚節香
廿載服官無息日
一朝罷去便饑荒

陳儀贈其侄丁名楠的七言絕句二首。

一九五〇年三月蔣「復行視事」，四月殘踞川康的胡宗南部隊遭解放軍全殲，中國大陸除西藏之外全部「解放」。五月海南「陷共」、舟山「撤守」，美國又袖手旁觀，解放軍隨時可能大舉進攻台灣，蔣面臨生死存亡關頭。此刻，蔣只有以白色恐怖來震懾人心，以求安心。一九五〇年六月十八日清晨，陳儀穿著整齊神容威儀地就義於台北深坑刑場。蔣給陳儀的罪名爲「勾結共黨，陰謀叛亂」。

陳儀曾以七言絕句〈無題〉贈其姪丁名楠，這絕句正反映了他在大時代中的心情：

事業平生悲劇多
循環歷史究如何
癡心愛國渾忘老
愛到癡心即是魔

自此，台北的馬場町繼南京的雨花台、上海的閘北公園、重慶的白公館、渣滓洞之後，成了國民黨屠殺共產黨人以及反對人士的地方。

# 參考書目

## 一、報紙

《台灣新生報》
《中華日報》
《公論報》
《中央日報》
《大公報（台灣版）》
《華商報》（香港）

## 二、雜誌

## （一）一九四九年台灣出版

《台灣春秋》
《今日台灣》
《時文精華》
《中華新聞》
《自由世紀》
《時事新聞》
《香港新聞》
《新聞雜誌》
《中國新聞》
《兩週文摘》
《新希望》
《新中華》
《明天》
《民族陣線》
《天聲》
《澈底評論報》

《南國》
《進步論壇》

## （二）其他

《展望》
《觀察》
《光明報》
《傳記文學》

## 三、專著

陳誠，《台灣土地改革紀要》（台北：臺灣中華書局，一九六一年六月）
黃俊傑，《農復會與台灣經驗》（台北：三民書局，一九九一年六月）
沈宗瀚，《農復會與我國農業建設》（台北：臺灣商務印書館，一九七二年五月）
吳興鏞，《黃金檔案》（台北：時英出版社，二〇〇七年）
王曉波，《陳儀與二二八事件》（台北：海峽學術出版社，二〇〇四年）
王亞南，《中國官僚政治研究》（台北：谷風出版社，一九八七年）
陳伯達，《中國四大家族》（台北：一橋出版社，一九九八年）

北師院歷史系，《中華人民共和國史稿》（北京：人民出版社，一九五八年）
張公權，《中國通貨膨脹史》（北京：文史資料出版社，一九八六年）
沈醉，《軍紀內幕》（台北：新銳出版社，一九九四年）
羅廣斌，《紅岩》（北京：中國青年出版社，一九九九年）
史全生，《南京國民政府的建立》（河南：河南人民出版社，一九九二年）
張華，《天子門生》（北京：團結出版社，二〇〇八年）
華彬清，《五二〇運動史》（北京：中共黨史出版社，二〇〇七年）
孟憲章，《戰後美帝扶日罪全史》（北京：十月出版社，一九五一年）
邁可・沙勒著，郭俊鉌譯，《亞洲冷戰與日本復興》（台北：金禾出版社，一九九二年）
金沖及，《轉折年代——中國的一九四七年》（北京：三聯書局，二〇〇二年）
劉統，《中國的一九四八》（北京：三聯書局，二〇〇六年）
許滌新，《中國資本主義發展史一——三卷》（北京：社會科學文獻出版社，二〇〇七年）
郭傅璽，《中國國民黨四〇年史綱》（北京：中國文史出版社，一九九三年）
郭緒印，《國民黨派系鬥爭史》（台北：桂冠圖書公司，一九九三年）
吳智鵬，《將軍的淒涼》（北京：華文出版社，二〇〇六年）
戴晨京，《學者的悲哀》（北京：華文出版社，二〇〇六年）
王維禮，《蔣介石的文臣武將》（台北：巴比倫出版社，一九九四年）
資中筠，《美國對台政策機密檔案》（台北：海峽評論出版社，一九九二年）

海峽評論編輯部，《台灣命運機密檔案》（台北：海峽評論出版社，一九九一年）
胡華，《中國革命史講義》（北京：中國人民大學出版社，一九八〇年）
全祥順，《台灣民主自治同盟》（河北：河北人民出版社，二〇〇一年）
郝在今，《協商共和——一九四八～一九四九》（北京：中國華僑出版社，二〇〇七年）
沙勒著、郭濟祖譯，《美利堅在中國》（台北：南方出版社，一九八七年）
江慕雲，《爲台灣說話》（台北：稻鄉出版社，一九九二年）
藍博洲，《天未亮》（台中：星晨出版社，二〇〇〇年四月）
藍博洲，《五〇年代白色恐怖》（台北：台北市文獻委員會，一九九七年十二月號）
謝漢儒，《關鍵年代的歷史見證》（台北：唐山出版社，一九九八年）
蔣經國，《風雨中的寧靜》（台北：國防部，一九七三年一月）
丁永隆、孫寶巍，《南京政府的覆亡》（河南：河南人民出版社，一九八七年八月）
王梅枝、張秋實，《風雨危樓・蔣介石在一九四九》（北京：團結出版社，二〇〇七年一月）
錢理群，《一九四八・天地玄黃》（北京：中華書局，二〇〇八年十二月）
潘志奇，《光復初期台灣通貨膨脹的分析》（台北：聯經出版公司，一九八五年七月）
陳映真、曾健民編，《一九四七～一九四九台灣文學問題論議集》（台北：人間出版社、二〇〇三年十二月再版）
張光直，《蕃薯人的故事》（台北：聯經出版公司，一九九八年）
藍博洲，《台北秧歌》（北京：台海出版社，二〇〇五年）

趙遐秋、呂正惠主編，《台灣新文學思潮史綱》（台北：人間出版社，二〇〇二年六月）
人間思想創作叢刊一九九九年秋季號，《噤啞的論爭》（台北：人間出版社，一九九九年九月）
人間思想創作叢刊二〇〇一年春夏號，《那年，我們在台灣》（台北：人間出版社，二〇〇一年八月）
藍博洲，《幌馬車之歌》（台北：時報文化出版公司，二〇〇四年十月）
一九四九：中國的關鍵年代學術討論會編委會，《一九四九：中國的關鍵年代學術討論會論文集》（台北：國史館，二〇〇〇年）
王良卿，《動盪中的改革》（台北：政大博士生論文，二〇〇三年）
于勁，《上海：一九四九大崩潰》（北京：解放軍出版社，一九九五年）
杜聿明等，《國共內戰秘錄》（台北：巴比倫出版社）
陳孝威，《爲什麼失去大陸（上・下）》（台北：躍昇文化公司，二〇〇〇年）
蘇格，《美國對華政策與台灣問題》（北京：世界知識出版社，一九九八年）
段炳麟，《世界當代史》（北京：北師大出版社，一九九七年）
秦彤等，《蔣介石・在大陸的最後時刻》（北京：南海出版公司，一九九二年）
中國政協文史資料研究委員會，《遼瀋戰役親歷記》（北京：中國文史出版社，一九八五年）
劉鳳文，《外匯貿易政策與貿易擴展》（台北：聯經出版公司，一九八六年）
黃逸峰等，《舊中國民族資產階級》（江蘇：江蘇古籍出版社，一九九〇年）
高文閣，《台灣與大陸風雲四十年》（吉林：吉林文史出版社，一九九一年）

王功安，《國共兩黨關係史》（湖北：武漢出版社，一九八八年）
宋春，《中國國民黨史》（吉林：吉林文史出版社，一九九〇年）
李占才，《中國新民主主義經濟史》（安徽：安徽教育出版社，一九九〇年）
陳紅民等，《台灣風雨》（北京：中國青年出版社，二〇〇一年）
黃嘉樹，《國民黨在台灣》（北京：南海出版公司，一九九一年）
傅國涌，《一九四九・中國知識分子的私人記錄》（武漢：長江文藝出版社，二〇〇五年一月）
（美）胡素珊，《中國的內戰》（北京：中國青年出版社，一九九七年）
資中筠，《追根溯源》（上海：上海人民出版社，二〇〇〇年）
王舜祁，《蔣介石三次下野》（北京：團結出版社，二〇〇八年）
林照眞，《覆面部隊》（台北：時報文化出版公司，一九九六年）
袁小倫，《戰後初期中共與香港文化》（廣東：廣東教育出版社，一九九九年）
北師大歷史系中國現代史教研系編，《中國現代史（上・下）》（北京：北師大出版社，一九八三年）
劉進慶，《台灣戰後經濟分析》（台北：人間出版社，一九九二年）
李松林，《蔣介石的台灣時代》（台北：風雲時代出版社，一九九三年）
陳宇，《蔣介石在大陸的最後一百天》（台北：巴比倫出版社，一九九五年）
一個中國論述史料彙編編輯小組，《一個中國論述史料彙編史料文件（一）》（台北：國史館，二〇〇〇年十二月）

朱滙森，《土地改革史料》（台北：國史館，一九八八年二月）
金炳華，《上海文化界：奮戰在第二條戰線上史料集》（上海：上海人民出版社，一九九九年十一月）
張仁善，《一九四九・中國社會》（北京：社會科學文獻出版社，二〇〇五年十一月）
黃獻國，《開天日記》（北京：北京文藝出版社，一九九九年四月）
潘振球主編，《中華民國史事紀要》一九四九年一月至十二月三冊（台北：國史館出版，一九九七年十月）
陳鳴鐘，《台灣光復和光復後五年省情（上・下）》（南京：南京出版社，一九八九年）
陶文釗，《美國對華政策文件集（上・下）》（北京：世界知識出版社，二〇〇三年）
毛澤東，《毛澤東選集（一—五卷）》（上海：上海人民出版社，一九七七年）
羅元錚等，《中華民國實錄一—五卷》（吉林：吉林人民出版社，一九九七年）
魏宏運，《中國現代史資料選編五》（黑龍江：黑龍江人民出版社，一九八一年）
曾健民，《新二二八史像》（台北：台灣社會科學出版社，二〇〇三年）
中國人民政治協商會議全國委員會，文史資料研究委員會編，《文史資料選輯》，第十三、三十二、五十、五十五、六十六輯
中國科學院歷史研究所第三所，《近代史資料，第三期》（北京：社會科學出版社，一九五四年）
復旦大學世界經濟研究所等，《戰後世界歷史長編》（上海：上海人民出版社，一九八〇年）
孟廣利等，《老新聞，一九四四～一九四六》（天津：天津人民出版社，一九九八年）

長城出版社畫冊編輯部，《中國人民解放軍歷史資料圖集》（北京：長城出版社，二〇〇二年）

美國國務院根據檔案編輯，美國國務院公共事務司出版科，《美國與中國之關係》（白皮書）（台北：中華民國外交部譯印，一九四九年）

朱運法，《民國上將湯恩伯》（上海：上海人民出版社，二〇〇九年一月）

葉飛，《葉飛回憶錄》（北京：解放軍出版社，二〇〇七年三月）

徐詠平著，《陳布雷先生傳》（台北：正中書局，一九九七年）

台北傳記文學，《陳布雷回憶錄》（台北：傳記文學，一九八一年）

司徒雷登，《司徒雷登回憶錄》（台北：《大華晚報》，一九五四年）

程思遠，《我的回憶》（北京：華藝出版社，一九九五年四月）

中國政協廣西壯族自治區委員會，文史資料研究委員會編，《李宗仁回憶錄》（南寧：一九八〇年）

張治中，《張治中回憶錄》（北京：華文出版社，二〇〇七年二月）

施羅曼・費德林斯坦合著，辛達謨譯，《蔣介石傳》（台北：黎明文化公司，一九八六年十一月）

中國第二歷史檔案館編，《蔣介石年譜初稿》（北京：檔案出版社，一九九二年）

吳新榮，《吳新榮回憶錄》（台北：前衛出版社，一九八九年）

丘念台，《嶺海微飆》（台北：海峽學術出版社，二〇〇二年）

陳立夫，《成敗之鑑》（台北：正中書局，一九九四年）

楊錦麟，《李萬居評傳》（台北：人間出版社，一九九三年）

吳克泰，《吳克泰回憶錄》（台北：人間出版社，二〇〇二年）

杜魯門，《杜魯門回憶錄》（北京：東方出版社，二〇〇七年）
中國政協陝西省文史資料研究委員會，《回憶楊虎城將軍》（陝西：陝西人民出版社，一九八六年）
許雪姬，《林正亨的生與死》（台北：台灣省文獻委員會，二〇〇一年）
稻葉正夫，《岡村寧次回憶錄》（北京：中華書局，一九八一年）
張閭蘅，《張學良，趙一荻私人相冊》（北京：三聯書局，二〇〇六年）
《老照片》編輯部，《另一種目光的回望》（山東：出東畫報出版社，二〇〇一年）
《老照片》編輯部，《塵埃拂盡識名人》（山東：山東畫報出版社，二〇〇一年）
杰克・伯恩斯攝影・吳呵融譯，《內戰結束的前夜》（廣西：廣西師範大學出版社，二〇〇五年）

# 附錄一
# 民國三十八年國內大事記（《中華日報》）

## 一月

△一日：蔣總統發表元旦文告，呼籲和平。
孫院長號召國人，共爲和平而努力。
△四日：首都各法團通電全國擁護總統元旦文告，呼籲和平。
△六日：本黨中央常會臨時會議通過服從總裁領導，貫徹和平建國方針。
△八日：第一綏靖區司令宣布京滬一帶之長江北岸各港口全部封鎖。
△九日：吳兼外長鐵城邀英、美、法、蘇四國大使交換對和平意見。
△十一日：監院發表呼籲和平宣言。
△十四日：共匪電台廣播說願談和平，並提出八條條件爲和談基礎。
△十五日：國軍撤離天津。
英、美覆文拒絕調處我內戰。

△十八日：國軍主動撤離塘沽。
國防部派朱紹良主蓉綏署，張群主重慶綏署；余漢謀主穗綏署、陳誠兼臺省警備總司令。
△十九日：總統命令改組閩、贛省政府，派朱紹良主閩、方天主贛。
外部通知各國使節，請其準備隨政府遷穗。
政院會議決定與中共雙方無條件停戰。
△廿日：本黨中政會通過政院與中共雙方停戰決議。
△廿一日：粵省政府改組，薛岳繼任主席，張發奎為海南行政長官。
蔣總統為表示促進和平初衷，毅然引退，總統職權由李副總統代理。
李副總統發表文告，願為和平自由而努力。
△廿二日：李代總統發表文告，重申和平決心，並電各方人士入京共商國是。
政院會議通過派邵力子、張治中等為和談代表。
蔣總統返抵奉化溪口故里。
△廿四日：李代總統下令取消一切有礙人民自由及不合民主之法令，釋放張學良、楊虎城。
美軍顧問團停止工作，團長巴大維離京赴滬。
△廿六日：政院決議開釋政治犯，撤銷全國特種法庭，禁止擅捕人民等案。
△廿八日：中共發表聲明，反對國防部對日戰犯岡村寧次之判決。
△卅一日：政府對中共發表聲明再作答覆，政府不是不能再戰，而是不願戰，不忍戰。

政府各機關部分遷穗辦公。
綏遠省與中共已同意停戰。

## 二月

△一日：京人民和平代表由京飛平。
△二日：孫院長由京飛抵廣州。
△五日：政院正式在穗辦公。
和平使者人選決定為顏惠慶等六人。
△六日：京人民和平代表團一行離青飛平。
△七日：中共正式表示歡迎顏惠慶等往北平參觀。
△八日：李代總統飛抵上海與各方商談和平問題。
本黨中常會在穗會議，推選黃少谷為中宣部長及徹底改革黨政。
△九日：政院派張發奎為陸軍總司令，李漢魂為瓊崖行政長官。
△十日：李代總統由滬飛京。
△十一日：京人民代表團由平返京。
△十三日：顏惠慶率滬和平代表團飛平。
△十五日：李代總統對全國廣播稱，政府不顧一切困難，革新政治整肅軍紀。
△十六日：政院例會決定改組鄂、浙省政府，派朱鼎卿主鄂，周嵒主浙。

△廿日：李代總統飛抵廣州，發表書面談話。
△廿五日：總統命令財政改革即日實施。
△廿七日：顏惠慶代表團由平飛返首都。
△廿八日：立院三屆大會開幕後暫時休會。
孫院長由穗飛抵首都。

## 三月

△四日：李代總統電召各省軍政首長晉京，共商國是。
△五日：政院會議通過廢止特別刑庭組織條例，特別刑庭審判條例，及戡亂時期危害國家緊急治罪條例。
△七日：孫科內閣總辭已獲批准。
△八日：立院會議通過請政院返京辦公。
△十日：總統命令撤銷戡亂建國動委會。
△十一日：立院四次秘密會議通過支持政府促進和平措施。
蔣總裁致函代總統表示對政治絕不縈懷，希望徹底領導和平。
△十二日：李代總統向立院提名何應欽組閣，經立院同意。監院卅八年年會在京開幕。
△十五日：立院通過修正政院組織案。
△十九日：空軍出動炸毀叛艦重慶號。

△廿一日：新任內閣名單正式公布。

△廿三日：民社黨發表時局宣言，主張先行全面停戰，貢獻六點意見。

△廿四日：何內閣正式視事，並派出和平代表。

張義純出任安徽省主席。

監院會議通過組織國家財物清查委員會。

△廿五日：監院同意總統提名鈕永建為司法院副院長。

△廿六日：中共電台廣播派周恩來等為和平代表。

△廿八日：政府正式通知中共，和平代表定卅一日飛平。

△廿九日：監院年會閉幕。

△卅一日：和平代表團秘書人員及通郵代表由京飛平。

## 四月

△一日：海南島行政長官公署正式成立。

△三日：張治中電京報告初步和談情形。

△六日：政院通過派張群為西南軍政長官，白崇禧為華中軍政長官。

△八日：李代總統電毛澤東重申政府謀和誠意。

△九日：毛澤東電覆李代總統表示亟需早日和平。

△十一日：海軍總司令桂永濟撤職留任。

△十二日：國共雙方頒布停戰令。
△十四日：立院起草委會公布國家財產清查研究組織大綱草案。
△十六日：政院會議決定政院裁併各部會結束及交接辦法。
△十七日：中共電台廣播稱和平草案已提交政府，限十九日為簽字期。
△十八日：本黨中執會發表聲明，對和談提出最低限度四個大端五個原則。
△十九日：政府對中共和平協定草案決提緩衝條件。
△廿一日：和平決裂，中共下總攻令，李代總統電毛澤東希望中共能成立臨時停戰協定。
△廿二日：國防部改組，何應欽氏兼任部長。
△廿三日：李代總統由京飛桂。
△廿四日：共匪正式竄入南京、太原、鎮江。
△廿七日：蔣總統由奉化抵滬，發表告全國同胞書，呼籲作反共戰爭先鋒為獨立而戰。
△廿七日：本黨中執會發表告黨員書，號召精誠團結，努力奮鬥，誓與中共周旋救國護黨。
△廿八日：蔣總裁抵廈門。
△廿九日：政院正式通告廣州為政府所在地。
△卅日：國民黨昭告中外，要為和平與自由而戰。

## 五月

△二日：監院在穗舉行例會。

△三日：匪軍進入杭州市。
△四日：政府派郭寄嶠代理西北軍政長官。
△八日：李代總統由桂飛穗主政，發表書面談話，仍盼中共臨崖勒馬。
△十日：何院長在立院報告當前內政外交，要求全國一心，力求改革。
△十二日：滬、漢外圍激戰。
△十四日：李代總統私人代表甘介侯攜函飛美謁杜魯門總統。
△十六日：漢口陷落。
△十八日：立院咨請政院，支持政府對中共作戰到底。
△十九日：政院派馬步芳升代西北軍政長官，盧漢、谷正倫爲滇、黔綏署主任。
△廿一日：李代總統發布文告，要全國同胞認清反共戰爭，盡力支助政府爭取最後勝利。
△廿二日：上海江南造船廠爆炸，國軍主動撤離西安。
△廿三日：國軍主動撤離南昌。
△廿四日：何院長向李代總統口頭辭職。
△廿五日：國軍主力撤離上海。
反侵略大同盟在穗成立。
政院通過戰時施政綱要及准傅秉常辭外長職，由葉公超代理。
△廿七日：立院會議通過實施兵農合一及土地改革等要案。
英贈艦靈甫號退還英國。

△卅日：何內閣辭職獲准，中常、中政聯席會議通過由居正氏組新閣。
△卅一日：立院否決居正組新閣。

## 六月

△二日：中常會通過閻錫山氏組新閣。
△三日：國軍主動撤離青島。
△六日：總統正式任命閻錫山氏長政院。
　政院次長會議決定各單位裁員三分之二。
△八日：政院例會通過宣布湘、贛、浙、閩、粵、桂為接戰地域。
△十日：我空軍首次空襲上海市。
　雲南綏署正式成立。
△十一日：國內閣名單公布。
　中政會議通過設立最高決策委員會，由蔣中正、李宗仁分任正副主席。
△十三日：新內閣舉行就職典禮，李代總統親臨致詞。
△十五日：政院會議通過通緝豫省府主席張軫，另派趙子立代理。
△十六日：總統命令公布修正監院組織法。
△十九日：共匪籌備之新政協在平開幕。
　政院決定封鎖匪區港口，外部通知各國轉知航商遵照。

△廿二日：政院規定金圓券與銀元比值為五億比一元。
國內閣發表施政方針。
△廿五日：顧祝同繼任陸軍總司令。
△廿六日：關閉匪區港口今日起實施。
△廿九日：政院通過兵農合一設計委會組織規程。

## 七月

△二日：總統命令公布幣制再改革辦法。
△四日：銀元券正式發行。
蔣總裁在臺北答美記者稱，渠將加強黨內團結，爭取對匪作戰勝利，美如挽救中國絕不為晚。
△七日：李代總統在七七紀念會日廣播，重申反共與改革政治之主張，希望全國同胞支持。
△十日：蔣總裁應邀由臺飛菲。
△十二日：蔣總裁離菲飛返臺灣。
△十三日：我駐菲公使館升格為大使館。
海、陸、空軍配合攻克象山鎮海。
△十四日：蔣總裁由臺飛穗發表書面談話。
△十六日：本黨非常委員會正式成立，蔣中正、李宗仁分任正副主席。

△十八日：政院業務改進會議通過政院財政公開辦法。
△廿日：非常委員會決定於必要時在臺渝設立分會及在臺設立總裁辦公廳。
△廿一日：程潛出巡邵陽，由陳明仁代理湘省主席。
△廿二日：總統派關吉玉、馬步芳主持十世班禪坐床典禮。
△廿六日：李代總統飛湘指示作戰策略後飛蓉視察。
△廿七日：李代總統由蓉飛臺晤蔣總裁。
△卅日：政院通過陳明仁繼任湘省主席。
△卅一日：長沙綏靖公署撤館，設立綏靖總部，由陳明仁兼總司令。

## 八月

△一日：程潛私通共匪，通電叛國，爲匪張目。
△三日：蔣總裁應韓國邀請，離臺訪韓。
非常委會通過反共救國方案。
湘省主席陳明仁叛變，長沙陷落。
△四日：政府派黃杰爲湘省主席。
△五日：內蒙自治代表會在定遠營開幕。
△六日：總統命令通緝程潛、陳明仁。
△八日：蔣總裁離韓飛返臺北。

內蒙自治代表會閉幕。

△十日：第十世班禪舉行坐床典禮。

△十二日：政院頒布國民反共公約。

△十三日：非常委會東南分會在臺北成立，陳誠兼任主席。

△十六日：政院臨時會議通過對美白皮書聲明交外部公布。

△十七日：國軍撤離廣州及長山島。

蔣總裁由臺飛穗，抵穗後召集軍事會議。

△廿三日：蔣總裁由穗飛抵重慶，發表書面談話，鼓勵全川同胞。

△廿四日：政院會議決設立華南軍政長官公署，派余漢謀為長官。

△廿五日：關麟徵繼任陸軍總司令。

國軍撤離蘭州市。

## 九月

△二日：勝利四週年前夕，李代總統警告中外稱：共匪迫害人類甚過法西斯，應貫徹反侵略精神，消滅暴力。

重慶市發生空前大火災，延燒十八小時。

△三日：全國行政會議在穗揭幕。

昆明發生騷動。

方治代理閩省主席。

△五日：蔣總裁在渝招待各界，重申剿匪決心。

△六日：雲南省主席盧漢氏抵渝會謁蔣總裁，昆明騷動平息，穗昆班機恢復飛行。

△七日：政院通過撤銷處分桂永清案。

△十日：閻院長在非常委會上報告滇局處理原則。

總統頒布解散滇省參議會，依法另令重選。

△十二日：蔣總裁由渝抵蓉。

△十四日：政院例會通過緝拿黃紹竑等五十五人究辦，專案緝捕龍雲，派湯恩伯繼任福州綏署主任。

△十七日：本黨設立革命實踐研究院，蔣總裁兼任院長。

蔣總裁由蓉飛返重慶。

△廿日：蔣總裁在渝發表告全黨同志書，號召研究黨的改造方案，以新組織，新綱領，新作風，團結全國，爭取戡亂勝利。

△廿一日：僞新政協會在北平揭幕。

△廿二日：蔣總裁由渝飛穗。

△廿六日：蔣總裁在穗與軍政首長舉行會議。

△廿九日：新疆發生政變。

△卅日：立院一屆四期例會在穗舉行。

政院通過黃金壽代理閩省主席。

## 十月

△一日：葉公超眞除外長。
△三日：關吉玉繼徐堪任財政部長。
蔣總裁由穗返臺。
△五日：西藏發生拒絕班禪入藏。
△六日：本黨中常會決議開除宋慶齡等黨籍。
△七日：童院長正式提出辭立院院長職。
△八日：蔣總裁發表雙十文告，號召全國同胞反共抗俄，維護國體國號國旗國歌，爲自由而戰。
政院通過懲處馬步芳、馬鴻逵等，並撤銷西北軍政長官公署。
△十日：中樞紀念國慶日，李代總統勉勵國人奮鬥救國。
空軍向上海市投下國旗和蔣總裁文告。
△十一日：蔣總裁飛穗，對華南緊張時局面授機宜。
△十二日：總統明令宣布政府遷渝辦公。
△十三日：李代總統由閩飛桂林。
△十五日：政府正式在渝辦公。
△十六日：革命研究院開學，蔣總裁親自主持典禮。

△十七日：國軍撤離廈門。
△廿日：政院例會通過東南政務會組織章程。
△廿五日：金門展開保衛戰殲滅匪軍五團。
△廿六日：犯金門匪軍全軍覆沒，造成空前大捷。

## 十一月

△二日：政院會議通過全國劃為接戰地域。
雲南省政府局部改組。
△四日：李代總統蒞昆。
△八日：蓉青年軍聯誼會發起重建十萬青年軍。
△九日：中航、央航在港飛機十一架投匪，並停止營業。
△十二日：東南長官公署正式成立。
△十四日：蔣總裁由臺飛渝。
△十六日：李代總統巡視海口後返南寧。
美援執行人納森抵臺北。
△廿日：李代總統由桂飛港就醫。
△廿五日：諾蘭由菲抵臺。
△廿六日：總統命令劃臺、瓊為接戰區，派鈕永建代理考試院院長。

△廿七日：總體戰執行委員會在陪都正式成立。
△廿八日：諾蘭離邕到港訪李代總統。閻院長抵蓉，中樞決定遷蓉辦公。
△廿九日：重慶展開保衛戰。
△卅日：蔣總裁由渝飛蓉商討西南對策。重慶國軍撤守。

## 十二月

△三日：閻院長電促李代總統重新考慮出國之行，請即返中樞主政。
△五日：李代總統由港飛美，電閻院長代處理國事。
△七日：浙江省政府新任主席石覺正式視事。
△八日：閻院長自成都飛抵臺北，發表書面談話。總統命令公布政府遷臺北，在西昌設大本營指揮作戰。
△九日：政院在臺開始辦公。
△十日：蔣總裁自蓉飛抵臺北。海內外各地紛紛函電請總裁復位總統。
△十一日：本黨中央遷臺北辦公。前西南軍政長官張群由昆脫險飛抵海防轉香港。

△十二日：張群氏由海防抵港。
我海軍突擊方門、梅山，摧毀浙海匪補給站。
△十四日：西南長官公署發表解決成都、西昌叛軍經過。
△十五日：政院會議通過吳國楨主台，賀國光主康。
△十六日：總統命令公布改組台、康省政府。
民航隊自港遷臺。
△十七日：政府加強關閉匪港，決自廿一日起實施布雷，分別正式照會各國轉知航商所有船隻，
應於廿日以前駛離匪港。
△十九日：國軍攻克昆明。
蓉外圍大會戰揭幕，國軍一舉擊潰匪軍兩個軍。
總統命令通緝盧漢。
△廿一日：政院會議通過派李彌繼任滇省主席，余程萬繼任滇綏署主任。朱佛定、蔡培火、黃國
書繼羅卓英、楊亮功任東南長官公署政委。
金門區劃爲使用臺幣區。
△廿二日：蔣總裁電李代總統祝他早日康健恢復。
△廿四日：政院通過簡化西康省政府組織，徹底改組康省廳委人事。
△廿五日：民族復興節紀念日。

# 附錄二
# 民國三十八年台灣省大事記（《中華日報》）

## 一月

△二日：省參議會全體議員舉行歡送魏道明主席會。
△四日：美軍顧問團團長巴大維抵省。
△五日：陳魏新舊兩主席正式辦理交代。
陳主席首次招待記者，發表談話。
△六日：美軍顧問團團長巴大維由臺北飛屏東。
△七日：美軍顧問團團長巴大維由屏東飛京。
△八日：省參議會駐會通過擁護蔣總統元旦文告，分電中樞及共黨早開和談。
△十日：省參會電陳主席擁護主台施政方針。
△十四日：省府委員會議決定自本月份起，調整公教人員待遇。

△十五日：本省各地廣播電台自本日起改用新呼號。

陳主席下令撤銷通運公司，並令省訓練團於一月底辦理結束報核。

△十七日：在臺立委推梁委員寒操爲立委聯誼會籌備人。

省訂定黃金外幣兌換辦法公布。

△十八日：傅斯年接長台大，正式視事。

△十九日：省府卅八年歲入概算決定爲一千五百餘億元，令各機關嚴格執行。

△二十日：省訂定本省籍人員任用資歷核審辦法，公布施行。教廳訂定卅七年度第二學期中學收費標準公布。

△廿一日：陳主席，嚴廳長乘機赴杭公幹。

△廿二日：省公布赤糖出口交換物資辦法。

△廿五日：陳主席公畢由滬返抵省垣。

△廿六日：全省警備司令部改組爲警備總司令部，陳誠、彭孟緝分任正副總司令。

△廿八日：省例會通過食鹽減價方案。

## 二月

△一日：嚴廳長家淦招待記者，報告本省財政措施。

△三日：美經合署分署長賴樸翰氏抵臺。

△四日：賴樸翰氏赴日月潭參觀發電所。

△六日：賴樸翰氏由臺飛滬。
△十日：省防空司令部易名爲民防司令部，出彭司令兼任指揮官。
△十四日：省當局訂定限制省外來臺旅客暫行辦法。
△十八日：省府例會決議撤銷玻璃、油脂、電工三公司及公產委會、學產會五機構。
△廿一日：省府例會決定公教人員待遇自本月份起調整。
△廿二日：省府公布房屋租賃條例。
△廿四日：山地行政處長王成章兼任警務處處長。
△廿七日：省府訂定本年度縣市預備金動支辦法。
△廿八日：美太平洋艦隊司令白吉爾率艦訪問高雄港。

## 三月

△一日：省行政會議在省揭幕。
△三日：吳錫澤氏接長省新聞處。
△六日：潭嶽泉氏接長省公路局。
△八日：省行政會議閉幕。
△九日：各地山林管理所撤裁，業務併入各縣辦理。
△十一日：省例會通過肥料運銷委會推銷案。
△十四日：臺糖公司呈准省府核准提高收購蔗農糖價。

△十五日：陳主席偕嚴廳長晉京公幹。
△十七日：省參駐會會議通過建議中央，臺幣與外匯直接聯繫案。
△十八日：日月潭儲水減少，自本日起全省實行限制用電。
在臺國代聯誼會發表時局聲明。
△二十日：省當局訂定臨時戶口查記辦法公布。
△廿一日：公產、公物整委會正式移隸財廳。
△廿二日：省府制定臺灣省各縣市村里大會推行辦法公布。
美贈艦太和、太倉兩艦抵左營。
省當局訂定五月十五日為戶口總檢查。
△廿九日：省垣紀念青年節，陳主席在大會上致詞。
△卅日：全省水利會議在花蓮揭幕。
全省普降甘雨，用電限制已予放寬。
△卅一日：全省水利會議閉幕。
白雨生氏繼長高雄港務局。

## 四月

△一日：全省郵電正式分家。
省府例會通過今年施政方針。

△五日：公教人員待遇決定暫加百分之五十。
　中央批准臺銀爲外匯指定銀行。
△七日：省飭師範學院暫行停課，聽候整理，並派劉眞爲代校長。
△九日：省例會通過各縣市卅八年地方總預算。限制用電宣告解除。
△廿五日：三七五減租講習會在省垣介壽館開始。
△廿六日：陳主席巡視高雄要塞。
△廿七日：陳主席抵臺南市視察後飛返省垣。
△廿九日：陳雪屏氏接長教廳，劉眞代高雄市長。

## 五月

△三日：陳主席飛臺中視察。
△四日：陳主席視察彰化、員林、新營等地。
△五日：陳主席抵日月潭視察。
△七日：陳主席離日月潭返臺北，沿途巡視新竹縣市。
△十日：省令本省境內除臺銀外，其他金融機關，一律不准發行本票，已發者限十日內收回。
△十二日：美贈艦太湖、太昭號開抵左營。
△十六日：李萬居率領前線慰勞團出發飛滬。
　陳主席飛穗公幹。

△十八日：前線慰勞團由滬返抵省垣。
省派謝貴一代理基隆市長。
新任基隆要塞司令劉翼峰正式視事。
△十九日：省參會第十七次駐委會聽取物調會報告業務。
△二十日：省當局訂定公教人員實物配售辦法。
△廿二日：陳主席由穗返省垣。
△廿四日：出境登記辦法公布，定廿八日起實施。
△廿七日：省委通過民營企業貸款辦法。
△卅日：省勞軍委會正式成立。

## 六月

△一日：民防司令軍管區撤銷，成立防空處及兵役處。全省山林管理所十所縮編爲七所，並改爲縣轄所。
△二日：省參議會註委會議請政府停止臺幣對金圓匯率。
省派謝掙強任嘉義市長。
△四日：首屆全省田徑賽在臺中舉行。
物資處理委員會、生產事業管理委員會委員名單公布。
△五日：省訂定菸酒進口管制辦法公布。

△六日：警務處限令地下錢莊依期清理，逾限依法嚴辦。
△九日：省擬定卅八年度扶植自耕農貸款辦法。
△十日：省府派劉燕夫接任澎湖縣長。
△十二日：省當局制定三十八年度所得稅起征及減額標準。
△十四日：省府訂定管理買賣銀元辦法。
△十五日：臺幣改革，新臺幣一元合美金二角，舊鈔限十二月底回籠。
省參會七次大會揭幕。
△十六日：省府公布公教人員待遇自本月份調整。
△十七日：省委會通過日月潭管理組織規程。
△十八日：鐵路客貨運提高百分之二百。
陳主席在省參會作施政報告。
△二十日：省參會通過一期收購糧食價格問題。
△廿一日：省參會通過謝漢儒七人被選爲駐會委員後閉幕。
△廿五日：省府通令解聘全省代用教員。
△廿七日：陳主席招待各國駐臺領館人員。
△廿八日：省當局公布本年田賦徵實計徵標準。
△廿九日：省府畫分五個督導區，派員分別檢查三七五減租訂約成果。
△卅日：省府重申前令，取銷一切機關或公營事業公務員之下女津貼。

## 七月

△一日：省府訂定臺灣省幣制改革後各縣市財政收支管理辦法公布。

△二日：全省二屆乒乓球賽在臺中舉行。

△三日：當局訂定處理公用房屋糾紛實施細則。

△四日：閩臺區新任監委行署新任委員正式視事。

△五日：臺北與日本大阪正式互通電報。

△七日：省黨部新任執委宣誓就職。

省訂定緊急輔助民營企業辦法。

省旅客入境限制辦法，政院核准試辦。

△九日：全省各縣市面積及市區鄉鎮村里鄰統計公布。

△十日：竹東鐵路內灣支線舉行開工典禮。

△十一日：銀元券與新臺幣匯率出爲一比三元五角二分，入爲一元比三元三角八分。

△十四日：新台幣發行監理會委員決定爲許春盛等七人。

△十五日：火燒島改稱爲「綠島」，已由省府核准。

民營緊急補助團正式成立，並即日起開始工作。

草山管理局組織規程修正通過。

△十六日：高雄供應局整理場失火，大批物資付之一炬。

△十七日：全省首屆排球錦標賽在臺北市舉行。

省府制定「臺灣推行三七五地租提存規則」公布。

△十八日：省公布本年度汽車總檢驗換牌實施辦法，即日實施。

△二十日：省自治研究會正式成立，張勵生任主委。

△廿五日：洪士奇繼呂國楨任高雄要塞司令。

△廿七日：省生產委會決定民營企業貸款實物償還辦法取銷。

△廿八日：省解釋公教人員無價配米疑議七項。

△廿九日：省府公布戒嚴時期人民延醫通行證使用辦法。

△卅日：警備部發出警告，潛伏境內親共分子，限期自首或離境。

## 八月

△三日：省各廳處主管交換參議會之裁併機構建議書意見。

△五日：省府例會通過會計處，統計處合併為主計處。

△九日：民廳朱廳長在省府國父紀念週上報告推行三七五減租實行實況。

省公布草山管理局組織條例。

△十一日：花蓮等五港口設立海軍巡防處。

△十四日：省自治研究會主委張勵生正式視事。

臺灣警備總部撤銷，東南長官公署在省垣成立。

△十六日：省人事處改為人事室。
△十八日：省地政局檢討督導減租結果。
△廿二日：自治研究會二次會議討論行政區域劃分問題。
△廿三日：韓在臺設立領事。
高雄港眾利輪發生爆炸，演成空前慘劇。
△廿四日：經合署代署長梅國章抵台視察業務。
陳主席派員調查眾利輪爆炸案。
△廿六日：草山管理局正式成立。

## 九月

△一日：省保安司令部成立。
臺銀國外部成立高雄分部。
△二日：麥唐納繼任美駐台總領事。
△四日：省主計處成立。
△五日：省府下令統一全省警察系統，特種警察一律受警務處指揮。
△六日：自治研究會三次會議，討論民意機構組織問題，推定五委員審查意見。
△七日：省訂定酒家改為食堂辦法頒布。
△八日：自治研究會會議決定議員產生標準。

陳長官抵高雄巡視高雄港口災情。

△十一日：陳長官飛廈視察。

△十三日：陳長官由廈公畢返台。

△十四日：省當局訂定戒嚴時期汽車肇事處理辦法公布。

△十六日：省務會議通過籌組日本經濟考察團原則。

南部治安會議劃定高雄爲特別戒嚴區域。

△十七日：進出口貿易法訂定公布。

△廿一日：明年度經合署代本省購肥料六萬噸在省府簽約。

菸酒專賣局改隸民廳。

中央准屏東、澎湖、臺東設立地方法院。

△廿二日：聯合氣象會議在省區揭幕。

△廿三日：聯合氣象會議閉幕。

△廿八日：省府解釋戶政登記疑義五點。

△廿九日：高雄港正式劃爲特別戒嚴區。

## 十月

△五日：省地方自治實施綱要研究結束，結論送政府。

△七日：省當局決驅逐蘇聯及其附庸國僑民出境。

△八日：南部海岸線自即日起實施特別戒嚴，宵禁時港口船隻不准進出。
△九日：陳長官發表國慶廣播。
△十日：全省慶祝國慶日。
△十二日：省公布公教人員配米辦法。
△十四日：警務處召開全省各縣市警經科長會議。
△十五日：省令各機關團體禁止懸掛蘇聯國旗。
省當局訂定各縣市淪陷後之政府黨政機關申請入境補充辦法公布。
△十六日：陳納德將軍來臺，下機後赴草山拜謁蔣總裁。
△十九日：警務處擬具船舶一律編組辦法。
△廿一日：省運會勝利火炬由臺南市出發。
△廿五日：光復紀念大會，陳主席勗勉臺胞發揚延平精神。
四屆省運會在省垣揭幕，三七五減租資料在中山堂舉行展覽。
△廿七日：省訂定「征兵期間限制役男出境辦法」，定十一月一日起實施。
△廿九日：四屆省運會圓滿閉幕。
△卅一日：省各社團電美勞工同盟致謝援華情誼，並通電聲討匪僞賣國行爲。

## 十一月

△三日：省訂定防空警報訊號公布。

△四日：省防衛司令部訂定軍民約法三章。
△六日：省公布各縣市卅九年度地方歲出歲入總概算審編應注意事項。
△八日：省府訂定新兵徵集入營時各地區熱烈歡送事項。
△九日：保安司令部爲防患未然，避免敵機夜襲損害、決自二十日起實施燈火管制，報時音師自十五日起禁用。
工程師學會台分會舉行首屆年會。
△十一日：臺省青年軍聯誼會響應重組十萬青年軍。
△十二日：國父誕辰紀念，陳主席發表演詞。
△十四日：東南區人民勞軍會定海慰勞團出發勞軍。
△十五日：省地方自治實施綱要公布。
△十六日：全省四屆水利聯合大會在臺南市揭幕。
△十七日：自治研究會議結束，陳主席蒞會指導，盼委會精心研究。
△十八日：省委會通過停辦日本觀光團及禁止省民旅行日本。
美援執行人納森招待記者稱中國尙有美援九千萬元未動用。
△十九日：省府頒布征屬優先承租公地實施辦法。
南地區戒嚴司令部易名爲南部防守司令部。
△二十日：省保安司令部頒布燈火管制實施要點，並即日施行燈火管制。
美議員諾蘭夫婦抵臺發表談話稱：美駐瀋陽領事華德如不獲匪立即釋放，美圖封鎖匪

海口。

△廿二日：諾蘭由臺飛金門，回臺後再飛馬尼剌。

△廿五日：外部駐臺特派員公署開始簽發赴港旅行證。

△廿六日：省府會議通過各地新兵安家費需發一年九個月。

△卅日：陳主席巡視臺中，勉各界努力工作。

## 十二月

△一日：省地方自治研究會討論縣市長選舉罷免規程。

△二日：美議員福開森抵臺考察美援所獲效果。

△三日：省頒布換發他省身分證換發規程，通飭各縣市施行。

△四日：美駐臺領事麥唐納奉調返美，遺缺由艾德迦氏代理。

△五日：省行政會議在省垣揭幕，陳主席宣布明年實施地方自治，王世杰代表蔣總裁致訓詞。省各社團電聯大各代表支持我控蘇案，遏止赤禍蔓延。

△六日：在臺立委國代電請蔣總裁復位總統，繼續領導全國。

△七日：陳主席招待山地代表，表示儘量改進山地。

△八日：陳主席招待漁鹽代表，表示充實漁業生產設備，政府已有通盤計劃。

△十日：行政會議一致通過實施地方自治綱要草案。

△十一日：鐵路客運費增加百分之七十五，公路客運增加百分之九十。

△十二日：行政會議圓滿閉幕，閻院長蒞會發表演說。
△十四日：警備處令所有船隻一律編組，違反是項故意逃離者強制執行。
△十五日：陳主席辭兼主席職，由吳國楨氏繼任，吳氏接見記者發表談，盛讚陳前主席德政。
　　省府委員會改組。
△十六日：吳主席謁蔣總裁、閻院長、請示臺灣省施政方針。
△十七日：蔣渭川、彭德、華清吉、顏欽賢等辭省參議員職。
　　就任省府委員。
△十八日：省農會改組成立，陳主席在大會致詞訓勉。
△十九日：省參第八次大會決議四項請政府採納，俟當局接受建議再行復會。
　　全體省參議員謁蔣總裁、閻院長、陳長官及吳主席、陳述政見。經圓滿答覆，大會定
　　廿一日復會。
△二十日：省府劃全省爲六區，派員督查征兵工作。
△廿一日：新舊省主席舉行交接典禮。
　　省參議會二屆八次大會復會。
　　省農林處改爲農林廳。
△廿二日：吳主席在省參會宣布施政總方針及總目標。
　　臺北市專科以上學校舉行運動會。
　　省政府向臺經合署辦事處提出專用剩餘美援款計劃書。

△廿三日：吳主席宴請臺籍立委，各委員提經濟興革臺政意見。

△廿四日：省參會圓滿閉幕。

△廿五日：民族復興節日，東南長官公署授勛章獎勵臺灣省府有功人員。

△廿六日：臺銀宣布暫停英磅區域結匯。

省令各機關、各公營事業資金存入合作金庫及臺銀。

△廿七日：南部防守區舉行陸、海、空軍聯合大演習。

高雄市、屏東市、花蓮縣役男開始抽籤。

生產會與民企輔導會合併，吳主席提出有關生產意見，省黨部舉行執委會上，陳兼主委勗勉同人，團結一致，協助政府。

△廿九日：臺灣與定海開始通匯。

臺幣與銀元匯率出爲一比三角三分三釐，入爲三元比一元。

臺南市、彰化市役男抽籤。

長官公署訂頒維護通信電力安全辦法。

△卅日：省例會通過新臺幣准在金門流通。

英鎊存款並未凍結，臺銀對英鎊匯款決於明年元旦恢復。

# 1949・國共內戰與台灣——台灣戰後體制的起源

2009年11月初版　　定價：新臺幣380元
2014年1月初版第七刷
2018年3月二版
2019年4月二版二刷


| | |
|---|---|
| 著者 | 曾健民 |
| 叢書主編 | 沙淑芬 |
| 校對 | 王允河 |
| 封面設計 | 蔡婕岑 |

| | | | |
|---|---|---|---|
| 出版者 | 聯經出版事業股份有限公司 | 總編輯 | 胡金倫 |
| 地址 | 新北市汐止區大同路一段369號1樓 | 總經理 | 陳芝宇 |
| 編輯部地址 | 新北市汐止區大同路一段369號1樓 | 社長 | 羅國俊 |
| 叢書主編電話 | (02)86925588轉5310 | 發行人 | 林載爵 |
| 台北聯經書房 | 台北市新生南路三段94號 | | |
| 電話 | (02)23620308 | | |
| 台中分公司 | 台中市北區崇德路一段198號 | | |
| 暨門市電話 | (04)22312023 | | |
| 郵政劃撥 | 帳戶第0100559-3號 | | |
| 郵撥電話 | (02)23620308 | | |
| 印刷者 | 世和印製企業有限公司 | | |
| 總經銷 | 聯合發行股份有限公司 | | |
| 發行所 | 新北市新店區寶橋路235巷6弄6號2F | | |
| 電話 | (02)29178022 | | |

行政院新聞局出版事業登記證局版臺業字第0130號

本書如有缺頁，破損，倒裝請寄回台北聯經書房更換。　ISBN 978-957-08-5092-5 (平裝)
聯經網址 http://www.linkingbooks.com.tw
電子信箱 e-mail:linking@udngroup.com

國家圖書館出版品預行編目資料

1949・國共內戰與台灣——
台灣戰後體制的起源／曾健民著．
二版．新北市．聯經．2018.03
432面；14.8×21公分．
ISBN 978-957-08-5092-5（平裝）
[2019年4月二版二刷]

1.國共內戰 2.國共和談 3.國民政府遷台

628.62 107002748